COMUNICAÇÃO, GESTÃO E PROFISSÃO
Abordagens para o estudo da Ciência da Informação

COLEÇÃO CIÊNCIA DA INFORMAÇÃO

ORGANIZADORES
Miriam Vieira da Cunha
Francisco das Chagas de Souza

COMUNICAÇÃO, GESTÃO E PROFISSÃO
Abordagens para o estudo da Ciência da Informação

2ª edição
1ª reimpressão

autêntica

Copyright © 2006 Os autores
Copyright © 2006 Autêntica Editora

Todos os direitos reservados pela Autêntica Editora. Nenhuma parte desta publicação poderá ser reproduzida, seja por meios mecânicos, eletrônicos, seja via cópia xerográfica, sem a autorização prévia da Editora.

EDITORA RESPONSÁVEL
Rejane Dias

CRIAÇÃO DE CAPA E IMAGENS
Beatriz Magalhães

REVISÃO
Vera Lúcia de Simone Castro

DIAGRAMAÇÃO
Conrado Esteves

C972c Comunicação, gestão e profissão : abordagens para o estudo da Ciência da Informação / organizado por Miriam Vieira da Cunha e Francisco das Chagas de Souza . – 2. ed.; 1. reimp. – Belo Horizonte : Autêntica Editora, 2014.

    176 p. – (Ciência da Informação)

    ISBN 978-85-7526-233-7

    1.Ciência da informação. 2.Gestão da informação. I. Souza, Francisco das Chagas de. II. Cunha, Miriam Vieira da.

                                              CDU 659.2

GRUPO **AUTÊNTICA**

Belo Horizonte
Rua Aimorés, 981, 8º andar . Funcionários
30140-071 . Belo Horizonte . MG
Tel.: (55 31) 3214 5700

São Paulo
Av. Paulista, 2.073, Conjunto Nacional,
Horsa I . 23º andar, Conj. 2301 . Cerqueira César . 01311-940 . São Paulo . SP
Tel.: (55 11) 3034 4468

Televendas: 0800 283 13 22
www.autenticaeditora.com.br

Sumário

Apresentação 7

As influências das tecnologias de informação e comunicação
no processo de pesquisa científica: um estudo aplicado à UFPE 9
Anna Elizabeth Galvão Coutinho Correia e Edna Lúcia da Silva

Educação a distância, bibliotecas e informação:
integrações possíveis 33
Rosângela Schwarz Rodrigues

A recuperação da informação em diferentes suportes textuais 47
Magda Chagas

Aplicação do modelo de predicação sintático-semântica na construção
de linguagens documentárias facetadas 69
Lígia Café

O fluxo da informação em contextos dinâmicos: reflexões acerca
da informação tecnológica no processo de inovação industrial 93
Renata Gonçalves Curty

Bibliotecas públicas e seus serviços 127
Francisca Rasche e Gregório Varvakis

As profissões e as suas transformações na sociedade 141
Miriam Vieira da Cunha

O discurso sobre a educação em Biblioteconomia e
Ciência da Informação no Brasil: caminhos
teórico-metodológicos para a compreensão 151
Francisco das Chagas de Souza

Os autores 173

Apresentação

Há um extraordinário esforço de parte dos cientistas de países do mundo em desenvolvimento, fomentado pelas imposições pragmáticas do novo capitalismo, que tem origem com a expansão da informática no limiar da década de 1970, em firmarem suas melhores competências como resposta aos esforços dos líderes econômicos e políticos das nações onde atuam. Esse esforço, que cada vez mais se torna um fardo desigualmente distribuído dentro desses países, atende por um sentimento de urgência, muito próximo dos sentimentos de final de mundo, que, coincidentemente, se manifestam nos finais de milênio. A desigualdade está evidenciada pelo desequilíbrio no acesso à educação e ao mercado de trabalho que ocorre nesses países e afeta diretamente os profissionais de todas as áreas. Entretanto, parece que se dirige com muita força para os profissionais dos setores que formulam e constroem recursos e tecnologias para a difusão e uso da informação.

No final do segundo milênio, temeu-se que o mundo viesse a ficar paralisado. Isso foi manifestado pela ideia do *"bug"* do milênio, cuja origem poderia ser decorrente de um erro subsistente nos programas dos computadores no final dos anos de 1990, com relação ao calendário. Hoje, após seis anos de decorrência da entrada do terceiro milênio, é possível perceber que tal ideia, no auge do modelo de gestão global da economia, partia de um interesse evidente de certos setores dessa economia, voltados à construção de uma política internacional em que a expansão da produção de serviços fica cada vez mais imbricada com o enorme fluxo de comunicação dos infinitos tipos de informação que a existência humana produziu no âmbito das diferentes sociedades no último século.

Neste novo cenário, carregado de transformações intensas, a área de Ciência da Informação, campo científico criado em meados do século XX, tem enriquecido sua reflexão em várias direções no âmbito internacional. Algumas dessas direções têm sido transformadas regionalmente no ambiente cultural dos países em estágio de desenvolvimento econômico, como no caso brasileiro. Com isso, forma-se um amplo espaço para a produção de saberes novos tornando possível que os temas emergenciais sejam tratados com maior aprofundamento de forma a produzir um conhecimento com certo grau de autonomia.

Neste particular, o PGCIN, Programa de Pós-Graduação em Ciência da Informação da UFSC, se desenvolve através de duas linhas de investigação, mobilizando seus docentes e discentes de forma a manter um constante olhar para os *Fluxos Informacionais* e para o *Profissional da Informação*, como eixos que requerem análises inovadoras. De um lado, olha-se para temas de maior amplitude, voltados à educação e à profissão; de outro, procura-se enxergar mais as questões que a tecnologia da informação promove, e porque o faz, com as técnicas e a gestão que se emprega na geração, acesso e uso da informação.

As contribuições deste livro não se afastam do cenário global construído pelas urgências e maquinações econômicas e políticas do final do milênio passado e início deste, pois refletem pesquisas realizadas pelos seus professores e alunos do Curso de Mestrado em Ciência da Informação, desenvolvidas nos últimos dois anos. Estes textos revelam interfaces da Ciência da Informação com áreas como Gestão, Comunicação, Educação a Distância e Tecnologias. Tais contribuições apresentam resultados, em alguns casos, dos estudos realizados por seus autores visando a elaboração de seus relatórios finais de pesquisa, isto é, as dissertações de mestrado que apresentaram ao PGCIN. Este é o caso dos capítulos escritos por Rasche e Varvakis, Curty e Correia e Silva; em outros, têm como origem pesquisas coordenadas por docentes.

Os três primeiros capítulos – de Correia e Silva, Rodrigues e Pereira – abordam reflexões sobre comunicação da informação enfocando aspectos de educação a distância, uso da tecnologia e formas de recuperação da informação. Café traz uma contribuição para os modelos de representação do conhecimento. Os capítulos de Curty e Rasche e Varvakis enfocam temas ligados à área de gestão da informação, notadamente serviços e inovação industrial. Os dois últimos capítulos, de Cunha e Souza, enfocam especificamente a área de profissionais e, por isso, tratam, respectivamente a educação do profissional da informação e as profissões.

Miriam Vieira da Cunha
Francisco das Chagas de Souza
Organizadores

As influências das tecnologias de informação e comunicação no processo de pesquisa científica: um estudo aplicado à UFPE

Anna Elizabeth Galvão Coutinho Correia
Edna Lúcia da Silva

Nesses novos tempos, o conhecimento e a informação constituem parte significativa do eixo estruturante dos modos de desenvolvimento dos países e das organizações, visto que, no momento atual, o processo produtivo requer conhecimento e depende de processamento da informação. Assim, países desenvolvidos e em desenvolvimento têm colocado a produção de conhecimento e a inovação no centro de sua política para o desenvolvimento. Fazem isso motivados pela visão de que o conhecimento é o elemento central dessa nova estrutura econômica e de que a inovação é o principal veículo da transformação do conhecimento em riqueza. Dessa forma, é possível perceber que o elemento diferenciador que marcará as relações internacionais, neste século, será definido pelo uso que as nações fizerem do conhecimento. Ao optarem pela produção de conhecimento, como fator de inovação, e por usá-la como parâmetro para a (auto)regulação das relações em todos os níveis, as sociedades contemporâneas ampliam o horizonte das possibilidades de seu próprio desenvolvimento.

Outra característica importante, apontada por Castells (2003, p. 564) quando estudou as estruturas sociais emergentes nos domínios da atividade e da experiência humana, foi que as funções e os processos dominantes "estão cada vez mais organizados em torno de redes". A presença da rede ou ausência dela e a dinâmica de cada rede em relação às demais, na perspectiva do autor, são fontes cruciais de dominação e transformação nas sociedades. Para esse autor, as "redes constituem a nova morfologia social de nossas sociedades e a difusão das lógicas das redes modifica de forma substancial a operação e os resultados dos processos produtivos e de experiência, poder e cultura."

Nessa nova configuração social, as universidades têm papel de destaque. Nos países desenvolvidos, as universidades atuam como núcleo de formação de recursos humanos e de produção científica, representando o celeiro de ideias que alimenta o desenvolvimento inovador industrial. No Brasil, a capacidade de formação de recursos humanos em graduação e pós-graduação, bem como de pesquisa científica e tecnológica, concentra-se, principalmente, nas universidades públicas. A ação universitária, no caso brasileiro, está empenhada em atuar em três esferas: o ensino, a pesquisa e a extensão. O ensino sempre foi uma atividade preponderante nas universidades brasileiras, a extensão vem possibilitando a interação das universidades com as comunidades e o setor produtivo, e a pesquisa vem se consolidando a partir da implantação dos cursos de pós-graduação, iniciada na década de 60.

O desenvolvimento da pesquisa científica no país teve alguns marcos importantes. A criação do Conselho Nacional de Pesquisa (CNPq) e da Coordenação de Aperfeiçoamento de Pessoal de Nível Superior (CAPES), em 1951, representou avanço significativo. (MENDONÇA, 2000, p. 143). A partir da criação dessas instituições, os recursos para pesquisa foram ampliados e, com eles, o número de projetos (FÁVERO, 2000). A produtividade da pesquisa passou a ser valorizada e, com isso, a ser monitorada para avaliação de desempenho, seguindo o modelo norte-americano de instituição de ensino superior, conforme afirmam Castellani e Zwicker (2000).

Igualmente merece registro como marco para o desenvolvimento científico autóctone a tentativa de vinculação entre desenvolvimento nacional e pesquisa científica que se deu através do Programa Estratégico de Desenvolvimento (PED 1968-1970), realizado pelo governo do general Costa e Silva (1966-1968). Nesse programa estavam previstas ações, segundo Peixoto (1994), tais como: a elaboração de um Plano Básico de Pesquisa Científica e Tecnológica; o fortalecimento das instituições de pesquisas nacionais; o incentivo à formação de pesquisadores; a reorientação do ensino universitário; uma política de amparo ao desenvolvimento científico e tecnológico, operando com recursos públicos e privados; a criação do Fundo Nacional de Desenvolvimento Científico e Tecnológico (FNDCT), efetivada em 1969.

A associação entre o planejamento do desenvolvimento científico e tecnológico, com a intervenção direta deste nas universidades, foi estabelecida efetivamente com a aprovação do II Plano Básico de Desenvolvimento Científico e Tecnológico (1975/1979), com a criação do Conselho Nacional de Pós-Graduação (CNPG) em 1974, e a formulação do I Plano Nacional de Pós-Graduação. Nesse plano, a ênfase foi focada na importância da ciência e da tecnologia para a realização da estratégia nacional de desenvolvimento econômico e social (PEIXOTO, 1994).

Segundo Schwartzman (1992), o atual sistema de apoio à pesquisa foi consolidado ao longo da década de 70. Dele fazem parte as seguintes instituições: o CNPq, a CAPES, a Financiadora de Estudos e Projetos (FINEP) e as Fundações Estaduais de Amparo à Pesquisa (FAPs).

A universidade brasileira vem, ao longo dos anos, consolidando a sua posição como *locus* de desenvolvimento de pesquisa científica e tecnológica no país, e tem recebido apoio das instituições citadas acima para assumir tal posição. No decorrer da última década, vários fatores vêm interferindo e gerando transformações importantes no processo de produção científica nas universidades.

Em tese, o acesso às redes de comunicação é vital para os cientistas. Um cientista que não possua esse acesso torna-se uma ilha, isolado dos seus pares, suas possibilidades de uso dos canais de comunicação científica são diminuídas e, consequentemente, tais pesquisadores têm dificuldades na obtenção dos meios necessários para montar um esquema de produção para as pesquisas em desenvolvimento. Nesse sentido, a comunicação é percebida em um sentido amplo, não somente como intercâmbio de notícias e mensagens. Ela é também uma atividade coletiva que engloba o conjunto das transferências e intercâmbio de ideias, fatos e dados, que, por sua vez, têm as seguintes funções: informação (difusão de notícias para entender cada situação), socialização (fundo comum de conhecimento para poder participar da sociedade), motivação (buscar objetivos), debate e diálogo (para esclarecer pontos), educação, promoção cultural e integração (TERRERO, 1984).

Outro fator que se deve levar em conta diz respeito ao aumento do volume de informação produzida, que tem gerado melhoria na capacidade de seu processamento, seja pela ampliação das equipes de pesquisa, da reorganização interna seja pelo investimento em tecnologia nas organizações. Com o crescimento do corpo de conhecimentos, verifica-se também o aumento dos campos de especialidades e, com isso, menor possibilidade de se manter na mesma universidade colegas com especialidades semelhantes, o que faz crescer a necessidade de interação de profissionais distantes entre si (NOAM, 1997). Os meios eletrônicos estão possibilitando a criação de comunidades científicas virtuais em resposta à necessidade elementar de colaboração intelectual. Os colégios invisíveis de Price (1976) estão sendo substituídos pelas comunidades virtuais.

Concomitantemente, a fragilidade dos acervos das bibliotecas universitárias tem modificado e interferido na forma de produção de conhecimento nas universidades. A aquisição de coleções abrangentes e atualizadas, nessas bibliotecas, tem-se tornado financeiramente proibitiva em função dos altos custos das publicações, da falta de espaço físico para armazenamento e de recursos para manutenção física dessas coleções. Com a utilização das alternativas eletrônicas, Lawrence (2001) considera que há melhorias no acesso à literatura científica, permitindo que cientistas encontrem pesquisas relevantes em tempo reduzido, aprimorando a comunicação e o progresso da ciência.

No Brasil, alguns aparatos tecnológicos foram disponibilizados para o incremento da pesquisa no país. A Rede Nacional de Pesquisa (RNP) foi criada no final da década de 1980, coordenada pelo CNPq, visando à implantação de redes de computadores interligados, para fins de apoio à pesquisa e à educação. Acervos virtuais para apoio à pesquisa foram disponibilizados pelo governo federal nos Portais da Pesquisa (2005) e Periódicos Capes (CAPES, 2005).

As universidades vêm investindo na informatização institucional, conectando-se à Internet – sistema de informação integrado por redes interligadas, com uma gama de recursos informacionais (HENNING, 1993). Dessa forma, os pesquisadores estariam instrumentalizados para o processo de comunicação intermediada pela rede eletrônica de computadores e para a formação de redes de cooperação intelectual e/ou tecnológica. Concomitantemente a esse processo, o Ministério da Ciência e Tecnologia (MCT) vem exigindo uma nova postura do setor acadêmico, requerendo melhor estruturação e identificação das competências científicas, o que até gerou um novo modelo de gestão dos investimentos, baseado em produtividade científica (UNIVERSIDADE FEDERAL DE PERNAMBUCO, 2002).

Considerando os argumentos colocados acima, esta pesquisa investigou até que ponto a Universidade Federal de Pernambuco (UFPE) está integrada a essas mudanças. Analisou a produção e a disseminação da informação científica na UFPE, para verificar como se processa a comunicação científica, desde a concepção do projeto até a sua disseminação nos canais informais e formais, com a interferência dos recursos eletrônicos. O foco da pesquisa recaiu no fluxo da informação do processo de pesquisa e nos recursos tecnológicos que são mobilizados para a sua realização, estando relacionado com a problemática ligada ao processo de comunicação científica expressa nas seguintes questões:

• *Até que ponto as tecnologias de informação/comunicação estão interferindo no processo de produção e disseminação do conhecimento científico?*

• *Como se processa a produção científica e a disseminação dessa produção?*

Com base no exposto, a proposta desta pesquisa foi delineada para alcançar o seguinte objetivo geral: analisar a produção e a disseminação da informação científica na UFPE, para detectar a influência das novas tecnologias de informação nesse processo.

Cabe ressaltar que as questões aqui colocadas e a pesquisa realizada não esgotam a amplitude e a complexidade do tema, mas espera-se que os desvelamentos de elementos aqui explicitados possam auxiliar na discussão e nos posicionamentos referentes às políticas de apoio à pesquisa nas universidades brasileiras.

Procedimentos metodológicos

A pesquisa aqui apresentada é do tipo transversal, descritiva e exploratória com abordagem quali-quantitativa e se caracteriza como estudo de caso. Trata-se de pesquisa transversal por ter ocorrido em um ponto no tempo, "com base em uma amostra selecionada para descrever uma população nesse determinado momento" (RICHARDSON; PERES, 1999, p. 148). É descritiva porque tem como objetivo a descrição das características da comunidade científica da UFPE, quanto aos meios utilizados para busca da informação, uso de recursos informacionais *on-line* ou tradicionais e mecanismos empregados para a disseminação do conhecimento. Os estudos de natureza descritiva, para Richardson e Peres (1999, p. 71), analisam o "papel das variáveis que, de certo modo, influenciam ou causam o aparecimento dos fenômenos". E, finalmente, este é considerado estudo de caso pelo seu modo de investigação elástico e flexível, que permite aproximação maior com a realidade (LESSARD-HEBERT; GOYETTE; BOUTIN, 1990). Neste caso específico, foi estudado o processo de produção do conhecimento na UFPE, procurando detectar a interferência do uso das tecnologias de informação e comunicação (TICs) no processo de busca, acesso e disseminação do conhecimento. Yin (2001) esclarece que o estudo de caso fornece pouca base para generalização, mas, quando se usa esse tipo de investigação, o que se procura generalizar são proposições teóricas (modelos), e não proposições sobre populações.

A pesquisa realizou-se na UFPE e seu universo foi constituído pelos pesquisadores do quadro de efetivos da UFPE, de todas as áreas do conhecimento, totalizando 1.739 pessoas. A amostra correspondeu aos pesquisadores da UFPE que detêm Bolsa de Produtividade em Pesquisa do CNPq, de todas as áreas do conhecimento, totalizando 200 (duzentos) pesquisadores – lista disponibilizada nas páginas do CNPq, acessada em 15 de janeiro de 2005. Dos 200 pesquisadores, 73 não participaram da pesquisa pelos motivos aqui apresentados: 18 estavam ausentes da instituição, 15 não aceitaram participar da pesquisa, 16 encontravam-se em gozo de férias e 24 não foram localizados, nem por *e-mail* nem por telefone, no período de aplicação dos instrumentos de pesquisa. A amostra reuniu 127 pesquisadores que colaboraram fornecendo informações para o desenvolvimento da pesquisa. Trata-se de uma amostra intencional, já que seus elementos foram escolhidos por representarem a elite dos pesquisadores na universidade, e por serem os pesquisadores mais produtivos e experientes e, portanto, aptos a fornecerem respostas para as questões investigadas. Foram utilizados como instrumentos de coleta de dados: o questionário e a entrevista.

Resultados da pesquisa

Esta pesquisa procurou verificar a influência das tecnologias da informação no processo de produção científica. Considerando que as etapas principais do fluxo de informação do processo de pesquisa são a busca, o uso e a disseminação da informação, os resultados apresentados seguirão essa ótica de abordagem. Inicialmente, os pesquisadores, como atores do processo, foram caracterizados, porque se considerou que tais informações seriam essenciais para o entendimento das questões discutidas.

Os pesquisadores na UFPE

Na UFPE, atualmente, 1.739 (mil setecentos e trinta e nove) professores pertencem ao quadro efetivo da universidade, dos quais 200 (duzentos) detêm bolsa de Produtividade em Pesquisa do CNPq, de todas as áreas do conhecimento.

Com relação aos 127 pesquisadores participantes desta pesquisa, observa-se que há predominância do sexo masculino (72,4%). No que se refere à faixa etária, verifica-se uma concentração de pesquisadores na faixa entre 50-59 anos (38,6%), seguida pela faixa de 40-49 anos (34,6%). Constata-se que os pesquisadores da UFPE bolsistas de produtividade em pesquisa do CNPq estão concentrados na faixa etária mais elevada, portanto, considerando as exigências do CNPq para obtenção da bolsa, na UFPE, nessa faixa etária, estariam os pesquisadores com elevada produtividade científica.

Quanto ao período de formação dos pesquisadores, constatou-se predominância na capacitação em nível de doutorado ocorrida entre os anos 1990-1999, com 52% (n=66). Esse resultado é uma consequência dos programas de capacitação para docentes da instituição. No período de 1996-2004, a UFPE quase dobrou o número de doutores, atingindo 3,46 de Índice de Qualificação do Corpo Docente (IQCD), numa escala de 0 a 4 (UNIVERSIDADE FEDERAL DE PERNAMBUCO, 2005). Os dados evidenciam também que 38% (n=27) dos pesquisadores possuem pós-doutorado como complementação de sua capacitação.

Com relação ao tempo de pesquisa, percebe-se que 88,9% (n=113) são pesquisadores há mais de dez anos, e o ano de 2001, nesta pesquisa, ficou caracterizado como o ano que os pesquisadores obtiveram maior número de financiamentos (28,5% - n=121).

A busca de informação no processo de pesquisa

O fluxo do processo de pesquisa é composto desde que nasce uma ideia na mente do pesquisador, englobando todo o processo de comunicação, bem como todas as atividades de pesquisa por ele realizadas, os recursos envolvidos e os documentos gerados por essas atividades.

Neste item, serão analisados e discutidos os recursos de informação mais utilizados pelos pesquisadores da UFPE no processo de busca da informação. Nesta pesquisa, considerou-se importante levantar dados que fornecessem informações referentes aos percursos considerados importantes pelos pesquisadores para acessar informação. Tais informações são relevantes como subsídio para delinear o percurso no processo de busca de informação e, assim, verificar se o uso das TICs tem interferido no fluxo da produção científica.

Ao analisar os dados levantados quanto ao uso da internet para busca da informação, observa-se que a rede obteve alta frequência de uso diário (87,4% - n=111). Em contrapartida, o uso das bibliotecas pertencentes ao Sistema de Bibliotecas da UFPE teve uma frequência diária baixa (4,6% - n=6), apesar de se constatar que são mais utilizadas semanalmente (36,2% - n=46). Mais significativo são os dados referentes ao não uso das bibliotecas e da internet. Ao observá-los, percebe-se que apenas 4 pesquisadores (3,1%) declararam que não usam a internet; em contrapartida, 46 pesquisadores (36,25%) indicaram que não usam tais bibliotecas. Considerando que os pesquisadores participantes desta pesquisa pertencem à elite da categoria, esse é um dado que traz um indicativo importante: as bibliotecas da UFPE, para uma parte significativa dos pesquisadores, já não oferecem recursos informacionais imprescindíveis para o desenvolvimento de suas pesquisas científicas.

A prevalência do uso da internet em relação às bibliotecas tradicionais já foi constatada em outros estudos. Pinheiro (2003), estudando comunidades científicas e infraestrutura tecnológica no Brasil e o uso de recursos eletrônicos de comunicação e informação em pesquisas, em uma amostra de 1.307 pesquisadores de níveis I, II e III do CNPq, constatou que o recurso inicial utilizado para busca de informação é a internet, com 61,5% e a Biblioteca, com 22,7%. Segundo a autora, em estudos de usuários realizados em bibliotecas tradicionais, já foi detectado que a utilização dessas dependia da proximidade física da biblioteca, isto é, eram primeiramente consultadas as localizadas mais próximas do local de trabalho do pesquisador.

A internet disponibiliza informação de forma fácil e acessível, sem que o pesquisador tenha que se deslocar de seu ambiente de pesquisa. Isso pode ser uma explicação plausível para os resultados obtidos nesta pesquisa, confirmando que se trata de uma tecnologia essencial para o processo de busca da informação e, consequentemente, para o desenvolvimento de pesquisas.

Quanto aos resultados pouco favoráveis relacionados ao uso do Sistema de Bibliotecas da UFPE, esses podem estar refletindo as dificuldades enfrentadas pelas universidades federais no desenvolvimento e na manutenção de suas coleções. Nas últimas décadas, de acordo com Dutra e Lapolli (2004), aconteceu significativa redução orçamentária, fazendo com que as bibliotecas das Instituições Federais de Ensino Superior (IFES) sofressem grande abalo com os cortes nas assinaturas de periódicos, provocando lacunas irrecuperáveis nas coleções. Além disso, as verbas disponíveis para compra de livros e obras de referência têm sido escassas e vêm diminuindo paulatinamente nos últimos anos. Coleções incompletas e com conteúdos defasados certamente refletem negativamente na frequência de uso das bibliotecas e na utilização dos recursos informacionais pelos pesquisadores, que precisam de informações atualizadas e compatíveis com o nível das pesquisas que realizam. Cabe registrar que as bibliotecas das universidades têm realizado investimentos para proporcionar acesso à informação virtual mediante a aquisição de produtos eletrônicos: assinaturas de periódicos e bases de dados, além de facilitarem o acesso aos portais de Pesquisa e Capes criados pelo governo federal para esse fim e esses aspectos não podem ser ignorados nesta análise.

Entre os recursos de informação indispensáveis para o desenvolvimento de pesquisa, os pesquisadores participantes da amostra indicaram, como instrumento indispensável para a busca da informação, as bases de dados referenciais ou com texto completo (35,4% - n=45). O Portal da Pesquisa nesse processo foi valorizado (21,3% - n=27), visto que além de textos integrais de periódicos, disponibiliza bases de dados úteis quando se busca informação. Os *sites* de revistas receberam 15,0% (n=19) das indicações e as bibliotecas virtuais 11,0% (n=14), como recursos indispensáveis para o acesso à informação no desenvolvimento de pesquisas.

A busca de informação, até a década de 1990, era feita através das obras de referência impressas em papel, catálogos das bibliotecas e/ou consultas realizadas nas coleções existentes nas próprias bibliotecas, o que gerava morosidade para acesso à informação desejada. Com a utilização das TICs, esse processo foi acelerado, já que os próprios pesquisadores fazem as buscam nas bases de dados *on-line,* referenciais ou com textos integrais, e, dessa forma, levantamentos que anteriormente demoravam meses para serem efetivados são realizados em questão de minutos. Para Meadows (1999), as bases de dados *on-line* constituem-se em uma das formas mais adequadas para a busca e a recuperação da informação, uma vez que reúnem informações científicas de alta qualidade, proporcionando acesso ágil e dinâmico.

Com relação ao uso de recursos informacionais com a finalidade de produzir conhecimento, os pesquisadores participantes da pesquisa indicaram que utilizam com maior frequência os artigos de revistas, que receberam 35,4% (n=45) das indicações como primeira opção. O Portal da Capes recebeu 15% (n=19) das indicações como primeira opção, e os livros são indicados com uma frequência maior como primeira, segunda e terceira opções, com 11,0% (n=14), 20,5% (n=26) e 11,8% (n=15).

Ao observar a frequência de uso dos recursos disponibilizados na internet, o correio eletrônico aparece como primeira opção de uso em pesquisa, por 74,1% (n=94) dos pesquisadores. As revistas eletrônicas com texto integral são a segunda opção, sendo indicadas por 40,1% (n=51). As bases de dados referenciais (25,2% - n=32) e as bases de dados com textos completos (26% - n=33) são indicadas como terceira opção de uso, apesar de serem consideradas um recurso indispensável para o desenvolvimento de pesquisa por 35,4% (n=45) dos pesquisadores. Os grupos de discussão apresentaram um empate de 6,3% (n=8) nas indicações como terceira e quinta opções de uso em atividade de pesquisa (TABELA 1).

Tabela 1 – Frequência de uso dos recursos da internet

opções	Correio eletrônico		Revistas eletrônicas com texto integral		Bases de dados referenciais		Bases de dados com textos completos		Grupos de discussão		Outros	
	Freq.	%	Freq.	%	Freq.	%	Freq.	%	Freq.	%	Freq.	%
1ª opção	94	74,1	21	16,5	11	8,7	15	11,8	5	3,9	1	0,8
2ª opção	14	11,0	51	40,1	13	10,2	28	22,1	5	3,9	4	3,2
3ª opção	5	3,9	20	15,8	33	26,0	32	25,2	8	6,3	5	3,9
4ª opção	6	4,7	8	6,3	12	9,4	22	17,3	7	5,5	5	3,9
5ª opção	1	0,8	2	1,6	3	2,4	1	0,8	8	6,3	5	3,9
6ª opção	--	--	--	--	--	--	1	0,8	--	--	--	--
n indicaram	7	5,5	25	19,7	55	43,3	28	22,0	94	74,1	107	84,3
Total	127	100	127	100	127	100	127	100	127	100	127	100

Nas últimas décadas, os pesquisadores têm utilizado, de forma mais imperativa, a tecnologia da informação. Conforme Meadows (1999, p. 35) constata, "utilizar o computador na comunicação implica necessariamente a existência de canais de comunicação". A utilização da Internet proporcionou expansão desses canais de comunicação. Pode-se também, conforme Castells (2003, p. 40) afirmar que se trata de "um novo sistema de comunicação que fala cada vez mais uma língua universal digital".

No mundo globalizado isso é uma prática constante, uma vez que, para se produzir conhecimento, "o contato direto é muito menos importante como fonte de informação do que os meios de comunicação de massa" (MEADOWS, 1999, p. 29). A internet oferece vários recursos aos pesquisadores para troca e acesso à informação, proporciona agilidade na comunicação com baixo custo e se tornou um importante dispositivo para comunicações interativas (TURBAN; MCLEAN; WETHERBE, 2004).

As revistas eletrônicas com texto integral são o segundo recurso da internet mais utilizado pelos pesquisadores participantes da amostra. As bases de dados com texto completo e as referenciais também são indicadas como primeira opção de uso. Mediante o uso desses meios para acessar a informação, é possível "ampliar significativamente a qualidade das buscas bibliográficas, visto que essas bases proporcionam diversificados pontos de acesso à informação" (LOPES, 2002, p.60).

De acordo com Meadows (1999), o uso de periódicos eletrônicos facilitou a vida dos pesquisadores, tendo em vista que eles não precisarão ir à biblioteca, localizar e recuperar a informação. As revistas eletrônicas, lembra o autor, podem ser organizadas "de tal forma que outros materiais citados no texto de um artigo possam ser imediatamente trazidos à tela com o apertar de um botão" (MEADOWS, 1999, p. 36), o que facilita o processo de complementação de dados e o acesso à informação.

Os grupos de discussão obtiveram baixo índice de utilização: 3,9% (n=5). Pinheiro (2003) constatou resultado semelhante, em que as demais tecnologias (listas de discussão, teleconferências, salas virtuais, *newgroups*) apresentam índices mais baixos, demonstrando a necessidade de maior disseminação desses recursos informacionais nas comunidades científicas.

Como foi dito entre os recursos eletrônicos indicados neste estudo, o correio eletrônico obteve a primeira colocação na opção de uso de recursos informacionais, sendo indicado por 74,1% (n=94) dos pesquisadores da UFPE participantes desta pesquisa. Esse recurso possui frequência de uso diária de 98,4% (n=125) para os pesquisadores, apresentando larga diferença com relação aos demais meios. As listas de discussão exibem frequência semanal de 13,4% (n=11).

Alguns estudos realizados, como os de Pinheiro (2003) e Souza (2003), reforçam que o correio eletrônico assumiu papel ímpar na comunicação informal, semelhante à discussão acadêmica verbal, caracterizando-o como o recurso mais utilizado para contatos no processo de produção, legitimação e difusão do conhecimento. Com essa ferramenta, é possível executar várias atividades.

De acordo com os resultados obtidos, observa-se que o motivo de uso do correio eletrônico mais representativo é o envio de mensagens de cunho geral, com 27,6% (n=35); seguido de informação científico-tecnológica, com 26,8% (n=34); e por discussões a respeito da pesquisa desenvolvida com pesquisadores de universidades/institutos de pesquisa nacionais, com 25,2% (n=32). Resultado semelhante foi obtido por Souza (2003), apresentando as mensagens de cunho geral como o tipo mais usado no meio eletrônico (62,7%), seguido de informação científico-tecnológica com 46,7%. Com a realização de sua pesquisa, Souza (2003, p. 140) constatou que "o maior benefício do uso das tecnologias de informação foi a rapidez na comunicação e a melhoria na comunicação científica, troca de experiências com parceria e novas pesquisas".

Formatos mais utilizados pelos pesquisadores

Dos 127 pesquisadores participantes da amostra, 65,3% (n=83) apontaram como primeira opção na sua preferência de uso os recursos no formato em papel/impresso; os em formato eletrônicos/digital aparecem como segunda opção para 33,1% (n=42); e os que são indiferentes ao formato apresentam essa opção como a primeira em 13,4% (n=17) dos casos, conforme é apresentado na TABELA 2.

A preferência pelo formato papel/impresso deve-se à dificuldade de leitura de textos longos na tela de um computador. Berto (2001) estudou as publicações científicas eletrônicas na percepção de uma instituição pública de pesquisa em Ciência e Tecnologia (C&T), e concluiu que existe alto grau de rejeição quanto à forma de leitura diretamente na tela do computador. Os pesquisadores preferem acessar a informação eletronicamente, e posteriormente imprimi-la para uma leitura mais confortável e aprimorada.

Tabela 2 – Preferência quanto ao formato dos recursos informacionais utilizados em pesquisa

Opções	Eletrônico/Digital		Papel/Impresso		Indiferente	
	Freq.	%	Freq.	%	Freq.	%
1ª opção	38	29,9	83	65,3	17	13,4
2ª opção	42	33,1	23	18,1	--	--
3ª opção	1	0,8	2	1,6	--	--
n indicaram	46	36,2	19	15,0	110	86,6
Total	127	100	127	100	127	100

Apesar de o formato eletrônico/digital ter sido indicado como primeira opção, relativamente baixa, 29,9% (n=38), a internet é bastante utilizada, como foi mostrado anteriormente, já que obteve uma frequência de uso diário nas atividades de pesquisa de 87,4% (n=111).

Diante disso, pode-se constatar que a internet é uma rede muito utilizada pelos pesquisadores deste estudo no processo de busca e acesso à informação, ainda que alguns recursos e alternativas existentes para atender a esse objetivo não tenham conquistado uma posição privilegiada nesse processo. Os sistemas eletrônicos podem exercer um papel fundamental na coleta, no tratamento e na utilização da informação, por reduzirem "o tempo necessário à execução das tarefas de busca e processamento da informação" (LE CODAIC, 2004, p. 7), facilitando, assim, o processo de produção científica.

Opções para troca de ideias sobre atividades de pesquisa

Ao serem analisadas as preferências quanto aos contatos usados pelos pesquisadores para troca de ideias sobre suas atividades de pesquisa, os participantes desta pesquisa indicaram que preferem, primeiramente, comunicar-se com colegas de departamento, 62,2% (n=79). Como segunda opção, indicaram os colegas de outros departamentos, com 26,8% (n=34). Os colegas de outras universidades receberam maior número de indicação como terceira (17,3% n= 21) e como quarta opção (23,6% n=30) para troca de ideias sobre pesquisa foram indicados os colegas de outras instituições de pesquisa (TABELA 3). Tal resultado contraria a opinião de alguns autores, como Noam (1977), que afirma que, com o aumento de especialidades, se torna mais difícil encontrar na mesma universidade colegas com especialidades semelhantes, aumentando a necessidade de interação de profissionais distantes entre si.

Tabela 3 – Preferência para troca de ideias sobre atividades de pesquisa

opções	Colegas de Departamento		Colegas de outros Departamentos		Colegas de outras Universidades		Colegas de outras Instituições de Pesquisa		Outros	
	Freq.	%	Freq.	%	Freq.	%	Freq.	%	Freq.	%
1ª opção	79	62,2	15	11,8	18	14,2	8	6,3	5	3,9
2ª opção	23	18,1	34	26,8	20	15,7	1	0,8	8	6,3
3ª opção	9	7,1	21	16,5	22	17,3	4	3,1	1	0,8
4ª opção	6	4,7	13	10,2	30	23,6	2	1,6	1	0,8
5ª opção	1	0,8	1	0,8	2	1,6	2	1,6	--	--
n indicaram	9	7,1	43	33,9	35	27,6	110	86,6	112	88,2
Total	127	100	127	100	127	100	127	100	127	100

Apesar do alto grau de qualificação dos pesquisadores participantes deste estudo, percebe-se que eles não adotam, preferencialmente, como prática no desenvolvimento de suas pesquisas, o estabelecimento de contatos com pesquisadores de outras universidades nacionais ou estrangeiras, o que pode caracterizar certa endogenia no tratamento dos temas. Apesar de as redes eletrônicas eliminarem a distância física entre pesquisadores, permitindo contato entre diferentes instituições, diferentes áreas, diferentes países e regiões, a comunicação com colegas de outras instituições de pesquisa é pouco utilizada pelos pesquisadores da UFPE, visto que 86,6% (n=110) não indicaram esta como uma forma utilizada para trocar ideias em pesquisa, ou seja, a troca de ideias fica restrita, basicamente, ao ambiente do próprio departamento.

A internet, no caso desta pesquisa, não tem sido muito aproveitada pelos pesquisadores para diminuir distâncias e eliminar fronteiras territoriais e possibilitar o trabalho em equipe. Meadows (2001) aponta que o uso da comunicação eletrônica estimula o trabalho em equipe, possibilita o acesso de todos aos mesmos dados, facilita a utilização e a interação desses dados e, portanto, favorece os esforços coletivos. Os pesquisadores da UFPE parecem estar perdendo uma oportunidade importante para ampliar a influência dos seus grupos de pesquisa, tanto em termos quantitativos quanto em extensão geográfica e com relação às perspectivas de abordagem dos temas pesquisados.

Uso da informação

Serão abordados a seguir os resultados obtidos nas análises realizadas, referentes aos recursos utilizados nas atividades de pesquisa pelos pesquisadores, assim como a finalidade do uso da internet, os recursos mais utilizados, as motivações do uso do correio eletrônico, a relevância de serviços e produtos de informação eletrônicos e as barreiras existentes.

Dos 127 pesquisadores, 62,2% (n=79) responderam que utilizam a internet como primeira opção para a comunicação entre pares, seguida do levantamento bibliográfico com 33,0% (n=42), a submissão de trabalhos a periódicos com 21,3% (n=27) e a submissão de trabalhos a congressos com 17,3% (n=22) das indicações, como mostra a TABELA 4.

Os dados obtidos nesta pesquisa confirmam resultados de outros estudos realizados. Pinheiro (2003) constatou o uso da internet pelos pesquisadores para as seguintes finalidades: comunicação entre os pares, submissão de trabalhos a congressos e submissão de trabalhos a periódicos. A autora chama a atenção para que "a rede eletrônica tanto estimula a comunicação informal, entre os pares, quanto formal, facilitando os procedimentos da avaliação em periódicos e congressos" (PINHEIRO, 2003, p. 68). De acordo com estudo realizado por Souza (2003), ao analisar as redes de comunicação entre pesquisadores da Embrapa, a autora conclui que esses formam redes de comunicação com colegas da sua própria unidade. Eisend (2002), estudando os efeitos do uso da internet na comunicação científica entre os cientistas sociais de Berlim, constatou que quase todos os cientistas usavam esse meio para comunicação com os colegas de pesquisa.

Tabela 4 – Finalidade de uso da internet nas atividades de pesquisa

Opções	Comunicação entre pares		Levantamento bibliográfico		Submissão de trabalhos em periódicos		Submissão de trabalhos a congressos		Comunicação com pesquisadores de outras áreas		Circulação de trabalhos antes de publicação		Outros	
	Freq.	%	Freq.	%	Freq.	%	Freq.	%	Freq.	%	Freq.	%	Freq.	%
1ª opção	79	62,2	42	33,0	27	21,3	22	17,3	19	15,0	15	11,8	--	--
2ª opção	14	11,0	18	14,2	20	15,7	24	18,9	20	15,7	24	18,9	--	--
3ª opção	6	4,7	11	8,7	29	22,8	35	27,6	3	2,4	19	15,0	--	--
4ª opção	4	3,2	10	7,9	20	15,7	15	11,8	10	7,9	7	5,5	1	0,8
5ª opção	6	4,7	13	10,2	7	5,5	6	4,7	12	9,4	9	7,1	1	0,8
6ª opção	3	2,4	6	4,7	4	3,2	3	2,4	5	3,9	3	2,4	--	--
7ª opção	--	--	3	2,4	3	2,4	--	--	1	0,8	5	3,9	--	--
n indicaram	15	11,8	24	18,9	17	13,4	22	17,3	57	44,9	45	35,4	125	98,4
Total	127	100	127	100	127	100	127	100	127	100	127	100	127	100

Com o uso da tecnologia da informação, o meio pelo qual os pesquisadores se comunicam passou por uma evolução, desde os mensageiros até a atualidade, com as redes eletrônicas de comunicação intermediadas pelos computadores. Apesar dessa facilidade, a comunicação com pesquisadores de outras áreas ainda é pouco realizada, mesmo acreditando-se que abordagens interdisciplinares são necessárias em muitas áreas de pesquisa. O uso da internet, para esse fim, foi indicado por apenas 15,0% (n=19) dos pesquisadores.

Essa tecnologia oferece vários produtos e serviços de informação aos seus usuários. Entre os 127 pesquisadores participantes da amostra, 52,0% (n=66) indicaram as bases de dados como o mais importante produto/serviço oferecido eletronicamente. Outros produtos/serviços mais indicados foram as bibliotecas digitais e virtuais, com 35,5% (n=45); as bibliografias, com 24,4% (n=31); as aquisições de publicações, com 14,2% (n=18) (TABELA 5).

Tabela 5 – Relevância dos produtos e serviços de informação eletrônicos

Opções	Base de dados		Bibliotecas digitais e virtuais		Bibliografias		Aquisição de publicações		Outros	
	Freq.	%	Freq.	%	Freq.	%	Freq.	%	Freq.	%
1ª opção	66	52,0	45	35,5	31	24,4	18	14,2	4	3,1
2ª opção	23	18,1	16	12,6	31	24,4	31	24,4	1	0,8
3ª opção	13	10,2	21	16,5	17	13,4	23	18,1	--	--
4ª opção	6	4,7	6	4,7	15	11,8	15	11,8	2	1,6
5ª opção	2	1,6	7	5,5	3	2,4	12	9,4	1	0,8
n indicaram	17	13,4	32	25,2	30	23,6	28	22,1	119	93,7
Total	127	100	127	100	127	100	127	100	127	100

Resultados semelhantes foram obtidos por Pinheiro (2003). A autora detectou que os pesquisadores atribuem aos serviços e produtos de informação o mesmo grau de importância quando avaliados sob a ótica de "muito relevante" ou "relevante", equivalentes indistintamente aos percentuais de 89,1% para as bibliografias, 85,9% para as bases de dados e 81,9% para as bibliotecas virtuais. As bibliotecas digitais disponibilizam informações em formato digital em diferentes meios de armazenagem, "como as memórias eletrônicas (discos magnéticos e óticos)" (MARCHIORI, 1997), podendo ser acessadas pelas redes de computadores, em que os dados podem ser compartilhados com facilidade.

A biblioteca virtual, na concepção de Marchiori (1997, p. 4) é "um tipo de biblioteca que, para existir, depende da tecnologia da realidade virtual". Nessa concepção, pode-se enquadrar as coleções virtuais com acesso ao texto integral disponibilizadas pelo Portal da Capes, Portal da Pesquisa e revistas eletrônicas disponíveis na *web*.

Apesar de as editoras oferecerem facilidades para compras *on-line*, verifica-se que este serviço ainda é pouco utilizado. A sua baixa utilização desta forma de acesso à informação talvez esteja relacionada com angústias e medos gerados pela falta de confiança nos sistemas de segurança de transmissão de dados via internet.

Quanto aos problemas apresentados para o uso da internet na UFPE, 55,1% (n=70) dos pesquisadores indicaram a conexão lenta como o principal problema de acesso à rede. Como segunda opção nas indicações, a falta de suporte técnico obteve 11,0% (n=14), e a falta de equipamento obteve 10,2% (n=13) (TABELA 6).

Ao analisar os resultados, observa-se que o maior empecilho de acesso à internet na UFPE refere-se à qualidade da conexão oferecida pela atual infraestrutura tecnológica, já que os pesquisadores indicaram a conexão lenta como um fator problemático no uso da internet, como já citado.

Diante dessa situação, cabe à UFPE oferecer boas condições de pesquisa ao pessoal acadêmico, o que inclui também infraestrutura adequada de sistemas computacionais. Considerando que universidades bem equipadas passam a atrair para seus quadros de docentes "pesquisadores de alta qualidade, que reforçam o prestígio da universidade, que assim atrai melhores estudantes" (MEADOWS, 1999, p. 89).

Tabela 6 – Problemas no uso da internet

	Conexão lenta		Ausência de suporte técnico		Falta de equipamento		Não familiaridade com o meio		Falta de treinamento		Barreira lingüística		Outro	
Opções	Freq.	%	Freq.	%	Freq.	%	Freq.	%	Freq.	%	Freq.	%	Freq.	%
1ª opção	70	55,1	14	11,0	13	10,2	--	--	--	--	--	--	38	29,9
2ª opção	28	22,0	37	29,1	11	8,7	1	0,8	1	0,8	--	--	10	7,9
3ª opção	4	3,1	19	15,0	7	5,5	2	1,6	--	--	--	--	8	6,3
4ª opção	1	0,8	1	0,8	2	1,6	--	--	--	--	--	--	3	2,4
5ª opção	--	--	--	--	--	--	2	1,6	2	1,6	2	1,6	--	--
6ª opção	--	--	--	--	--	--	--	--	--	--	1	0,8	--	--
não citaram	24	19,0	56	44,1	94	74,0	122	96,0	124	97,6	124	97,6	68	53,5
Total	127	100	127	100	127	100	127	100	127	100	127	100	127	100

A UFPE teria ganhos em qualidade se priorizasse investimentos na rede física computacional da universidade em muitos sentidos, isso porque, nesta pesquisa, ficou evidenciada a grande insatisfação com relação à conexão e ao acesso à rede. Para se realizar pesquisa com qualidade e de impacto, o contato entre cientistas além das fronteiras nacionais tornou-se aspecto de grande importância. De tal forma, que agora se reconhece amplamente que uma comunidade endógena em um país periférico só poderá se desenvolver quando seus membros tiverem estabelecido elos com outros pesquisadores de países cientificamente avançados (RUSSEL, 2000, p. 37).

Para se manter uma boa estrutura computacional, com um bom funcionamento, faz-se necessário constante manutenção, através de um suporte técnico eficiente e sistemático. Com relação à falta de equipamentos, apenas 10,2% (n=13) apontam este item como primeira opção de causas de problemas de acesso a internet; 74,0% (n=94) não citaram a falta de equipamento como problema de acesso, apesar de a tecnologia da informação desenvolver-se rapidamente, obrigando as instituições a atualizar frequentemente seus equipamentos, programas e redes (MEADOWS, 1999, p. 11). Se essa atualização não for uma constante, com certeza ocorrerá prejuízo no processamento da informação e, consequentemente, no desenvolvimento da pesquisa.

Entre os outros problemas indicados pelos pesquisadores como falhas que interferem no uso da internet na UFPE, destacam-se: falha na rede 33,9% (n=43); presença de vírus 5,5% (n=7); problemas de infraestrutura 3,1% (n=4); lentidão no atendimento do suporte técnico 3,1% (n=4); confiabilidade da rede 2,4% (n=2); falha na segurança 1,6% (n=2); e outras falhas 6,3% (n=8), que não estão aqui mencionadas em razão de sua baixa representatividade em relação às demais.

Disseminação da informação

Neste item serão abordadas as análises feitas sobre a parte final do fluxo da produção científica, verificando as preferências dos pesquisadores da UFPE quanto ao tipo de veículo no qual costumam publicar, se publicam em periódicos eletrônicos e se é possível, na percepção deles, estimar o tempo que levam para publicar os resultados das pesquisas realizadas.

No processo de comunicação são utilizados dois canais: o formal e o informal.

Entre os canais informais, estão os congressos e as conferências que, para Meadows (1999, p. 139), "são o protótipo da interação informal. A interação oral varia de uma conferência pronunciada diante de uma grande plateia até as conversas triviais durante a pausa para o cafezinho". Christovão (1979, p. 5) considera os congressos e as conferências como canais semi-informais, por guardarem "características informais na sua forma de apresentação oral e nos debates que podem acarretar, e guardam características formais na sua divulgação através de cópias ou anais."

Como canais de comunicação formais estão incluídas as fontes primárias – periódicos e livros, e secundárias – serviços de indexação e resumos, serviços de alerta-corrente. Os livros são considerados por Christovão (1979, p.5) como sistemas superformais, por serem uma "abordagem do conhecimento já aceito e absorvido pela comunidade científica".

Dos pesquisadores participantes da amostra, 66,1% (n=84) indicaram as revistas/periódicos como o meio mais utilizado para publicação dos resultados de pesquisa. Os anais de eventos científicos e os livros são indicados como segunda e terceira opção para publicação, com 44,9% (n=57) e com 25,21% (n=32), respectivamente (TABELA 7).

Tabela 7 – Canais de publicação

Opções	Revistas / periódicos		Anais de eventos científicos		Livros		Repositórios de Arquivos abertos	
	Freq.	%	Freq.	%	Freq.	%	Freq.	%
1ª opção	84	66,1	33	26,0	12	9,4	--	--
2ª opção	37	29,1	57	44,9	16	12,6	4	3,1
3ª opção	3	2,4	20	15,7	32	25,2	5	3,9
4ª opção	--	--	--	--	2	1,6	3	2,4
não indicaram	3	2,4	17	13,4	65	51,2	115	90,6
Total	127	100	127	100	127	100	127	100

Os periódicos têm grande valor para os cientistas, por serem considerados "como o mais importante recurso informacional e que são amplamente lidos" (TENOPIR; KING 2001, p. 16).

Vale ressaltar a opinião de alguns pesquisadores, ao serem questionados sobre o que pesa na decisão da escolha de um periódico para encaminhar um artigo. Eles responderam:

- Fundamentalmente, procuro aquelas revistas em que sei que meu artigo vai ser usado. Mas, é claro, elas têm que ter um "certo nível". (Pesquisador da área de Engenharia)
- Tenho priorizado bastante a qualidade da publicação. (Pesquisador da área de Engenharia)
- Procuro revistas em que o maior número de pessoas leia o meu artigo. (Pesquisador da área de Ciências Exatas e da Terra)
- Faço uma análise de qualidade. (Pesquisador das áreas de Ciências Biológicas e Engenharia)
- Revistas com um fator de impacto elevado. (Pesquisador da área de Engenharia)
- Revistas que estejam na lista Qualis. (Pesquisadores das áreas de Ciências Biológicas, Ciências Humanas, Ciências Sociais Aplicadas, Engenharia e Ciências Exatas e da Terra)

Os pesquisadores, atualmente, fazem a submissão de seus trabalhos para participação em congressos pela internet, agilizando o processo de envio para o julgamento e a aceitação desses.

Os repositórios de arquivos abertos (Open Archives Initiative Protocol) constituem outra forma para disponibilizar a produção científica dos pesquisadores para consulta na Internet. Podem ser usados tanto para publicação definitiva quanto para circulação de trabalhos científicos antes de sua publicação, com o objetivo de obter opiniões e dirimir dúvidas existentes com relação a eles. Para Moreno e Márdero Arellano (2005, p. 83), as universidades e as instituições de pesquisa estão adotando os repositórios de arquivos abertos porque os pesquisadores já produzem em formato digital e, com isso, podem vencer o problema da obsolescência da informação científica ocasionado pelos meios tradicionais de disseminação da produção científica.

Contrapondo-se ao que Moreno e Márdero Arellano afirmaram, os resultados da pesquisa mostram que essa prática ainda é pouco utilizada pelos pesquisadores da UFPE, uma vez que 85% (n=108) dos participantes da pesquisa não disponibilizam a produção científica em repositório de arquivos abertos, e apenas 15% (n=19) indicam utilizar essa ferramenta para disseminação da produção científica. Dos 15% (n=19) que a utilizam, 6,3% (n=8) indicaram o mesmo repositório *arXiv.org*. Este repositório caracteriza-se por usar a plataforma de *e-print* e faz parte dos repositórios definidos como "coleções digitais de documentos que armazenam, preservam e disponibilizam o acesso à produção científica de uma ou mais universidades, instituições, centros e/ou departamentos de pesquisa." (VIDOTTI; OLIVEIRA; SOUZA, 2006, p.4). O *arXiv.org* foi criado pela *Cornell University* dos Estados Unidos e é direcionado para as áreas de Física, Matemática, Ciência da Computação e Biologia. Alguns pesquisadores (8,7% - n=11) indicaram como repositórios de arquivos abertos *sites* pessoais, institucionais e de revistas eletrônicas, o que demonstra falta de clareza quanto às diferenças entre tais recursos.

Os motivos que justificam a colocação da produção científica nesses repositórios são muitos. Entre os alegados pelos pesquisadores da UFPE, estão: os repositórios proporcionam facilidades no acesso e rapidez na recuperação da informação; o desenvolvimento de suas pesquisas depende de acesso aos repositórios existentes na área específica de conhecimento, por isso o pesquisador também disponibiliza neles os resultados das pesquisas que desenvolve; os repositórios proporcionam maior rapidez na disseminação; a disseminação em repositórios aumenta a visibilidade do que é produzido; os repositórios aumentam a comunicação entre os pares; a existência de bons trabalhos nos repositórios, ainda não acessíveis nos periódicos, é ótima, visto que possibilita que se descubram assuntos antes de sua publicação – portanto, além de facilitar a disseminação da informação, o pesquisador divulga o trabalho antes de sua publicação, já que, às vezes, pelo sistema tradicional, demora muito para ele esteja acessível.

Os motivos pelos quais os pesquisadores não disponibilizam sua produção científica nos repositórios de arquivos abertos são bastante variados (GRÁFICO 1).

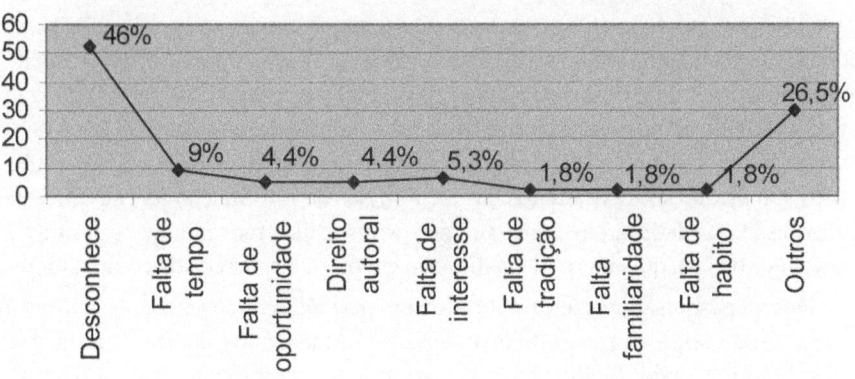

Gráfico 1 – Motivo da não publicação em arquivos abertos

Dos 85% dos pesquisadores que opinaram elegendo motivos para não utilizá-los, 46% (n=52) alegaram não ter conhecimento da existência desse dispositivo na área; 9% (n=9) indicaram falta de tempo para disponibilizar através desse meio; 4,4% (n=5) falta de oportunidade; 4,4% (n=5) em razão de problemas relacionados ao direito autoral; 5,3% (n=6) falta de interesse; 1,8% (n=2) pela falta de tradição; 1,8% (n=2) pela falta de familiaridade; 1,8% (n=2) falta de hábito; e 26,5% (n=30) apontaram outros motivos variados, com apenas uma indicação para cada motivo, não estando estes arrolados, portanto, devido à baixa representatividade.

Apesar de os repositórios de arquivos abertos apresentarem vantagens como rápida disseminação da informação científica, diminuição da obsolescência das informações disseminadas, aumento do fator de impacto dos resultados das pesquisas e racionalização dos custos na divulgação (MORENO; MÁRDERO ARELLANO, 2005, p. 76), eles são usados parcimoniosamente pelos pesquisadores participantes desta pesquisa. Acredita-se que este fato deve-se aos repositórios constituírem-se em formas alternativas e ainda não tradicionais de publicação científica e, portanto, nem todos os pesquisadores têm conhecimento a respeito da filosofia e da sistemática de seu funcionamento. Deve-se lembrar que nem todas as formas alternativas de publicação foram integralmente aceitas e legitimadas pelos próprios pares e, em consequência, pelas agências de fomento, tampouco pelo sistema de comunicação científica vigente.

Diante da evolução tecnológica, "o meio disponível e a natureza da comunidade científica afetam não só a forma como a informação é apresentada, mas também a quantidade de informações em circulação" (MEADOWS, 1999, p. 2).

De acordo com Meadows (1999, p. 1), "a forma como as revistas apresentam a informação evoluiu gradualmente durante os três últimos séculos em resposta tanto às transformações tecnológicas quanto às exigências cambiantes da comunidade científica." Com isso, verifica-se que os periódicos científicos passaram por grandes mudanças, desde sua forma tradicional, passando pelo hipertexto, chegando ao periódico eletrônico.

A partir da utilização da publicação eletrônica, "os autores têm uma visibilidade do processo de avaliação e acesso a um maior número de publicações onde publicar sua produção" (MORENO; MÁRDERO ARELLANO, 2005, p. 80). A esse respeito, dos pesquisadores da UFPE participantes da pesquisa, apenas 37,8% (n=48) utilizam os periódicos eletrônicos como ferramenta para publicação, enquanto 62,2% (n=79) não os utilizam (GRÁFICO 3). Resultado semelhante foi detectado por Souza (2003, p. 140), em estudo sobre os efeitos das tecnologias da informação na comunicação de pesquisadores da Embrapa, uma vez que os resultados mostram que são raras as publicações dos pesquisadores da instituição encontradas na rede de computadores.

Dos 48 pesquisadores que publicaram em periódicos eletrônicos, 10,4% (n=5) utilizam esse meio por possibilitar disseminação maior; 10,4% (n=5) indicaram outros motivos, como: facilidade de acesso; rapidez de tramitação; a escolha não depende de ser ou não eletrônico, simplesmente publicam na internet; os periódicos estão disponíveis *on-line* para associados. Um número elevado de pesquisadores (79,1% n=38) não indicou o motivo pelo qual utilizam esse meio.

Entre os 38 (37,8%) pesquisadores que publicam em periódicos disponibilizados na internet, apenas 14 apresentaram o título das respectivas revistas eletrônicas. Destes, apenas três títulos apresentaram coincidência na publicação, sendo cada título apontado por dois professores. Em termos de números de títulos por pesquisador, apenas um professor publica em cinco títulos de periódicos eletrônicos; um publica em quatro; quatro publicam em dois títulos; e oito publicam apenas em um título. Entre os 62,2% (n=79) que não publicam em periódicos eletrônicos, 11,4% (n=9) justificam essa opção pela pouca disponibilidade na área, 8,9% (n=7) alegam o baixo fator de impacto dessas publicações, e 7,6% (n=6) acreditam que publicações nesse formato ainda não são tão valorizadas pela CAPES.

Silva, Menezes e Bissani (2002, p. 15) afirmam que os periódicos eletrônicos são, sem dúvida, um meio instantâneo, que ainda não traz "a credencial de qualidade necessária para o reconhecimento acadêmico". E acrescentam, ainda enfatizando, que "os meios eletrônicos de divulgação científica precisam resolver questões que envolvem a autenticidade, a qualidade da informação, a durabilidade, a armazenagem e a perenidade de acesso frente à evolução tecnológica". Para as autoras, "os pesquisadores precisam do reconhecimento acadêmico; a publicação na Internet, por si só, ainda não proporciona esse reconhecimento" (SILVA; MENEZES; BISSANI, 2002, p. 15).

Nas últimas décadas, novos formatos de comunicação científica começam a aparecer, em decorrência do aperfeiçoamento dos processos tradicionais de editoração científica. Apesar desse aperfeiçoamento da comunicação científica, da rapidez na publicação e, consequentemente, na disponibilização dos dados, esses novos formatos ainda têm uma tímida utilização pelos pesquisadores. A esse respeito, Targino (2002, p. 7-8) ressalta que "tudo indica que a comunidade científica prossegue considerando os originais eletrônicos 'inferiores' aos tradicionais".

Observa-se que os pesquisadores da UFPE utilizam pouco esse recurso para disponibilizar os resultados de suas pesquisas. Roes (1995) afirma que se sabe muito pouco sobre a aceitação desse meio, relativamente novo, pelos usuários, apesar de sua utilização possibilitar uma colaboração maior, possibilitando aos países em desenvolvimento concentrarem suas atividades e fundos na organização e produção de sua própria informação, e tornando-a amplamente acessível pela internet.

Conclusão

Embora haja limitações referentes à generalização dos resultados obtidos nesta pesquisa, percebe-se que as tendências detectadas corroboram com alguns resultados de outras pesquisas. Como exemplo, podem ser citados estudos de:

Silva (1997), Sampaio (2000), Berto (2001), Eisend (2002), Lopes (2002), Silva, Menezes e Bissani (2002), Ehikhamenor (2003), Moura (2003), Pinheiro (2003), Souza (2003) e Lopes (2005).

Em função disso, com base nos resultados obtidos, é possível apontar que a infraestrutura tecnológica ainda é um limitador importante para o uso efetivo das TICs no processo de pesquisa científica. Igualmente, pode-se dizer que a internet vem prestando contribuição significativa para o desenvolvimento científico autóctone, seja quando facilita o acesso à informação, seja quando facilita o processo de comunicação informal.

Dos recursos existentes na internet, pesquisadores brasileiros usam intensivamente o correio eletrônico, seja para troca de informações sobre atividades de pesquisa, seja para transferência de arquivos, para envio de publicações com a finalidade de avaliação pelos pares para publicação, seja ainda para troca de informação geral.

As obras de referência, como as bases de dados, já conquistaram a confiança dos pesquisadores, e as coleções virtuais estão ganhando espaço no processo de busca de informação, pelas inúmeras vantagens oferecidas. Isso pode ser comprovado com o sucesso alcançado no meio acadêmico pelo Portal da Capes e o Portal da Pesquisa, que oferecem acesso às bases de dados referenciais ou com texto completo, ou aos próprios periódicos com texto completo, patentes, teses e dissertações e dados estatísticos. A preferência pelo uso de coleções virtuais parece indicar que a falta de investimentos nas coleções físicas das bibliotecas universitárias brasileiras faz parte da realidade das universidades nacionais. Mostra também a existência de um fenômeno denominado na literatura de "desintermediação da informação", detectado em pesquisas dessa mesma natureza. Tal fenômeno configura-se como tendência importante para instituições voltadas para a organização e a disseminação da informação e para a formação de profissionais da informação. A desintermediação refere-se ao acesso à informação feito diretamente pelo usuário, dispensando os intermediários tradicionais no processo de busca da informação, que seriam os profissionais ou as instituições, neste caso, profissionais da informação e bibliotecas. Vislumbra-se que o foco de atuação dos intermediários deverá deslocar-se do processo de busca e acesso à informação para a criação de infraestrutura de pesquisa, por exemplo, desenvolvimento de plataformas de publicação, editoração, organização e tratamento da informação.

O canal formal mais utilizado pelos pesquisadores para publicação dos resultados de pesquisa é constituído pelos periódicos. Os pesquisadores acreditam no potencial dos periódicos eletrônicos, mas ainda existe desconfiança quanto ao seu processo de avaliação, quanto ao prestígio acadêmico e quanto ao reconhecimento dos pares e das agências financiadoras das publicações existentes somente nesse formato. Os repositórios em arquivos abertos também não são utilizados pela maioria dos pesquisadores para disponibilizar a produção científica antes da sua publicação em outro meio impresso, em decorrência da falta de prestígio desse tipo de alternativa no meio científico e acadêmico. Os pesquisadores usam a internet como segunda via para publicação, com o objetivo de ampliar a disseminação de sua produção científica.

Observa-se, ainda, que as TICs podem influenciar o fluxo da informação no processo de pesquisa e auxiliar na diminuição do tempo de publicação dos resultados alcançados com a pesquisa. A confirmação dessa hipótese está relacionada com o fato de que a TICs agilizam o processo de comunicação e a disseminação do conhecimento científico, o que gera incremento no desenvolvimento das pesquisas e, consequentemente, de novas publicações, que assim passam a realimentar o processo, para o desenvolvimento de um novo ciclo de produção científica.

Os resultados desta pesquisa revelam a importância das TICs para o desenvolvimento das atividades de pesquisa e, com isso, alertam para que as políticas de incentivo às pesquisas científicas devem estar atreladas às políticas de infraestrutura tecnológica no caso das universidades brasileiras. A falta e/ou a inadequação de equipamentos para comunicação geram entraves e dificuldades aos pesquisadores ao acesso à matéria-prima para o desenvolvimento de pesquisas científicas a saber: a informação.

Referências

BERTO, R. M. V. de S. *Publicações científicas eletrônicas na percepção de uma instituição pública de pesquisa em C&T*. 2001. Tese (Doutorado) – Escola Politécnica, Universidade de São Paulo, São Paulo, 2001.

CAPES. *Portal de periódicos*. 2005. Disponível em: <http://www.periodicos.capes.gov. br/portugues/index.jsp>. Acesso em: 6 jul. 2005.

CASTELLANI, M. R.; ZWICKER, R. Informatizando a comunicação na universidade: uma análise cultural. *Revista de Administração*, São Paulo, v. 35, n. 2, p. 10-18, abr./jun. 2000.

CASTELLS, M. *A sociedade em rede*. 7. ed. rev. e ampl. São Paulo: Paz e Terra, 2003. (A era da informação: economia, sociedade e cultura, v. 1).

CHRISTOVÃO, H. T. Da comunicação informal à comunicação formal: identificação da frente de pesquisa através de filtros de qualidade. *Ciência da Informação*, Rio de Janeiro, v. 8, n. 1, p. 3-36, 1979.

DUTRA, S. K. W., LAPOLLI, E. M. Portal de Periódicos da CAPES: análise do uso na Universidade Federal de Santa Catarina. In: SEMINÁRIO NACIONAL DE BIBLIOTECAS UNIVERSITÁRIAS, 13., 2004, Natal. *Anais...* Natal: UFRN, 2004.

EISEND, M. The Internet as a new medium for the sciences? The effects of Internet use one traditional scientific communication media among social scientists in Germany. *Online Information Review*, v. 26, n. 5, 2002, p. 307-317. Disponível em: <http://dandini.emeraldinsight.com/vl= 987 4331/cl=66/nw=1/fm=html/rpsv/cw/mcb/14684527/v26n5/s2/p307>. Acesso em: 15 out. 2004.

EHIKHAMENOR, F. A. Internet resources and productivity in scientific research in Nigerian universities. *Journal of Information Science*, v. 29, n. 2, p. 107-116, 2003. Disponível em: <http://ceres.ingentaselect.com/vl=6216982/cl=111/nw=1/rpsv/ij/ sage/01655515/v29n2/s3/p107>. Acesso em: 19 out. 2004.

FÁVERO, M. de L. de A. *Universidade do Brasil I: das origens à construção*. Rio de Janeiro: Ed. UFRJ, 2000.

HENNING, P. C. Internet@RNP.BR: um novo recurso de acesso à informação. *Ciência da Informação*, Brasília, v. 22, n. 1, p. 61-64, jan./abr. 1993.

LAWRENCE, S. Online or invisible? *Nature*, London, v. 411, n. 6837, p. 521, 2001.

LE COADIC, Y.F. *A ciência da informação*. 2 ed. Brasília, DF: Briquet de Lemos/Livros, 2004.

LESSARD-HÉBERT, M.; GOYETTE, G.; BOUTIN, G. *Investigação qualitativa: fundamentos e práticas*. Lisboa: Instituto Piaget, 1990.

LOPES, I. L. Estratégia de busca na recuperação da informação: revisão de literatura. *Ciência da Informação*, Brasília, v. 31, n. 2, p. 60-71, maio/ago. 2002. Disponível em: <http://www.scielo.br/ scielo. php?script=sci_arttext&pid=S0100-19652002000200007 &lng=pt&nrm=isso>. Acesso em: 7 maio 2004.

LOPES, M. I. *A Internet e a busca da informação em comunidades científicas: um estudo focado nos pesquisadores da UFSC*. 2005. Dissertação (Mestrado) - Universidade Federal de Santa Catarina, Programa de Pós-Graduação em Ciência da Informação, Florianópolis, 2005. Disponível em: <http://150.162.90.250/teses/PCIN0005.pdf>. Acesso em: 31 dez. 2005.

MARCHIORI, Patrícia Zeni. "Ciberteca" ou biblioteca virtual: uma perspectiva de gerenciamento de recursos de informação. *Ciência da Informação*, Brasília, v. 26, n. 2, p. 115-124, maio/ago. 1997. Disponível em: <http://www.scielo.br/scielo.php? script=sci_ar ttext&pid=S0100-19651997000200 002 &lng=pt&nrm=isso>. Acesso em: 19 set. 2005.

MEADOWS, A. J. *A comunicação científica*. Brasília: Briquet de Lemos/Livros, 1999.

MEADOWS, A. J. Os periódicos científicos e a transição do meio impresso para o eletrônico. *Revista de Biblioteconomia de Brasília*, Brasília, v. 25, n. 1, p. 5-14, jan./jun. 2001. Disponível em: <www.unb.br/fa/cid/rbb/25012001/jack.pdf>. Acesso em: 30 set. 2004.

MENDONÇA, A. W. P. C. A Universidade no Brasil. *Revista Brasileira de Educação*, Rio de Janeiro, n. 14, p. 131-150, maio/ago. 2000.

MORENO, F. P.; MÁRDERO ARELLANO, M. Á. Publicação científica em arquivos de acesso aberto. *Arquivística.net*, Rio de Janeiro, v. 1, n. 1, p. 76-86, jan./jun. 2005. Disponível em: <www. arquivistica.net>. Acesso em: 19 set. 2005.

MOURA, A. M. M. de. Características do processo de busca de informação dos pesquisadores da área de Psicologia da Unisinos. *Em Questão*, Porto Alegre, v. 9, n. 1, p. 39-54, jan./jun. 2003. Disponível em: <http://www6.ufrgs.br/emquestao/doc/emquestaoV9_ N1_2003.pdf>. Acesso em: 28 out. 2005.

NOAM, E. M. Os eletrônicos e os futuros obscuro da universidade. *Revista Adusp*, São Paulo, n. 15, p. 47-51, abr. 1977.

PEIXOTO, M. do C. de L. *Escola de pesquisar*: estudo sobre a formação do pesquisador. 1994. Tese (Doutorado em Educação) – Faculdade de Educação, Universidade Federal do Rio de Janeiro, Rio de Janeiro, 1994.

PINHEIRO, L. V. R. Comunidades científicas e infra-estrutura tecnológica no Brasil para uso de recursos eletrônicos de comunicação e informação na pesquisa. *Ciência da Informação*, Brasília, v. 32, n. 3, p. 62-73, set./dez. 2003. Disponível em: <http://www.scielo.br/pdf/ci/v32n3/19025.pdf>. Acesso em: 30 out. 2004.

PORTAL da pesquisa. 2005. Disponível em: <http://www.portaldapesquisa.com.br/databases/sites>. Acesso em: 6 jul. 2005.

PRICE, D. J. de S. *O desenvolvimento da ciência*. Rio de Janeiro: Livros Técnicos e Científicos, 1976.

RICHARDSON, R. J.; PERES, J. A. de S. *Pesquisa social: métodos e técnicas*. 3. ed. rev. e ampl. São Paulo: Atlas, 1999.

ROES, H. Electronic journals: a survey of literature and the Net. *JoiN Journal of Information Networking*, v. 2, n. 3, p. 169-186, 1995. Disponível em: <http://drcwww.uvt.nl/~roes/articles/ ej_ join.htm>. Acesso em: 15 set. 2005.

RUSSEL, J. M. Tecnologia eletrônica de comunicação: bônus ou ônus para cientistas dos países em desenvolvimento. In: MÜELLER, S. P. M.; PASSOS, E. J. L. (Orgs.). *Comunicação científica*. Brasília: Departamento de Ciência da Informação da Universidade de Brasília, 2000. p. 35-49.

SAMPAIO, M. da P. F. Comunicação científica fatores intervenientes e influentes: o ponto de vista dos pesquisadores do CCEN/UFPE. *In*: SEMINÁRIO NACIONAL DE BIBLIOTECAS UNIVERSITÁRIAS, 10., 24 a 28 de abril 2000, Florianópolis, SC. *Memória SNBU 2000*. Disponível em: <http://snbu.bvs.br/snbu2000/docs/pt/doc/t025.doc>. Acesso em: 30 set. 2004.

SCHWARTZMAN, S. O apoio à pesquisa no Brasil. *Interciência*, Caracas, v. 17, n. 11, p. 329-333, 1992.

SILVA, E. L. da; MENEZES, E. M.; BISSANI, M. A internet como canal de comunicação científica. *Informação & Sociedade*: Estudos, João Pessoa, v. 12, n. 1, p.1-17, 2002. Disponível em: <http://www.informacaoesociedade.ufpb.br/1210212.pdf>. Acesso em: 4 out. 2004.

SILVA, S. M. da. *Aspectos culturais do uso da internet em atividades de pesquisa acadêmica na Escola Politécnica da Universidade de São Paulo*. 1997. 141 f. Dissertação (Mestrado em Administração de Empresas) – Universidade Federal de São Paulo. Faculdade de Economia, Administração e Contabilidade, São Paulo, 1997.

SOUZA, M. da P. N. de. Efeitos das tecnologias da informação na comunicação de pesquisadores da Embrapa. *Ciência da Informação*, Brasília, v. 32, n. 1, p.135-142. jan./abr. 2003. Disponível em: <http://www.scielo.br/pdf/ci/v32n1/15980.pdf>. Acesso em: 30 set. 2004.

TARGINO, M. das G. Novas tecnologias e produção científica: uma relação de causa e efeito ou uma relação de muitos efeitos? *DataGramaZero*: Revista de Ciência da Informação, v. 3, n. 6, dez. 2002. Disponível em: <http://datagramazero.org.br/ dez02/ F_I_art.htm>. Acesso em: 30 set. 2004.

TENOPIR, C.; KING, D. W. A importância dos periódicos para o trabalho científico. *Revista de Biblioteconomia de Brasília*, Brasília, v. 25, n. 1, p. 15-26 jan./jun. 2001. Disponível em: <http://www.unb.br/fa/cid/rbb/25012001/carol.pdf>. Acesso em: 4 jul. 2005.

TERRERO, J. N. A comunicação popular na NOMIC. *Revista de Cultura Vozes*, Petrópolis, a. 78, n. 1, jan. / fev. 1984.

TURBAN, E.; MCLEAN, E.; WETHERBE, J. Computação em rede: descobrimento, comunicação e colaboração. In: TURBAN, E.; MCLEAN, E.; WETHERBE, J. *Tecnologia da informação para gestão: transformando os negócios na economia digital.* 3. ed. Porto Alegre: Bookman, 2004. p. 120-147.

UNIVERSIDADE FEDERAL DE PERNAMBUCO. Centro de Ciências Exatas e da Terra. *Departamento de Física.* Disponível em: <http://www.df.ufpe.br/historico.html>. Acesso em: 28 dez. 2005.

UNIVERSIDADE FEDERAL DE PERNAMBUCO. Pró-Reitoria para Assuntos de Pesquisa e Pós-Graduação. *Catálogo dos Grupos de Pesquisa da UFPE.* Recife, 2002.

VIDOTTI, S. A. B. G. ; OLIVEIRA, G. P. de; SOUZA, M. F. S. e . A iniciativa dos arquivos abertos como alternativa às publicações científicas. In: SIMPÓSIO INTERNACIONAL DE BIBLIOTECAS DIGITAIS, 2., 2004. *Anais.* Campinas. Campinas, 2004. Disponível em: <http://libdigi.unicamp.br/document/?view=8301>. Acesso em: 12 abr. 2006.

YIN, R. K. *Estudo de caso: planejamento e métodos.* 2. ed. São Paulo: Bookman, 2001.

Educação a distância, bibliotecas e informação: integrações possíveis

Rosângela Schwarz Rodrigues

As universidades têm cada vez mais percebido a Educação a Distância como uma possibilidade para ampliar sua clientela (RUMBLE, 2000, 2003; BATES, 1997, 1999, 2005; TRINDADE; CARMO; BIDARRA, 2000; BARCIA et al., 2001; 2002; FARRELL, 1999). O público tradicional das universidades, frequentadores dos campi de tijolo e cimento, geralmente localizados nos grandes centros urbanos, passa a compartilhar a estrutura da universidade com alunos de diversas regiões do país ou do exterior, pertencentes a uma faixa etária mais ampla, que necessita conciliar o estudo com o trabalho, com os compromissos familiares e sociais.

A partir da segunda metade da década de 1990, em que houve a popularização da internet, é possível observar aumento significativo do número de instituições ofertando cursos a distância e aumento do número de alunos envolvidos nessas iniciativas em nível global (FARRELL, 1999; MASON 1998, 2001, 2003; 2003; BATES, 2005).

A Educação a Distância tem um longo caminho já percorrido, desde 1728, quando a *Gazeta de Boston* publicou um anúncio oferecendo curso por correspondência (LANDIM, 1997; HOLMBERG, 1995). O trajeto que essa modalidade educacional percorreu desde então foi direta e profundamente influenciado pelas tecnologias de comunicação, que, a cada inovação, alteram substancialmente as estruturas de comunicação usadas para reduzir a distância.

A partir do barateamento de material impresso e dos correios, cada vez mais cursos foram surgindo no mundo inteiro; Moore e Kearsley (1996, p. 20) destacam o ano de 1883, "[...] quando o estado de Nova Iorque autorizou o *Chatauaqua Institute* a conferir diplomas". Em 1938, na cidade de Vitória, no Canadá, realizou-se a primeira Conferência Internacional sobre Educação por Correspondência (LANDIM, 1997; KOBLE; BUNKER, 1997).

A integração de material impresso, áudio e vídeo em cursos de alta qualidade desenvolvidos pela *UK Open University* marca a segunda geração de Educação a Distância e permaneceu praticamente inalterado até a popularização dos computadores, o que marca o início da terceira geração de EAD (NIPPER, 1989). Rumble (2000) e Taylor (2003) estabelecem o início da quarta geração a partir da evolução da capacidade de processamento das estações de trabalho e do aumento da velocidade das linhas de transmissão, o acesso a bibliotecas virtuais e bancos de dados, e o uso de CD-ROM. Taylor (2003) marca o início da quinta geração a partir da inclusão de agentes inteligentes e sistemas de respostas automáticas. O QUADRO 1, a seguir, ilustra a influência das tecnologias de comunicação nas gerações em EAD.

Quadro 1

Geração	Início	Características
1.ª	Até 1970	Estudo por correspondência. A comunicação se dava pelo uso exclusivo de material impresso, geralmente um guia de estudo com exercícios enviados pelo correio.
2.ª	1970	Surgem as primeiras universidades abertas, com *design* e implementação sistematizados de cursos a distância, utilizando, além do material impresso, transmissões por televisão aberta e rádio; fitas de áudio e vídeo, com interação aluno-tutor por telefone ou nos centros de atendimento.
3.ª	1990	Uso de computadores, com estações de trabalho multimídia e redes de conferência.
4.ª	2000	O aumento da capacidade de processamento dos computadores e da velocidade das linhas de transmissão interfere na apresentação do conteúdo e interações. Acesso a bancos de dados e bibliotecas eletrônicas.
5.ª	2002	Uso de agentes inteligentes, equipamentos *wireless* e linhas de transmissão eficientes. Organização e reutilização dos conteúdos.

Fonte: Tradução e adaptação de Moore e Kearsley (1996); Rumble (2000) e Taylor (2003).

Mesmo com mudanças nas chamadas gerações da Educação a Distância, não há necessariamente a substituição integral de uma tecnologia pela outra, já que os novos desenvolvimentos vão incorporando e ajustando as mídias usadas nas gerações anteriores. Como é a ferramenta de comunicação que determina as mudanças nas gerações, e o acesso à tecnologia acontece gradualmente e de forma irregular em diferentes cenários, pode-se afirmar que cursos que representam todas as gerações coexistem no mesmo espaço de tempo. O avanço das Tecnologias de Informação e Comunicação (TICs) deve continuar de forma acelerada, com inovações que tendem a ser incorporadas aos cursos, assim que estiverem com um preço acessível aos projetos educacionais e com uma estrutura confiável. A comunicação síncrona de alta resolução, propiciada pela TV Digital e conexões *wireless* tendem a ser responsáveis pelo início das próximas gerações.

No Brasil, o desenvolvimento da Educação a Distância tem sido fortemente influenciado pelas iniciativas governamentais, especialmente em larga escala (BARRETO; GUIMARÃES; MAGALHÃES, 2006, ALVES, 1994; NUNES, 1992; PRETI, 2000). Com os movimentos de apropriação tecnológica dos ambientes virtuais de aprendizagem se desenvolvendo rapidamente a partir de 1996 (RODRIGUES, 2004) e a metodologia de EAD já em fase de consolidação, inicia-se em 1999 o reconhecimento formal pelo Ministério da Educação dos cursos que já aconteciam por meio de Educação a Distância. Em agosto de 2006, é possível contabilizar 92 instituições credenciadas para oferta de cursos superiores e *lato sensu* a distância na relação disponibilizada pela Secretaria de Educação Superior do Ministério de Educação (BRASIL/MEC/

SEED, 2006), além das credenciadas para oferta exclusiva de cursos *lato sensu* e sequenciais. A maioria é dedicada à formação de professores em exercício, refletindo o fomento governamental nesse segmento.

Os indicadores apontam cenários em rápida evolução em dois aspectos que são essenciais para a Educação a Distância: a mudança nas tecnologias de comunicação utilizadas nos cursos, seguindo tendência iniciada nos anos 70 pela *UK Open University* e a política do governo federal de aumento das vagas na educação superior com o uso da Educação a Distância, considerando a educação superior como fator importante para o desenvolvimento do país.

O aumento do número de alunos e o fomento governamental em iniciativas educacionais que envolvem milhares de alunos demandam ajustes na organização da informação para os diversos públicos envolvidos. Os profissionais ligados à Ciência da Informação e à Biblioteconomia podem desempenhar papel importante nesse contexto em duas áreas principais: a organização de bibliotecas tradicionais e virtuais para os alunos a distância e a organização dos padrões de produção, acesso e disseminação da informação em instituições que atendem milhares de alunos na modalidade a distância.

Bibliotecas e cursos a distância

A separação professor-aluno, presente em todas as definições de Educação a Distância, marca a distinção da educação presencial (UNESCO, 1997; BELLONI, 1999). Tal separação exige outras formas de comunicação que não a face a face, daí a referência aos meios de comunicação, ou "suportes de informação", que viabilizam a comunicação.

O cenário brasileiro, atendendo à estratégia do governo federal, tem optado por unir duas alternativas: instituições bimodais ou *dual mode*[1] atuando em consórcio (MORAN; MASETTO; BEHRENS, 2000; UNESCO, 1997; BELLONI, 1999), o que gera complexidades sobrepostas: a) a condição de atender alunos presenciais e a distância de forma equivalente, partilhando, pelo menos em parte, a mesma estrutura de pessoal, física e tecnológica da Universidade organizada para atender alunos presenciais, e b) lidar com as especificidades políticas e operacionais de várias instituições. Quando os consórcios envolvem vários países ou regiões, é importante considerar os diferentes valores políticos, culturais, sociais e econômicos (MCISAAC; GUNAWARDENA, 1996; MASON, 2001; RUMBLE, 2000), evitando-se material que contenha abordagens que possam ser consideradas preconceituosas.

Conforme o art. 2º do Decreto 5.622 (BRASIL, 2005) a educação formal exige que as normas para a obtenção do diploma sejam as mesmas nas modalidades presencial e a distância. A padronização implica a equivalência dos diplomas e a transferência de créditos de uma modalidade para outra.

---

[1] A instituição atende alunos nas modalidades presencial e a distância, simultaneamente.

Cada tipo de certificação requer estrutura específica quanto à formação dos professores, à organização do currículo e às estruturas de suporte aos alunos e aos professores. Embora a Educação a Distância possa ser utilizada em todas as alternativas, com variações no delineamento dos cursos, é necessário atentar para os modelos e critérios já consolidados na modalidade presencial, documentados nas Diretrizes Curriculares Nacionais, bem como os modelos existentes no cenário internacional (SHAFFER, 2005). O Decreto n. 5.622 prevê a oferta de cursos nos níveis: a) doutorado; b) mestrado; c) especialização; d) graduação; e) sequencial; e f) extensão.

Os milhares de estudantes que ingressam nos cursos de licenciatura a distância a cada ano necessitam de bibliotecas virtuais, como destacado por Mueller (2000), e também de expansão e atualização do acervo na biblioteca central da universidade, e de instalação de bibliotecas nos Polos de Apoio Presencial, conforme indicado no exemplo disponibilizado no site da Universidade Aberta do Brasil (UAB) (BRASIL/ MEC, 2006). A partir da indicação da presença de biblioteca como critério para a formalização dos Polos de Apoio Presencial, é possível inferir que essa deva ter o material do curso, material de referência e obras para empréstimo local, o que implicaria a presença de bibliotecários, especialmente nos horários de aula dos alunos, inclusive à noite e aos sábados.

Prevalecendo esse cenário, os bibliotecários teriam papel relevante nas equipes de apoio local aos alunos a distância: no uso da biblioteca do Polo de Apoio Presencial, da biblioteca central da universidade e da biblioteca virtual do curso, além da possibilidade de buscas mais abrangentes. Um aspecto interessante seria o acesso dos Polos de Atendimento Presencial ao Portal da CAPES, sendo necessário para isso considerar a viabilidade técnica e operacional de acesso de todos os Polos de Apoio Presencial das universidades que já têm acesso ao portal na sede.

A *American Library Association* (Associação Americana de Bibliotecas) faz distinção entre as funções dos bibliotecários dos polos e os da universidade sede, definindo que os serviços de uma biblioteca de educação a distância[2] "se referem às bibliotecas que atendem faculdades, universidades ou outros cursos pós-secundários que são oferecidos a distância do campus principal, ou na ausência de um campus tradicional, independente de onde é concedido o crédito" (AMERICAN..., 2004). Os guias das Associações de Bibliotecários para atendimento dos alunos a distância dos Estados Unidos da América e do Canadá reconhecem que os estudantes a distância têm acesso a um acervo menor e necessitam de um serviço mais personalizado que o oferecido no campus presencial (JOHNSON; TRABELSI; TIN, 2004). A definição dos serviços e das responsabilidades dos profissionais envolvidos deve acompanhar a criação e expansão em número e serviços dos polos e, como menciona Mueller

---

[2] *Distance learning library services refers to those library services in support of college, university, or other post-secondary courses and programs offered away from a main campus, or in the absence of a traditional campus, and regardless of where credit is given.*

(2000), pode intervir no currículo dos cursos de Biblioteconomia. Baptista (2006, p. 27) referindo-se à atuação do bibliotecário em ações de inclusão digital do governo, diz que "o profissional da informação, para desempenhar seu papel de animador da inteligência coletiva, deve ser um mediador da Informação"; isso se aplica adequadamente à ação nos Polos de Atendimento Presencial de cursos a distância.

O papel do bibliotecário no apoio aos estudantes a distância deve se expandir junto com a modalidade. Johnson, Trabelsi e Tim (2004) falam da importância de providenciar acesso a material relevante e prover suporte *on-line* para os estudantes. Garcez e Rados (2002a) discutem as especificidades das bibliotecas para os alunos a distância e (2002b) das expectativas dos usuários. Noah e Braun (2002) descrevem a elaboração de cursos a distância.

Além do apoio aos alunos nas bibliotecas, o aumento da complexidade e da quantidade de cursos a distância organizados pelas diversas instituições envolvidas nos consórcios tende a gerar uma demanda pela competência dos bibliotecários na organização das informações. A padronização das informações interfere na definição e na utilização dos termos (RODRIGUES, 2004; ANOHINA, 2005), essencial para a organização dos padrões de interoperabilidade (OLMEDILLA; SAITO; SIMON, 2006), para a reusabilidade dos objetos de aprendizagem (COLLIS; STRIJER, 2004) e para os processos de indexação (FUJITA; RUBI, 2006).

Padrões de informação e comunicação para EaD

Para superar a distância física, a EAD usa meios de comunicação para viabilizar o processo de ensino-aprendizagem. As tecnologias podem ser organizadas de acordo com a sincronicidade da comunicação, cada uma com suas aplicações específicas nos cursos (MASON, 2001; AOKI; POGROSZWESKI, 1998; FAHY, 2004; MCISAAC; GUNAWARDENA, 1996), conforme o QUADRO 2.

Quadro 2 – Mídias síncronas e assíncronas

Assíncronas	Flexibilidade – o acesso ao material pode ser feito 24 horas por dia, sete dias por semana em qualquer lugar.
	Tempo para refletir – permite ao aluno pensar sobre as idéias apresentadas, checar anotações, pesquisar novas referências e preparar sua participação.
	Contextualização – como a tecnologia permite acesso em casa ou no trabalho, é fácil integrar as idéias do curso com o ambiente de trabalho.
	Baixo custo – material baseado em texto não requer linhas de transmissão rápidas nem computadores de última geração.
Síncronas	Motivação – foco na energia do grupo, incentiva o aluno a acompanhar os colegas.
	Telepresença – interações em tempo real desenvolvem a coesão do grupo e o senso de pertencimento a uma comunidade de aprendizado.
	Feedback – respostas e orientações imediatas. Fornecem suporte para tomada de decisão e busca de consenso nas atividades de grupo.
	Ritmo – encoraja os alunos a manterem as atividades do curso em dia.

Fonte: Elaborado com base em Mason (2001), Aoki e Pogroszweski (1998), McIsaac e Gunawardena (1996) e Fahy (2004).

Cada mídia tem seus requisitos tecnológicos e operacionais. As tecnologias assíncronas tendem a exigir recursos menos sofisticados e a ter baixos custos de transmissão, mas podem ter altos custos iniciais e permitir economia apenas em larga escala. A relação custo-benefício das mídias assíncronas tende a ser interessante apenas se elas forem usadas por vários anos e/ou por um grande número de alunos (BATES 1997, 1999; RUMBLE, 2003; FAHY, 2004).

As mídias síncronas requerem estruturas de transmissão com bandas mais largas, além de equipamentos mais robustos, o que tem interferência direta nos custos associados à tecnologia. É importante ressaltar que a maioria dos cursos utiliza uma combinação de mídias síncronas e assíncronas. O desafio é a sua integração ou convergência, que deve atender aos objetivos do desenho instrucional e considerar o acesso dos alunos (MASON, 2001; AOKI; POGROSZWESKI, 1998; FAHY, 2004).

A utilização de mídias e material cada vez mais sofisticados, implica a reutilização e organização das informações, especialmente no caso de consórcios; conforme Mason (2003, p. 12), entre as razões para estabelecer parceria, está "partilhar recursos, custos e infra-estrutura". Várias organizações trabalham com o objetivo de criar padronizações e normas internacionais que viabilizem a interoperabilidade técnica das plataformas dos ambientes virtuais de aprendizagem, e a uniformização dos procedimentos de organização e reutilização de conteúdos.

O crescimento dos consórcios e parcerias demanda a existência de padrões de interoperabilidade e de uma linguagem comum. O Center *for Educational Technology Interoperability Standards* (CETIS) identifica as áreas de atuação de diversas instituições que trabalham com os vários aspectos relacionados à tecnologia e à educação. O QUADRO 3, a seguir, detalha o foco de cada uma.

Quadro 3 – Organizações e padrões de interoperabilidade

Organização / Tema	IMS	ADL Scorm	CEN ISSS	Dublin Core	Prometeus	IEEE Learning Technology	BSI ISO	Ariadne	AICC
Metadados	x	-	x	x	-	x	x	x	-
Conteúdo	x	x	-	-	-	x	-	-	x
Comercialização	x	-	-	-	-	x	-	-	-
Informações ao aluno	x	-	-	-	-	x	x	-	-
Questões e testes	x	-	-	-	-	-	x	-	-
Acesso	x	-	-	-	-	-	-	-	-
Desenho instrucional	x	-	-	-	x	-	-	-	-
Colaboração	-	-	-	-	-	-	x	-	-
Requerimentos técnicos	x	-	-	-	x	-	-	-	-

Fonte: Traduzido de "Quem faz o quê" do Center for Educational Technology Interoperability Standards (CETIS) (2005).

A importância da interoperabilidade e da padronização dos diversos aspectos tecnológicos e operacionais que compõem os cursos que usam mídias de terceira, quarta e quinta gerações é fundamental em longo prazo, uma vez que as tecnologias associadas à informação e à comunicação devem estar em conformidade com um ou mais padrões. No caso dos consórcios de instituições para o atendimento de milhares de alunos a distância, essa demanda é ainda mais relevante, já que a padronização das informações é crucial para o bom gerenciamento das atividades do curso.

A padronização requer profissionais especializados, que possam atuar com desenvoltura e competência com metadados, gerenciamento, preservação e recuperação da informação (MARCONDES, 2004). O que remete à formação dos profissionais dos cursos de Biblioteconomia e Ciência da Informação.

A complexidade das estruturas organizacionais e a expansão da oferta de cursos a distância geram a necessidade de padrões e normas que garantam a divulgação de informações para a tomada de decisão pelo Ministério da Educação, pelos estudantes, pelas universidades e outros agentes envolvidos no processo.

Um exemplo da necessidade de organizar as ações das universidades em relação à questão da competitividade entre as instituições é o trabalho de Strong e Harmon (1997). Os referidos autores analisam três cursos a distância e propõem um "Guia do Consumidor" para programas *on-line*, considerando várias questões sobre diversos aspectos dos programas.

Quadro 4 – Guia do consumidor para alunos em EAD de Strong

Instituição	A instituição e o programa têm certificação reconhecida pelos órgãos adequados? Quais são os critérios de admissão? Quais são os índices de evasão do programa? Quais recursos da instituição estarão disponíveis aos alunos? Que serviços de suporte aos alunos serão oferecidos?
Programa e equipe	O programa atende às suas necessidades e contribui para suas aspirações profissionais e/ou pessoais? O curso será valorizado pela instituição onde trabalha ou pretende trabalhar? Os créditos serão reconhecidos se houver troca de curso ou escola? Quais são as credenciais e a qualificação do corpo docente? Quais serão as interações entre alunos e professores (síncrona ou assíncrona, *chats*, conferências, etc.)? Como será a avaliação? Há necessidade de períodos presenciais ou orientação? Os cursos são atualizados adequadamente?
Custos	Todos os custos estão discriminados? As estimativas da instituição estão baseadas em critérios realistas e experiências concretas? Qual é a relação custo/benefício em critérios como: O mercado de aplicação do conhecimento (para o aluno); Qual é a utilidade do curso e do conteúdo para a instituição onde o aluno trabalha; Qual é o tempo necessário para recuperar o investimento em aumento de salário ou produtividade?

Fonte: Traduzido de Strong e Harmon (1997).

A lista de conferência do QUADRO 4 foi aplicada no material de divulgação de três cursos de pós-graduação dos EUA e possibilitou identificar mais claramente os objetivos e as tendências de cada curso, apontando dados que não constavam de forma adequada no material de divulgação e nos *sites* das instituições. O estudo indica que a expansão das alternativas de educação superior vai exigir cuidados dos alunos na seleção da instituição que vão frequentar.

A divulgação das informações sobre cursos a distância pelas instituições não tem um padrão. Diante da falta de normas e da quebra das barreiras geográficas, muitas instituições tendem a minimizar as dificuldades que os alunos possam enfrentar, destacando apenas os casos de sucesso.

A criação da Universidade Aberta do Brasil em 2006, tem potencial para auxiliar a definição dos padrões, de acordo com a missão que se propõe:

> a articulação e integração de um sistema nacional de educação superior a distância, em caráter experimental, visando sistematizar as ações, programas, projetos, atividades pertencentes às políticas públicas voltadas para a ampliação e interiorização da oferta do ensino superior gratuito e de qualidade no Brasil (BRASIL/MEC, 2006a).

As ações realizadas pela UAB alcançarão público muito expressivo. Apenas no curso de Administração de Empresas, em parceria com o Banco do Brasil, são dez mil vagas. A interferência da EAD em todo o sistema de educação superior é inevitável (BARRETO; GUIMARÃES; MAGALHÃES, 2006) e refletem a condição bimodal de oferta das universidades brasileiras. Nesse contexto, a condução de processos de avaliação e pesquisa integrados com a educação presencial, com o rigor acadêmico em todas as etapas dos cursos, é fundamental para o seu refinamento nos próximos anos e para o avanço do conhecimento da área.

A organização e o atendimento de normas e padrões de comunicação e informação é parte essencial da formação dos bibliotecários. A normalização da comunicação científica apresenta parâmetros cuja lógica pode ser replicada em várias situações. A alimentação dos bancos de dados, a disseminação e a recuperação das informações é crucial para o atendimento de estudantes em larga escala, com a automação de parte significativa das atividades e divulgação de informações precisas.

Estruturas organizacionais que atendam a esses padrões de complexidade e precisão necessitam de planejamento em longo prazo e contínuo refinamento. Planejamento e gestão da informação se apresentam como fundamentais para o sucesso de sistemas complexos e em constante mutação, como é o caso da Educação a Distância.

Conclusão

A expansão da complexidade dos processos relacionados à Educação a Distância e do número de cursos e instituições envolvidas apresenta desafios para os bibliotecários e para os estudiosos da área.

O aumento do número de alunos em cursos de graduação e pós-graduação a distância em diversas localidades cria a possibilidade de novos postos de trabalho para os bibliotecários e ampliação dos tipos de serviço a ser oferecidos a esses alunos, no que se pode considerar um movimento de expansão que deve incorporar milhares de usuários às bibliotecas universitárias presenciais e a distância. Esses milhares de novos usuários terão demandas específicas, de acordo com os suportes de informação utilizados e os modelos de cursos, influenciando as políticas de atualização dos profissionais e aumentando a demanda por cursos em diversas especialidades.

A gestão de sistemas de educação a distância, na forma que se desenvolvem no Brasil: a) integrados com a modalidade presencial, b) em consórcios e parcerias de diversas instituições e c) com fomento e regulamentação do governo apresenta complexidades que requerem processos de gestão da informação e padrões de comunicação específicos. A padronização de métodos e termos para catalogação, indexação, armazenamento e recuperação de informações sobre cursos e alunos e a definição das informações a ser publicadas devem auxiliar a tomada de decisão por parte dos diversos usuários e as análises acadêmicas na área.

Referências

ALVES, J. *A educação a distância no Brasil: síntese histórica e perspectivas*. Rio de Janeiro: Instituto de Pesquisas Avançadas em Educação, 1994.

AMERICAN LIBRARY ASSOCIATION. *Guidelines for Distance Learning Library Services*. 2004. Disponível em: <http://www.ala.org/acrl/resjune02.html>. Acesso em: 25 jul. 2006.

ANOHINA, A. Analysis of the terminology used in the field of virtual learning. *Educational Technology & Society*. <local de publicação>, v. 8, n. 3. p. 91-102. jul. 2005. Disponível em: <http://www.ifets.info/>. Acesso em: 04 set. 2006.

AOKI, K.; POGROSZEWKI, D. Virtual university reference model: a guide to delivering education and support services to the distance learner. *Online Journal of Distance Learning Administration*, v. 1, n. 3, fall. 1998.

BAPTISTA, S. G. A inclusão digital: programas governamentais e o profissional da informação: reflexões. *Inclusão Social*, Brasília, v. 1, n. 2, p. 23-30, abr. 2006.

BAPTISTA, S. G.; BARCIA, R. et al. O modelo pedagógico da pós-graduação presencial virtual do Laboratório de Ensino a Distância do Programa de Pós-Graduação em Engenharia de Produção da Universidade Federal de Santa Catarina – UFSC: estudo de caso. *In*: CONGRESSO INTERNACIONAL DE EDUCAÇÃO A DISTÂNCIA, 9, 2002, São Paulo. *Anais...*, São Paulo: ABED, 2002. (Prêmio de Excelência em Educação a Distância, ABED/Embratel).

BAPTISTA, S. G. Graduate studies at a distance: the construction of a brazilian model. *In*: TSCHANG, F.T.; DELLA SENTA, T. *Access to knowledge*: *new information technologies and the emergence of the virtual university*. Amsterdam: UNU/IAS/ Pergamon Press, 2001.

BARRETO, R. G.; GUIMARÃES, G. C.; MAGALHÃES, L. K. C. As tecnologias da informação e da comunicação na formação de professores. *Revista Brasileira de Educação*, v. 11, n. 31, p. 31-42. jan. 2006. Disponível em: <http://www.scielo.br/scielo.php?script=sci_arttext&pid=S1413-24782006000100004&lng=pt&nrm=iso>. Acesso em: 20 maio 2006.

BATES, T. Charting the evolution of lifelong learning and distance higher education: the role of research. In: MCINTOSH; Christopher; VAROGLU, Zeynep. *Lifelong Learning & Distance Higher Education*. Vancouver: Commonwealth of Learning UNESCO, 2005. Disponível em <http://www.col.org>. Acesso em: 31 out. 2005.

BATES, T. *Managing technological change*: strategies for college and university leaders. San Francisco: Jossey-Bass, 1999.

BATES, T. *Restructuring the university for technological change*. Londres: The Carnegie Foundation for the Advancement of Teaching, 1997. Disponível em: <http://bates.cstudies.ubc.ca/carnegie/carnegie.html>. Acesso em: 12 ago 1998.

BELLONI, M. L. *Educação a distância*. Campinas: Autores Associados, 1999.

BRASIL. Ministério da Educação. Decreto n. 5622, de 19 de dezembro de 2005. Regulamenta o artigo 80 da Lei n. 9.394, de 20 de dezembro de 1996, dispondo sobre o credenciamento de instituições para a oferta de cursos e programas de educação, na modalidade a distância. *DOU*, Brasília, n. 243, p 1-4, seção 1. 20 dez. 2005.

BRASIL. Ministério da Educação. Universidade Aberta do Brasil. Disponível em: <http://www.mec.gov.br/uab>. Acesso em: 7 ago. 2006.

BRASIL. Ministério da Educação. Universidade Aberta do Brasil . Apresenta o modelo de Polo de Apoio Presencial. Disponível em: <http://www.mec.gov.br/uab>. Acesso em:12 ago. 2006.

BRASIL. Ministério da Educação. Secretaria de Educação Superior a distância. Apresenta a lista de instituições credenciadas para ofertar cursos a distância. Disponível em: <http://www.mec.gov.br/sesu/instit.shtm>. Acesso em: 15 ago. 2006.

CENTER FOR EDUCATIONAL TECHNOLOGY INTEROPERABILITY STANDARDS. (CETIS) Disponível em: <http://www.cetis.ac.uk/static/standards.html>. Acesso em: 12 fev. 2005.

COLLIS, B.; STRIJER. A. Technology and Human Issues in Reusing Learning. *Journal of Interactive Media in Educacion*. v. 4, Milton Keynes, 2004. Disponível em <http://www-jime.opec.ac.uk/2004>. Acesso em: 13 dez. 2005.

DANIEL, John. *Educação e tecnologia num mundo globalizado*. Brasília: UNESCO, 2003.

DANIEL, J. Preface. In: MCINTOSH; C.; VAROGLU, Z. *Lifelong Learning & Distance Higher Education*. Vancouver: Commonwealth of Learning UNESCO, 2005. Disponível em <http://www.col.org>. Acesso em: 31 out. 2005.

FAHY, P. Media characteristics and online learning technology. In: ANDERSON, T.; ELLOUMI, F. (Ed.). *Theory and Practice of Online Learning*. Athabasca: Athabasca University, 2004. Disponível em: <http://cde.athabascau.ca/online_book/contents.html>. Acesso em: 2 dez. 2005.

FARRELL, G. (Ed.) The development of virtual education: a global perspective. 1999. *The Commonwealth of Learning*. Canadá. Disponível em: <http://www.col.org/virtualed/index.htm>.

FUJITA, M; RUBI, M. O ensino de procedimentos de política de indexação na perspectiva do conhecimento da organização: uma proposta de programa para a educação a distância do bibliotecário. *Perspectivas em Ciência da Informação*, Belo Horizonte, v. 11 n. 1, p. 48-66, jan./abr. 2006.

GARCEZ, E. M. S.; RADOS, G. J. V. Biblioteca híbrida: um novo enfoque no suporte à educação a distância. *Ciência da Informação*, Brasília, v. 31, n. 2, 2002a. Disponível em: <http://www.scielo.br/scielo.php?script=sci_arttext&pid=S0100-19652002000200005&lng=pt&nrm=iso>. Acesso em: 17 abr. 2006.

GARCEZ, E. M. S.; RADOS, G. J. V. Necessidades e expectativas dos usuários na educação a distância: estudo preliminar junto ao Programa de Pós-Graduação em Engenharia de Produção da Universidade Federal de Santa Catarina. *Ciência da Informação*, Brasília, v. 31, n. 1, 2002b. Disponível em: <http://www.scielo.br/scielo.php?script=sci_arttext&pid=S0100-19652002000100003&lng=pt&nrm=iso>. Acesso em: 17 abr. 2006.

HOLMBERG, B. *Theory and practice of distance education*. London: Routledge, 1995.

JOHNSON, K.; TRABELSI, H.; TIN, T. Library support for online learners: e-resources; e-services and human factos. In: Theory and Practice of Online Learning. Athabasca: Athabasca University, 2004. Disponível em: <http://cde.athabascau.ca/online_book/contents.html>. Acesso em: 2 dez. 2005.

KEARSLEY, G. Designing educational software for international use. *Journal of Research on Computing in Education*, v. 23, n. 2, p. 242, 1990.

KOBLE, M.; BUNKER, E. Trends in research and practice: The American Journal of Distance Education 1987 to 1995. *The American Journal of Distance Education*. Pennsylvania, v. 11, n. 2, 1997.

LANDIM, C. *Educação a distância: algumas considerações*. Rio de Janeiro, 1997.

MARCONDES, C. H. A experiência do departamento de Ciência da Informação da Universidade Federal Fluminense com Ensino a Distância: um curso a distância de implementação muito simples. In: RODRIGUES, M. E. F.; CAMPELLO, B. S. *A (re)significação do processo de ensino/aprendizagem em Biblioteconomia e Ciência da Informação*. Niterói: Intertexto, 2004.

MASON, R. Institutional models for virtual universities. In: TSCHANG, F.T. and DELLA SENTA, T. *Access to knowledge*: new Information technologies and the emergence of the virtual university. Amsterdam: UNU/IAS/ Pergamon Press, 2001.

MASON, R. Models of online courses: networked lifelong learning innovative approaches to education and training through the internet. *ALN Magazine*, Sheffield, v. 2, n. 2, 1998. Disponível em: <http://www.aln.org.alnweb/magazine/vol2_issue2/Masonfinal.htm>. Acesso em: 12 abr. 2000.

MASON, R. The University – current challenges e opportunities. In: D'Antoni, S. *The Virtual University*. UNESCO, 2003. Disponível em: <http://www.unesco.org/iiep/virtualuniversity/files/usq_online.pdf>. Acesso em: 8 dez. 2003

MCISAAC, M. S.; GUNAWARDENA, C. N. Distance Education. In: JONASSEN, D. (Ed.), *Handbook of research for educational communications and technology: a project of the Association for Educational Communications and Technology.* New York: Simon & Schuster Macmillan, 1996. Disponível em: <http://seamonkey.ed.asu.edu/~mcisaac/dechapter/index.html>. Acesso em: 13 dez. 1998

MOORE, M. G.; KEARSLEY, G. *Distance education: a systems view.* Belmont (USA): Wadsworth Publishing Company, 1996.

MORAN, J. M.; MASETTO, M.; BEHRENS, M. A. *Novas tecnologias e mediação pedagógica.* Campinas: Papirus, 2000.

MUELLER, S. P. M. Universidade e informação: a biblioteca universitária e os programas de educação a distância: uma questão ainda não resolvida. *Datagramazero*, Rio de Janeiro, v. 1, n. 4 <?> 4 ago. 2000. Disponível em: <http://www.dgz.org.br>. Acesso em: 20 abr. 2005.

NIPPER, S. Third generation distance learning and computer conferencing. In: MASON, R.; KAYE A. (Eds.) *Mindweave*: communication, computers and distance education. Oxford: Pergamon Press, 1989. p. 63-73.

NOAH, C.; BRAUN, L. *The browsable classroom: an introduction to e-learning for librarians.* New York: Neal-Shuman, 2002.

NUNES, I. Noções de educação a distância. *Revista Educação a Distância*, Brasília, n. 4/5, p. 7-25, dez./93-abr/94. 1992. Disponível em: <http://www.intelecto.net/ead/ivonio1.html>. Acesso em: 19 jul. 1999.

OLMEDILLA, D.; SAITO, N.; SIMON, B. Interoperability of Educational Systems. *Educational Technology & Society.* New Zealand, v. 9, n. 2, abr. 2006. Disponível em: < http://www.ifets.info/>. Acesso em: 4 set. 2006.

PRETI, O. Educação a distância e globalização: desafios e tendências. *In*: PRETI, O. (Org.). *Educação a Distância: construindo significados.* Cuiabá: NEAD/UFMT; Brasília: Plano, 2000.

RODRIGUES, R. *Modelo de planejamento para cursos de pós-graduação a distância em cooperação universidade-empresa.* 2004. 181 f. Tese (Doutorado) – Programa de Pós-Graduação em Engenharia de Produção. Universidade Federal de Santa Catarina, Florianópolis, 2004.

RUMBLE, G. *A gestão dos sistemas de ensino a distância.* Brasília: UnB; UNESCO, 2003.

RUMBLE, G. A tecnologia da educação a distância em cenários do terceiro mundo. In: PRETI, O. (Org.). *Educação a distância: construindo significados.* Cuiabá: NEAD/UFMT; Brasília: Plano, 2000.

SHAFFER, S. System Dynamics in Distance Education and a Call to Develop a Standard Model. *The International Review of Research in Open and Distance Learning*, Athabasca, 2005, v. 6, n. 3. Disponível em: <http://www.icaap.org>. Acesso em: 23 fev. 2006.

STRONG, R.; HARMON, G. On-line graduate degrees: a review of three internet-based master's degree offerings. *The American Journal of Distance Education.* Pennsylvania, v. 11, n. 3, 1997.

TAYLOR, J. An evolution of an existing institution. In: D'ANTONI, S. *The Virtual University/ UNESCO*, 2003. Disponível em: <http://www.unesco.org/iiep/virtualuniversity>. Acesso em: 12 abr. 2004.

TRINDADE, A.; CARMO, H.; BIDARRA, J. Current developments and best practice in open and distance learning. *International Review of Research in Open and Distance Learning*, Athabasca, v. 1, n. 1, 2000. Disponível em: <http://www.icaap.org/iuicode?149.1.1.5>. Acesso em: 20 jun. 2002.

UNESCO. *Aprendizagem aberta e a distância: perspectivas e considerações*. Florianópolis: UFSC, 1997.

A recuperação da informação em diferentes suportes textuais

Magda Chagas

O desenvolvimento da escrita foi lento e gradual no decorrer da história do homem, sendo necessários muitos séculos para que se chegasse aos sistemas adotados nos dias de hoje. Foram vários os suportes utilizados para registrar o texto escrito, estando entre eles as paredes das cavernas, as pedras, os blocos de argila, o papiro, a cera, o pergaminho, o papel e, finalmente, os meios eletrônicos.

Atualmente, podem ser observadas transformações exponenciais ocorridas nas diferentes áreas do conhecimento, graças às vertiginosas descobertas e, em conseqüência, aos novos conceitos em todos os ramos do conhecimento. Essas grandes transformações estão intimamente ligadas à introdução de novas tecnologias de comunicação nas mais diferentes atividades humanas. A informação não está mais restrita aos livros e ao material impresso, mas pode ser acessada por intermédio de computadores que disponibilizam os dados contidos em bases internacionais, ampliando, de forma jamais vista, o acesso a novos conhecimentos.

São muitas as novas formas de comunicação existentes atualmente, destacando-se entre elas as publicações eletrônicas, compostas de hipertextos e hipermídia, apresentados em discos ópticos ou em redes de informação *on-line*. Esses documentos ampliam as possibilidades de navegar de um nó a outro com relativa facilidade, aproximando elementos distantes e desconhecidos.

Os hipertextos oferecem um meio eficiente de organizar e acessar as informações e, portanto, têm papel potencial no desenvolvimento da informação tecnológica. A flexibilidade e a rapidez na localização dos conteúdos, bem como a utilização de diferentes recursos de multimídia, tais como imagens, sons, animações, entre outros, são apontados como elementos importantes que diferenciam os hipertextos eletrônicos dos documentos impressos de forma tradicional.

Acredita-se que, por permitir a navegação por diferentes nós, o hipertexto eletrônico pode despertar grande interesse no leitor, uma vez que essa navegação pode servir como elemento de esclarecimento de aspectos que não estejam muito claros no texto principal, ou mesmo, propiciando a eliminação da leitura de detalhes que não sejam relevantes ao seu objetivo, quando da decisão pela leitura daquele texto.

Por outro lado, essa mesma estrutura flexível que permite contribuir para melhor compreensão do texto pode servir como elemento de dispersão do leitor, fazendo com que esse perca de vista o seu objetivo principal e acabe por não conseguir tornar a leitura produtiva. Rudell e Unrau (1994) afirmam ser necessário que o leitor inicie a leitura do texto tendo um objetivo claro e definido, para que possa tirar dele aquilo que for realmente relevante. Dessa forma, é necessário estar atento a esse aspecto quando da apresentação de hipertextos para leitura.

Neste trabalho, é apresentada parte da pesquisa na qual foram observados três diferentes suportes de informações, a saber: o hipertexto eletrônico, o hipertexto impresso e o impresso tradicional. O hipertexto eletrônico é composto de características advindas da utilização de novas tecnologias, utilizando-se de sons, imagens, animações, vídeos, etc. Nele está presente o texto principal, com os elos que farão as ligações com os diferentes nós, compostos de infográficos e textos complementares. Dessa forma, o Hipertexto apresenta-se como a sobreposição de vários textos, e em seu formato eletrônico é possível visualizar apenas um ou dois, simultaneamente.

O hipertexto impresso, apesar de ser apresentado de forma impressa tradicional, possui características próprias de um hipertexto, tais como textos complementares ao texto principal, gravuras, fotos, gráficos, etc. Nele os infográficos e os textos complementares podem ser visualizados em uma mesma página, facilitando a localização das informações.

O impresso tradicional, por sua vez, inclui informações apresentadas linearmente, sem que haja qualquer recurso complementar ao texto escrito.

Serão apresentados, neste trabalho, aspectos relativos à recuperação de informações nos diferentes suportes apresentados acima, tendo como objetivos os seguintes pontos: a) identificar as estratégias utilizadas pelos participantes para a localização de textos a ser lidos, considerando as diferentes possibilidades de acesso oferecidas pelos suportes eletrônico e impresso; b) observar se os participantes perdem a objetividade quanto à localização dos textos a ser lidos quando são expostos a textos variados e aos recursos oferecidos pelos diferentes suportes textuais; c) verificar se existe, pelos participantes, maior interesse na leitura do texto principal ou dos nós ligados a ele.

Referencial teórico

O conhecimento produzido pelos homens desde os mais remotos tempos vem sendo transmitido de geração a geração.[1] Inicialmente, essa transmissão era oral, sujeita a inúmeros fatores que colocavam em risco sua perpetuação; com o advento da escrita, a memória cultural passou a ser registrada em diferentes suportes, possibilitando sua divulgação entre as gerações futuras. A importância do texto escrito

---

[1] É uma das propriedades mais importantes da linguagem verbal (HOCKETT, 1996).

como elemento essencial da comunicação é inegável: os envolvidos com as práticas educacional e social se preocupam, cada vez mais, com a sua difusão e compreensão dos processos que lhe são inerentes.

Em sua trajetória, o texto sofreu modificações quanto à estrutura, à apresentação e aos consequentes processamentos. A passagem do texto manuscrito para o impresso, a partir da invenção dos tipos móveis por Gutenberg, no século XV, contribuiu para a alteração das características físicas do produto. Surgiu uma interface padronizada, com estrutura própria: os textos passaram a conter títulos, cabeçalhos, numeração regular, sumários, notas e referências variadas (LÉVY, 1993). Da mesma forma, considerando as novas funções sociais da escrita, definiram-se novos gêneros, com diferentes especificidades.

A explosão informacional, ampliada pelo uso das novas tecnologias de comunicação, proporciona o acesso rápido e muito vasto a diferentes fontes de informação. "A informação tornou-se o bem mais precioso na sociedade contemporânea e, seguramente, crescerá em importância no próximo milênio." (SCLIAR-CABRAL, 1998, p. 30). Como produto dessas tecnologias, surgiu o hipertexto eletrônico, viabilizado a partir da ampliação das redes de comunicação informatizadas, com características e particularidades que têm suscitado análises e considerações por estudiosos e pesquisadores, em geral. Seu formato, repleto de nós e elos que conduzem a outros textos presentes no mesmo *site* ou em *sites* diferentes, bem como a presença de multimídias complementares, contribui para atribuir-lhe formatação própria, com reflexos sobre o processo de leitura e recuperação de informações.

Nelson (*apud* ABAITUA, 1996/7;1998/99, p. 3) apresenta a seguinte definição para esse tipo de texto:

> Por 'hipertexto' me refiro a uma escrita não-seqüencial, a um texto que se bifurca, que permite ao leitor eleger e que seja melhor para ler em uma tela interativa. De acordo com a noção popular, trata-se de uma série de blocos de textos conectados entre si por links, que formam diferentes itinerários para o usuário.[2]

Em total concordância com a definição de Nelson, vários autores afirmam ser o hipertexto eletrônico composto por uma sequência de textos ou partes de textos, organizados em nós como em uma rede, ligados por elos que relacionam as diferentes partes (LÉVY, 1993; MCKNIGHY; DILLON; RICHARDSON, 1993; SMITH; WEISS *apud* VILAN FILHO, 1994; ROUET *et al.*, 1996; MCDONALD; STEVENSON, 1998; BARAB; YOUNG; WANG, 1999).

---

[2] *"Con 'hipertexto' me refiero a una escritura no secuencial, a un texto que bifurca, que permite que el lector elija y que se lea mejor en una pantalla interactiva. De acuerdo con la noción popular, se trata de una serie de bloques de texto conectados entre sí por enlaces, que forman diferentes itinerarios para el usuario".* (Texto original).

Os elos, que são as ligações mantidas entre um nó e outro, normalmente, aparecem nos textos como sublinhado, negrito, itálico ou cores. Esses elos ou ligações podem referenciar diferentes nós que podem conter: um trecho de texto na própria página; um texto em outra página localizada no mesmo computador; um texto em outra página localizada em qualquer computador ligado à internet ou qualquer outra rede de computadores, bem como figuras, sons, fotos, imagens em movimento, etc. (VILAN FILHO, 1994).

Os hipertextos estão presentes nas redes nacionais e internacionais de computadores, permitindo o acesso às informações da forma mais rápida. A máquina se encarrega de encontrar o caminho para a conexão apontada, independente da sua localização física. Os hipertextos eletrônicos integram as páginas WWW, *World Wide Web*, presentes na internet, a rede mundial de computadores que se comunicam por TCP/IP, possibilitando a conexão em qualquer parte do mundo.

Outra forma bastante difundida de utilização dos hipertextos eletrônicos são os CD-ROMs, construídos com fins informacionais, educacionais e de lazer. São inúmeras as enciclopédias, os dicionários, os jornais e as revistas, entre outros materiais de referência, que estão adaptando suas publicações a essa nova forma de apresentação textual.

A popularidade dos hipertextos tem crescido, principalmente nas áreas de ciência da informação e pesquisa educacional. Várias experiências têm sido feitas no sentido de utilizar os hipertextos na indústria, no comércio e na educação, além das atividades de lazer, difundidas através dos *videogames*, tão populares entre jovens e adultos. No entanto, pouco se conhece a respeito do impacto do hipertexto eletrônico no processamento da informação e no processo de aprendizagem. Essa ausência de fundamentação teórica e de evidências empíricas pode provocar dificuldades no desenvolvimento de tecnologias de hipertexto, realmente eficientes, bem como levar à sua execração ou exaltação sem que haja real conhecimento de seus malefícios e/ou benefícios.

Em razão das características inovadoras, o hipertexto eletrônico tem sido visto por alguns pesquisadores como elemento capaz de provocar transformações profundas no processo de compreensão e aprendizagem de conteúdos, sem que na realidade tenham sido feitos estudos suficientes no sentido de comprovar tais afirmações. Dillon (1996), discutindo aspectos relativos à revolução da informação e ao advento do hipertexto, apresenta e discute uma série de mitos relativos a essa nova forma de apresentação textual. São eles: a) os elos associativos, por imitarem a mente humana, são capazes de influenciar positivamente o processo de aprendizagem e retenção das informações; b) o papel é um meio linear, portanto, uma camisa de força para o leitor; c) o acesso rápido a uma grande quantidade de informações manipuláveis pode conduzir a um melhor uso dos documentos ou ao seu aprendizado; d) as tecnologias futuras poderão resolver todos os problemas correntes. Todas essas afirmativas, segundo este autor, vêm se tornando *clichês*, podendo ser contestadas graças à sua fragilidade. Segundo ele, por exemplo, é impossível acreditar que o papel possa se apresentar como uma camisa de força para os leitores, quando se pensa na leitura dos periódicos acadêmicos. Da mesma forma, sabe-se que as novas tecnologias ajudam a solucionar graves problemas, mas acabam por criar outros.

O hipertexto eletrônico é composto de características advindas da utilização de novas tecnologias, utilizando-se de sons, imagens, animações, vídeos, etc. Nele está presente o texto principal linear, com os elos que farão as ligações com os diferentes nós, compostos de infográficos e textos complementares. Dessa forma, o hipertexto apresenta-se como a sobreposição de vários textos, porém, em seu formato eletrônico, é possível visualizar apenas um ou dois, simultaneamente. O formato "hipertexto", no entanto, não é exclusivo dos suportes eletrônicos. Várias revistas e jornais fazem uso do encaixe de textos secundários em textos principais, além de gravuras, fotos, gráficos, etc. Nele os infográficos e os textos complementares podem ser visualizados em uma mesma página, facilitando a localização das informações. O impresso tradicional, por sua vez, inclui informações apresentadas só linearmente, sem que haja qualquer recurso complementar ao texto escrito.

A pesquisa

Foram determinados como participantes desta pesquisa 30 alunos da 6ª série do 1º grau, de uma escola particular de caráter socioconstrutivista, localizada na cidade de Florianópolis. Na escolha dos participantes, foi considerada a sua habilidade em relação à leitura, podendo ser classificados como proficientes nessa atividade, além de conhecerem e utilizarem, com frequência, os recursos fornecidos pelos microcomputadores e seus compatíveis.

Os participantes foram avaliados valendo-se de uma observação subjetiva, realizada pela pesquisadora, em que se procurou verificar suas atitudes e comportamentos em relação aos diferentes suportes apresentados.

Para tanto, os participantes leram três textos expositivos, sendo que cada um leu um dos textos em um dos diferentes formatos apresentados, a saber, o hipertexto eletrônico, o hipertexto impresso e o impresso tradicional.

As atividades foram realizadas na escola, em espaço apropriado, com os seguintes equipamentos e material: um microcomputador, no qual foi realizada a leitura do hipertexto eletrônico; 45 exemplares da revista *Superinteressante*, para a leitura do hipertexto impresso; dez textos impressos no formato tradicional.

A rotina utilizada para a aplicação dos testes foi a seguinte: na chegada, os participantes eram informados em qual dos formatos seria efetuada a leitura. Eram, então, colocados à sua disposição os instrumentos para a leitura (microcomputador, revistas ou textos impressos, conforme o caso). A seguir, os participantes recebiam as instruções para a utilização dos diferentes suportes, tal como segue.

Com relação ao hipertexto eletrônico, era realizada, inicialmente, a demonstração do funcionamento do *software* "10 anos de Revista em um CD-ROM", observando a seguinte rotina: a) início do *software*; b) apresentação do comando de "Ajuda"; c) demonstração de um procedimento de recuperação de informações; d) demonstração dos recursos da tela de recuperação.

A cada participante era dada a oportunidade de sanar suas dúvidas com relação à recuperação das informações, sendo, em seguida, apresentado o texto inicial que continha o tema a ser pesquisado.

Os hipertextos impressos eram apresentados aos participantes na própria revista, sendo observada a seguinte rotina: a) demonstração das características da estrutura e do sumário da revista *Superinteressante*; b) disponibilização para os participantes de 45 exemplares da revista *Superinteressante*.

As revistas permaneciam organizadas sobre a mesa, em duas pilhas que continham o mesmo número de revistas. A revista que incluía o texto a ser lido era mantida sempre na mesma posição, ou seja, na pilha da esquerda, em 6º lugar. Os participantes deveriam localizar o texto a ser lido a partir da consulta às diferentes partes da revista, tais como chamadas de capa, sumário e corpo do texto.

Para os textos impressos tradicionais, o procedimento era o seguinte: apresentação aos participantes de dez textos, todos com o mesmo tipo de formatação, contendo, porém, assuntos variados. Estavam organizados em ordem cronológica, obedecendo à sua data de publicação.

Para que os participantes pudessem localizar o texto a ser lido, era-lhes apresentada a parte inicial do texto, com informações relevantes que poderiam orientá-los nesta localização. Após a leitura do texto inicial, e a consequente determinação do tema do texto, os participantes iniciavam a sua procura, utilizando os recursos relativos a cada um dos suportes.

Todo o trabalho foi observado pela pesquisadora, a partir de critérios preestabelecidos. Foram relacionadas: as estratégias de localização das informações utilizando os recursos oferecidos pelos diferentes suportes; as atitudes dos participantes durante a leitura; as formas de abordagem textual (considerando a preferência pela leitura do texto principal, dos infográficos ou dos textos complementares).

Critérios utilizados na observação das atividades realizadas pelos participantes

Localização das informações

Foi efetuada tendo por base a observação das diferentes estratégias utilizadas pelos participantes para localizarem os textos a ser lidos. Com base na leitura dos textos iniciais, os participantes deveriam definir o tema do texto e as estratégias para a sua localização.

Para os hipertextos eletrônicos foi considerada a curiosidade dos participantes com relação ao uso do *software*; o caminho e os procedimentos utilizados para a busca e a localização dos textos, estando aí incluído o uso dos cenários ou do computador de busca; a capacidade dos participantes em localizarem a entrada correta para o texto, bem como para localizarem o texto pelo seu título ou texto inicial. Com relação aos hipertextos impressos, foram observados os pontos de acesso utilizados pelos participantes para localizarem os textos, considerando a apresentação gráfica da revista *Superinteressante*, que contém chamadas de capa compostas por ilustrações e textos e o sumário, apresentado nas páginas iniciais. Para os impressos tradicionais, em razão da ausência de estímulos outros que não a apresentação do título e texto inicial, foi considerado somente o fato de os participantes localizarem diretamente o texto ou apresentarem dificuldades, tendo que procurá-lo com mais atenção.

Foi considerado, ainda, para todos os suportes, o interesse dos participantes na leitura de textos diferentes daqueles propostos pela leitura do texto inicial.

Abordagem textual

Neste item, foram considerados aspectos relativos à forma como se deu a relação dos participantes com o texto a ser lido. Foi observado se houve interesse em, ao final da leitura do texto, retomar algum aspecto que gostariam de lembrar ou se o texto foi lido uma única vez. Observou-se, ainda, que partes dos textos foram lidas, considerando a presença de infográficos e textos complementares presentes nos hipertextos eletrônicos.

Instrumentos e sua aplicação

Os textos lidos na terceira etapa da pesquisa, com o objetivo de medir a compreensão e a capacidade de recuperação das ideias principais e detalhes pelos participantes, foram publicados pela revista *Superinteressante*, no período de 1995 a 1997. Sua escolha foi baseada na pesquisa de interesse de leitura, considerando os cinco tópicos indicados pelos participantes como de maior interesse para leitura. Baseando-se nessa classificação, foram escolhidos diferentes textos relativos a esses temas, sendo utilizados como critérios para sua escolha definitiva os seguintes aspectos: a) clareza e objetividade das informações apresentadas; b) quantidade de infográficos e textos complementares (elos e nós) apresentados junto ao texto principal; c) características semelhantes de apresentação das informações; d) presença dos textos na revista e no CD-ROM.

Dessa forma, os textos a ser trabalhados ficaram assim determinados:

Texto 1 - *O monstro corre perigo* (*Superinteressante*, v. 9, n. 9, set. 1995), correspondente ao tópico Animais Marinhos, que obteve um percentual de 67% de interesse pelos participantes;

Texto 2 - *Túnel do tempo: o sonho secreto dos físicos* (*Superinteressante*, v. 10, n. 9, set. 1996), correspondente aos temas Ficção Científica: o futuro, com um percentual de interesse de 82% e Máquinas do Tempo, com 59%;

Texto 3 - *Como foi possível?* (*Superinteressante*, v. 11, n. 4, set. 1997), correspondente ao tema Clonagem, com percentual de interesse de 63%.

Os textos iniciais, apresentados aos participantes a fim de que pudessem determinar o tema a ser lido e efetuar a localização dos textos, foram os seguintes:

Para o Texto 1 - *Maior predador do planeta, o tubarão branco é uma tremenda máquina de matar, com um peso de quase duas toneladas e até oito metros de comprimento. Equipado com dentes superafiados e centenas de sensores elétricos espalhados pela parte frontal do corpo, o bicho é um exterminador. Mas está ameaçado de extinção. Os cientistas enfrentam o desafio de tentar protegê-lo, para não deixar desaparecer uma espécie que tem mais de 60 milhões de anos e é o ápice da cadeia alimentar dos oceanos.*

Para o Texto 2 - *Os físicos não contam para ninguém e não gostam de comentar o assunto em público. Mas muita gente de primeiro time anda atrás da resposta: como é que se faz para viajar no tempo?*

Para o Texto 3 - *Em fevereiro de 1997, o escocês Ian Wilmut, um brilhante embriologista de 52 anos, anunciou a primeira clonagem de um animal adulto, uma ovelha. Todo mundo só falou disso, mas explicar que é bom, quase ninguém explicou. Agora você vai entender tudo direitinho.*

Apresentação e análise dos resultados

Localização das informações

Pela observação das estratégias empregadas pelos participantes para localizar os textos a ser lidos, procurou-se verificar se os suportes utilizados provocariam diferenças no seu desempenho. A expectativa inicial era a de que a presença dos recursos existentes no suporte eletrônico pudessem provocar a falta de objetividade dos participantes na localização dos textos para leitura.

Com relação ao hipertexto eletrônico, foi observado o comportamento dos participantes de acordo com sua curiosidade quanto ao uso do *software*; quais as possibilidades de acesso ao texto utilizadas por eles, estando aí incluídos o uso dos cenários e o do computador de busca; localização da entrada correta (palavra-chave) para o texto; e localização do texto, através do seu título.

Conforme demonstram os dados da TABELA 1, 28 (93%) participantes, no hipertexto eletrônico, não demonstraram curiosidade quanto ao uso do *software*; 29 (97%) não fizeram perguntas quanto ao seu funcionamento; 28 (93%) não navegaram pelo *software* a fim de verificar que recursos possui.

Com relação às duas possibilidades de acesso ao texto (computador de busca ou cenários), os participantes utilizaram-nas da seguinte forma: cinco (17%) escolheram os cenários como caminho; 21 (70%) utilizaram o computador de busca; quatro (13%) experimentaram os dois recursos, sendo que dois decidiram-se pela continuação do uso dos cenários e dois desistiram, utilizando então o computador de busca.

No que se refere à localização das entradas para o texto, 24 (80%) participantes localizaram-nas com precisão, sendo capazes de determinar a palavra-chave correta, tanto com relação ao uso dos cenários como do computador de busca. Da mesma forma, 20 (66%) participantes localizaram o texto através do seu título, não necessitando de outro recurso para auxiliá-los.

Tabela 1 – Localização dos textos a ser lidos no hipertexto eletrônico

Comportamento dos participantes	Total	Percentual (%)
Curiosidade quanto ao uso do *software*:		
Não demonstraram curiosidade	28	93
Não fizeram perguntas quanto ao seu funcionamento	29	97
Não navegaram a fim de ver que recursos possui	28	93
Possibilidades de acesso ao texto:		
Utilizaram os cenários	5	17
Utilizaram o computador de busca	21	70
Experimentaram os dois recursos	4	13
Localização das entradas para o texto:		
Localizaram com precisão a entrada principal (palavra-chave)	19	63
Localizaram o texto através do título	20	66

Fonte: dados coletados pela pesquisadora.

Com base na análise desses dados, é possível perceber que os participantes não encontraram dificuldades quanto ao uso do equipamento eletrônico e dos recursos por ele oferecidos. A preferência pelo uso do computador de busca comprova a familiaridade dos participantes com relação ao uso de microcomputadores, uma vez que, por meio dele, torna-se mais fácil e rápido o acesso ao texto lido. Dessa forma, não ocorreram dificuldades com relação às condições afetivas que poderiam afetar a sua leitura, tendo em vista a relação estabelecida entre os participantes e o hipertexto eletrônico.

Com relação ao uso dos cenários, é interessante destacar que os cinco participantes que escolheram essa forma de acesso aos textos pertenciam ao grupo daqueles que leram o Texto 2, no hipertexto eletrônico. A forma de acesso encontrada foi um relógio que indicava como seu conteúdo o termo *tempo*. Dos cinco participantes, um experimentou mais de uma entrada, ao passo que quatro determinaram com precisão a entrada correta.

No que diz respeito ao uso do computador de busca, 15 participantes não apresentaram dificuldades para sua utilização, digitando a palavra correta que dava acesso imediato aos textos que tratavam do tema em questão. Por outro lado, quatro participantes testaram duas entradas, ao passo que dois testaram três ou mais possibilidades.

Entre os termos utilizados pelos participantes para localizar os textos, podem ser citados, para o Texto 1, *tubarão branco*, *maior predador do planeta*, e finalmente, *tubarão*, palavra que dava acesso ao texto correto. Com relação ao Texto 2, as dificuldades foram maiores, tendo em vista que as possibilidades de escolha de termos eram mais amplas. Foram utilizados os seguintes termos: *viajar*, *viagem*, *túnel* e *tempo*, sendo preferido este último, que disponibilizava os textos relativos ao tópico específico. Com relação ao Texto 3, todos os participantes utilizaram o computador de busca, não tendo dificuldades para determinar a palavra-chave, no caso, *clonagem*.

Esses dados mostram, ainda, a competência demonstrada pela maioria dos participantes em determinar a ideia principal dos textos. Mesmo aqueles que não conseguiram determinar a palavra-chave, de forma direta, não apresentaram desvios quanto à escolha do tema, mas, sim, com relação aos recursos oferecidos pelo *software*, que, em alguns textos, limitava o uso de um só termo para busca e em outros, permitia o uso de expressões.

No trabalho com o hipertexto impresso, foram obtidos os resultados apresentados na TABELA 2, com relação à localização das informações.

Neste suporte, 14 (47%) participantes verificaram somente as capas das revistas a fim de localizar o texto a ser lido; 13 (43%) verificaram as capas e os sumários, respectivamente; três (10%) utilizaram outra estratégia, que consistiu, quando do trabalho com o Texto 3, da verificação da data da descoberta do processo de clonagem e separação das revistas que apresentassem publicação posterior a esse período.

Tabela 2 – Localização dos textos a ser lidos no hipertexto impresso

Comportamento dos participantes	Total	Percentual (%)
Localização dos textos:		
Verificaram as capas das revistas	14	47
Verificaram as capas e os sumários	13	43
Utilizaram outra estratégia	3	10

Fonte: dados coletados pela pesquisadora.

As revistas que contêm os hipertextos impressos apresentam os Textos 1 e 2 como chamada de capa. A ilustração e o texto presentes na capa permitem ao leitor localizar a revista correta sem que seja necessário usar o sumário, sendo este útil, apenas, para localizar a página do texto. Aqueles que verificaram as capas e os sumários, quando percebiam a chamada do texto em destaque na capa, comentavam que se soubessem disso não teriam olhado os sumários. O Texto 3, no entanto, não aparece em destaque, sendo sua chamada apresentada no canto superior direito, com a foto de uma ovelha. Essas características influenciaram a localização do texto a ser lido neste suporte, uma vez que seis (20%) participantes passaram pela revista correta sem localizar o texto e 11 (37%) utilizaram o sumário como fonte principal de localização do texto a ser lido.

No impresso tradicional, a localização do texto se dava de forma muito simples, uma vez que bastava ao leitor procurar o título que se adequasse ao tema proposto e conferir o texto inicial apresentado. Dessa forma, somente quatro (13%) participantes passaram pelo texto sem localizá-lo.

Com relação à questão levantada sobre a possibilidade da presença de diferentes textos sobre assuntos variados, bem como a utilização de recursos de multimídia provocarem a falta de objetividade na localização do texto a ser lido, foram obtidos os seguintes resultados: no hipertexto eletrônico apenas um (3%) participante apresentou curiosidade quanto a outro texto; no hipertexto impresso, oito (27%) participantes; no impresso tradicional, um (3%) participante (TABELA 3).

Esses dados confirmam a objetividade dos participantes com relação à localização dos textos a ser lidos, uma vez que, em sua maioria, não atenderam aos diferentes estímulos oferecidos pelos suportes para a leitura de outros textos que não aqueles propostos inicialmente. Destaca-se, porém, que o maior interesse por outros textos foi observado no hipertexto impresso, fato provocado, certamente, pela forma de apresentação deste suporte que permite, durante a busca, ter acesso às imagens e chamadas para outros textos, diferentemente do hipertexto eletrônico em que o acesso ao texto se dá de forma direta.

Tabela 3 – Interesse pela leitura de outros textos

Interesses de leitura	Total	Percentual (%)
Curiosidade quanto à leitura de outros textos:		
Hipertexto eletrônico	1	3
Hipertexto impresso	8	27
Impresso tradicional	1	3

Fonte: dados coletados pela pesquisadora.

Abordagem textual

Neste tópico, foram observadas as diferentes atitudes dos participantes ante os textos, de acordo com um dos objetivos deste trabalho, que é o de verificar se existe maior interesse pela leitura do texto principal ou dos nós ligados a ele. Como a observação foi realizada sem o auxílio de qualquer equipamento de apoio, não foi possível afirmar se os leitores leram de forma completa os infográficos e os textos complementares presentes no hipertexto impresso. Aqueles que acompanhavam a leitura com o dedo ou lápis tornavam possível verificar os caminhos percorridos quando da leitura. No entanto, essa não é uma forma segura para afirmar que a leitura tenha se dado desta ou daquela forma.

Nos hipertextos eletrônicos, a observação ficou mais fácil, uma vez que o leitor deveria acionar o elo e efetuar a leitura dos infográficos e dos textos complementares mudando as páginas e correndo as setas laterais. Assim, foi possível verificar quais os que leram somente o texto principal ou os seus complementos.

Nos impressos tradicionais, os leitores não percebiam as divisões entre o texto principal e os infográficos, lendo-os de forma corrida, sem questionar a possibilidade de interromper a leitura em determinado ponto.

No que diz respeito à leitura dos hipertextos eletrônicos, foi observado que cinco (17%) participantes não acionaram os elos para a leitura dos diferentes nós; oito (27%) acionaram os elos, abrindo os infográficos e os textos complementares, mas apenas observaram as imagens presentes, sem efetuar a leitura; 11 (36%) participantes acionaram os elos e abriram os nós efetuando uma leitura parcial das informações ali apresentadas; seis (20%) leram todas as informações presentes em todos os infográficos e os textos complementares (TABELA 4).

Dessa forma, 24 (80%) participantes não leram as informações completas contidas nos infográficos e nos textos complementares, contrariando a expectativa de que estes textos, graças aos recursos utilizados, despertariam maior atenção.

Tabela 4 – Leitura do texto principal e seus complementos, no hipertexto eletrônico

Abordagem textual	Total	Percentual (%)
Não abre qualquer dos infográficos	5	17
Apenas observa o infográfico sem ler o texto	8	27
Lê parte das informações contidas no infográfico	11	36
Lê todas as informações contidas no infográfico	6	20

Fonte: dados coletados pela pesquisadora.

Ao final da leitura, os participantes tiveram a oportunidade de retornar ao texto, a fim de verificar algum ponto que gostariam de lembrar. A maioria, no entanto, leu o texto somente uma vez, tal como demonstrado na TABELA 5.

Com relação aos suportes utilizados, no hipertexto eletrônico, cinco (16%) participantes retornaram ao texto; no hipertexto impresso, três (10%) e no impresso tradicional, oito (27%). O índice maior apresentado pelos leitores do impresso tradicional pode estar ligado ao fato de que este suporte não apresenta recursos gráficos capazes de contribuir para a retenção de detalhes relativos aos textos. Esse dado pode ser reforçado pelo fato de que três dos leitores que voltaram ao texto na leitura do hipertexto eletrônico foram os mesmos que não leram os infográficos, não tendo desta forma subsídios suficientes para complementar as informações. O fato de voltar ao texto após a leitura não foi um fator relevante para o melhor desempenho dos participantes, uma vez que não houve destaque na sua pontuação, nas demais atividades observadas durante a pesquisa.

Tabela 5 – Quantidade de participantes que retornaram ao texto após a leitura

Abordagem textual	Total	Percentual (%)
Relê parte do texto ao final da leitura:		
Hipertexto eletrônico	4	13
Hipertexto impresso	2	7
Impresso tradicional	6	20
Relê pontos específicos que gostaria de lembrar:		
Hipertexto eletrônico	1	3
Hipertexto impresso	1	3
Impresso tradicional	2	7
Lê o texto apenas uma vez:		
Hipertexto eletrônico	25	83
Hipertexto impresso	27	90
Impresso tradicional	22	73

Fonte: dados coletados pela pesquisadora.

Discussão dos resultados

Os resultados quantitativos desta pesquisa deixaram bem claro que não há diferença entre a utilização de qualquer um dos suportes analisados, a saber: hipertexto eletrônico, hipertexto impresso e impresso tradicional, com relação à recuperação das ideias principais e aos detalhes dos textos e a consequente compreensão dos conteúdos lidos. O desempenho dos participantes foi independente do uso de qualquer forma de apresentação textual, não havendo influência, também, dos diferentes textos analisados.

A hipótese analisada neste trabalho foi a de que a presença dos recursos oferecidos pelo hipertexto eletrônico, tais como textos que contém assuntos variados, gravuras, imagens em movimento, sons, entre outros, pode provocar a falta de objetividade com relação à localização dos textos a ser lidos.

Para testar a sua veracidade, foram estabelecidos objetivos específicos que buscavam verificar as estratégias utilizadas pelos participantes para a localização das informações, bem como observar se a presença de diferentes recursos implicaria a perda de objetividade quanto à localização dos textos que deveria ser lidos.

A análise dos resultados encontrados foi feita de forma qualitativa, pela observação do comportamento dos participantes, sem que tivessem sido utilizadas medidas estatísticas para a sua comprovação.

Foi possível perceber, então, que no hipertexto eletrônico o desempenho dos participantes superou as expectativas, uma vez que foi demonstrada sua familiaridade quanto ao uso das ferramentas de recuperação das informações. Observou-se total objetividade na localização dos textos a ser lidos, havendo segurança dos participantes na identificação das palavras-chave estabelecidas como ferramentas de indexação no *software* utilizado, sugerindo, desta forma, que os recursos oferecidos pelo suporte eletrônico contribuem para maior velocidade e eficiência na recuperação das informações (TABELA 1).

No trabalho com o hipertexto impresso, a objetividade observada foi bem menor, havendo certa dificuldade dos participantes quanto à localização dos textos, uma vez que precisavam consultar os sumários de cada um dos exemplares das revistas a fim de identificá-los (TABELA 2). Além disso, os Textos 1 e 2 são apresentados como chamada principal de capa, despertando a atenção para sua presença, fato que contribuiu para que fossem localizados com facilidade e rapidez. Já o Texto 3 tem sua chamada apresentada no canto superior direito da capa, com a foto de uma ovelha. Como chamada principal de capa, está presente a foto de uma mulher nua, segurando a cabeça de uma serpente. Esses elementos, certamente, foram decisivos na dificuldade maior enfrentada pelos participantes em localizarem o Texto 3, nesse tipo de suporte. Esse fato está ligado ao uso de material real que impediu que pudessem ser controladas todas as variáveis.

No impresso tradicional, por sua vez, não foi observada qualquer dificuldade para a localização do texto, já que a fonte de acesso era o seu título, seguido do texto inicial.

Considerando esses dados, pôde-se observar que, ao contrário da expectativa inicial, os suportes que apresentaram maior dificuldade na recuperação das informações, considerando os recursos por eles oferecidos, foram os impressos. Esse resultado confirma a afirmação de que os hipertextos eletrônicos são ferramentas eficientes para a recuperação de informações de forma rápida e objetiva, mais do que a solução para os problemas de leitura.

Em qualquer dos suportes lidos, os participantes utilizaram sua capacidade de determinação dos tópicos principais para estabelecer os critérios necessários para a localização dos textos, tanto com relação às palavras-chave que dariam acesso aos textos eletrônicos como às chamadas estabelecidas pela revista e ao reconhecimento dos títulos dos textos tradicionais.

Vale ressaltar, no entanto, que os participantes desta pesquisa possuíam habilidades suficientes de uso dos equipamentos eletrônicos, bem como capacidade de hierarquização de conceitos que os tornavam capazes de realizar a recuperação de informações de modo eficiente.

Seu conhecimento prévio, considerando as diferentes experiências desenvolvidas no decorrer da vida, foram suficientes para que pudessem estabelecer adequadamente as inferências necessárias para a localização dos textos a ser lidos. Esses pontos estão em acordo com as discussões estabelecidas por Rudell e Unrau (1994), Kleiman (1999) e Pereira (1998), que destacam a importância da presença do conhecimento prévio para o bom desempenho dos indivíduos na compreensão dos conteúdos lidos.

Falta de objetividade na localização dos textos, considerando a presença de textos e recursos variados

Quanto à possibilidade de que a presença de outros textos e recursos compostos de assuntos variados pudesse provocar a curiosidade dos participantes pela sua leitura, essa só foi percebida com relação ao hipertexto impresso, talvez pelo fato de que folhear as revistas para localizar o texto possibilitasse o contato com outros textos interessantes. A forma de apresentação da revista *Superinteressante*, repleta de infográficos e gravuras que acompanham os textos apresentados, serve como um atrativo, despertando a atenção para outras informações além daquela especificamente procurada.

Apesar de esses resultados terem sido analisados somente de forma qualitativa, parecem negar a hipótese inicial que afirmava serem os recursos oferecidos pelo hipertexto eletrônico capazes de provocar a dispersão dos participantes, causando falta de objetividade na localização das informações, uma vez que os estímulos ali apresentados são apontados como elementos atrativos aptos a chamar a atenção dos leitores. No hipertexto eletrônico, a busca foi mais objetiva sendo o acesso aos demais textos mais restrito. Esse suporte, dessa forma, pode ser considerado, mais uma vez, como ferramenta eficiente para a recuperação de informações de maneira objetiva e direta.

Preferência de leitura pelo texto principal x infográficos e textos complementares

Outro objetivo levantado nesta pesquisa, relacionado à forma como os participantes interagem com os diferentes suportes estudados, foi o de verificar se existe maior interesse quanto à leitura do texto principal ou dos nós ligados a ele. A expectativa inicial era a de que os participantes apresentassem maior interesse pela leitura dos infográficos, tendo em vista que estes são compostos de imagens, gravuras, sons e movimento, ao contrário do texto principal que, nos hipertextos eletrônicos é apresentado de forma sequencial, sem qualquer subdivisão.

O resultado final, obtido através de uma análise qualitativa, no entanto, causou surpresa, uma vez que somente 20% dos participantes leram, no hipertexto eletrônico, todas as informações contidas nos infográficos e textos complementares. Chama a atenção o interesse dos leitores pelo texto principal, em detrimento dos infográficos, com suas gravuras que complementavam as informações ali apresentadas. Foi observado, no entanto, interesse muito grande dos participantes pelo primeiro infográfico contido no hipertexto eletrônico que, apresentando o comportamento do tubarão branco durante a caçada, se utilizava de movimento para sua descrição. Esse infográfico foi observado por grande número de participantes, sendo bastante citado, nas demais atividades realizadas durante a pesquisa.

Nos hipertextos impressos e nos impressos tradicionais, pelo contrário, os participantes nem sequer questionavam a possibilidade de não ler as informações contidas nessas partes do texto, uma vez que eram apresentadas de forma sequencial junto ao texto principal.

A expectativa com relação ao suporte eletrônico era a de que, com base na premissa de que os textos eletrônicos são novidade podendo despertar a atenção dos leitores para os seus diferentes recursos, o aproveitamento das informações contidas nos infográficos e textos complementares fosse maior do que as daquelas presentes no texto principal.

A preferência pela leitura dos textos principais em detrimento da leitura das informações presentes nos infográficos e textos complementares refletiu-se nas tarefas realizadas na terceira etapa da pesquisa.

Nos mapas, atividade na qual os participantes demonstraram um bom desempenho, observou-se que o texto principal foi o local de onde os participantes retiraram maior número de informações, contrariando a hipótese de que os diferentes nós com suas informações complementares pudessem contribuir de forma efetiva para a retenção das ideias principais e detalhes dos textos.

Da mesma forma, nos questionários, foi possível perceber que as respostas que estavam contidas nos infográficos e textos complementares apresentaram menores percentuais de acertos, considerando, principalmente, as respostas efetuadas pelos leitores do hipertexto eletrônico. Esse fato está diretamente relacionado à ausência de leitura dessas partes dos textos.

Necessidade de reler partes dos textos ao final da leitura

Ainda com relação à forma como os participantes interagiam com a leitura dos diferentes textos e suportes, procurou-se verificar se havia interesse em reler parte dos textos quando do término da leitura, a fim de lembrar pontos específicos que poderiam auxiliar nas atividades a ser realizadas. Pôde-se perceber que a maioria dos participantes leu o texto apenas uma vez, conforme dados presentes na Tabela 5. Entre os que retornaram ao texto, observou-se percentual maior relativo àqueles que leram no impresso tradicional e no hipertexto eletrônico.

Os leitores dos impressos tradicionais, provavelmente, retornaram ao texto considerando a ausência de recursos gráficos que pudessem auxiliar na compreensão e retenção dos conteúdos lidos.

Com relação aos hipertextos eletrônicos, constatou-se que o desinteresse pela leitura dos dados presentes nos infográficos e textos complementares, acompanhados de gravuras, imagens e movimento, como se esses não fossem importantes para a compreensão dos conteúdos lidos, foi decisivo para a necessidade de rever o texto, provocada, certamente, pela ausência desses elementos.

Navegação nos hipertextos eletrônicos

Os hipertextos eletrônicos estudados nesta pesquisa apresentam um padrão de navegação tal como definido por Horney (1993), no formato de uma estrela (*Star*), ou seja, a leitura tem início no texto principal, tendo o leitor acesso aos diferentes nós que o conduzem de volta ao texto principal, sem que haja qualquer conexão entre eles.

Na leitura desse tipo de texto, foi observado, com relação ao comportamento dos participantes, que houve uma rigorosa linearidade na sua utilização, uma vez que os leitores iniciavam a leitura pelo texto principal, acionando os elos à medida que esses surgiam dentro do texto, retornando após a sua leitura (ou não), para o texto principal. Esse comportamento foi repetido por todos os participantes, sem exceção.

Dessa forma, os hipertextos eletrônicos foram transformados em textos sequenciais, contrariando a afirmativa de que permitem maior liberdade aos seus leitores que decidem qual caminho seguir durante a sua leitura. Esses resultados estão em conformidade com Espéret (1996), que afirma que tanto o texto impresso como o hipertexto eletrônico apresentam disposição linear das unidades de linguagem, bem como comprovam os pontos discutidos por Rouet e Levonen (1996) quando afirmam que, muitas vezes, os computadores restringem as estratégias de leitura, uma vez que os elos são as únicas possibilidades de navegar no hipertexto eletrônico.

Esses documentos, quando do seu surgimento, foram considerados como textos capazes de revolucionar a forma como se lê e, consequentemente, de como são retidas as informações apresentadas, sendo, assim, muito superiores aos textos impressos. No entanto, com o avanço das pesquisas, foi-se percebendo que essa crença não era verdadeira, tendo-se iniciado os estudos, a fim de verificar qual era a sua real influência sobre a leitura e o aprendizado.

Vários autores, entre eles Foltz (1996), McKnight; Dillon; Richardson (*apud* ROUET; LEVONEN, 1996), Rouet e Levonen (1996) e Dee-Lucas (1996), apontaram as dificuldades introduzidas pela utilização dos hipertextos eletrônicos, desmistificando a crença de que esses documentos seriam a solução para todos os problemas das comunicações. Provavelmente, com o avanço das tecnologias, seus recursos possam ser melhor aproveitados, levando-os a se tornarem ferramentas efetivamente eficientes, não só para a recuperação de informações, mas, também, para o processo de ensino-aprendizagem, estando aí incluídas as atividades de leitura tanto de lazer como para adquirir maior conhecimento.

Considerando os aspectos linguísticos ligados ao conhecimento prévio, observou-se, com base na análise dos textos estudados, que, nem sempre, houve coerência entre o termos determinados como elos e os conteúdos presentes nos seus respectivos nós. Tal como ressaltado no referencial teórico, a coerência entre os elos e os nós é fator predominante para que o leitor estabeleça uma relação entre o que está sendo lido e as informações complementares a ser apresentadas. Da mesma forma, ressalta-se a importância dessa coerência como ferramenta auxiliar de navegação, permitindo que o leitor não se perca nas constantes idas e vindas do texto principal para seus nós e vice-versa.

Os elos e as ligações são apresentados como elementos inovadores, que caracterizam os hipertextos eletrônicos, transformando-os em uma novidade em termos de apresentação textual (VILAN FILHO, 1994). Surge daí a importância de que sejam construídos de forma a auxiliar os leitores na localização das informações complementares que poderão contribuir para melhor compreensão dos conteúdos lidos.

No Texto 1, os elos apresentam coerência com os conteúdos presentes nos respectivos nós, permitindo ao leitor saber o que vai encontrar quando acioná-los. Como exemplo, pode ser citado o elo estabelecido a partir dos termos *a parafernália de sentidos* que conduz a um nó denominado *O império dos sentidos*, que apresenta diferentes características físicas do tubarão branco, principalmente relacionadas aos seus órgãos sensoriais. Da mesma forma, no Texto 2, essa coerência está presente, auxiliando o leitor na compreensão dos nós que estão por ser lidos.

Com relação ao Texto 3, no entanto, podem ser observados alguns problemas no estabelecimento dos elos e sua relação com seus respectivos nós. Esse texto é o que apresenta maior número de nós, num total de seis, sendo dois infográficos e quatro textos complementares. O primeiro nó conduz a um infográfico, sendo usada como elo a expressão *célula especializada*. O infográfico intitulado *O que eu vou ser quando crescer* introduz explicações sobre a multiplicação celular. A partir do termo indicado como elo fica difícil identificar o que será apresentado a seguir, sendo necessário acioná-lo para, então, compreender o seu conteúdo.

Outro elo bastante incoerente encontrado nesse texto é o marcado pela expressão mãe de Dolly, presente no seguinte trecho do texto:

> É por isso que as células se especializam durante a gestação. Umas virarão olho, outras fígado, etc. Mas, mesmo especializadas, estas células têm os mesmos genes. Logo, o que Wilmut precisava fazer, era apagar as instruções inscritas nos genes das células tiradas da ovelha adulta, a que seria a mãe de Dolly. Essa célula só sabia ser mama, mas o escocês deu a ela a ordem de ser embrião.

Acionando este elo o leitor é conduzido a um texto complementar intitulado "Fabricados 277 embriões só um vingou", que trata das várias tentativas realizadas por Wilmut para clonar a ovelha. Percebe-se que não há ligação entre o que está sendo apresentado no texto principal e as informações complementares encontradas no nó. Esses fatores podem contribuir para que o leitor encontre dificuldades na leitura dos textos, prejudicando a sua compreensão dos conteúdos lidos.

Outro ponto que precisa ser ressaltado está ligado ao fato de que os hipertextos eletrônicos estudados nesta pesquisa não foram adaptados ao novo formato, possuindo informações que não fazem sentido nessa forma de apresentação. Como exemplo, pode ser citado o fato de que se encontram nos textos eletrônicos comandos impossíveis de serem seguidos, tais como: *virar a página* (comando impossível de ser realizado nesse tipo de suporte); *verificar o infográfico da direita* ou *observar o infográfico abaixo* (sendo que todos os infográficos nesse suporte são apresentados à esquerda do texto principal); entre outros.

Os diferentes pontos discutidos acima levam, mais uma vez, a considerar que o desenvolvimento dos recursos oferecidos pelas tecnologias de informação, se forem melhor desenvolvidos e adaptados às reais necessidades de seus usuários, poderão contribuir para um mais completo aproveitamento das informações por eles veiculadas.

Considerações finais

Os resultados das análises efetuadas demonstraram não haver diferença entre o desempenho dos participantes na localização e na retenção de informações independente dos suportes nos quais elas sejam apresentadas. O desempenho dos participantes foi semelhante tanto no que diz respeito ao uso dos hipertextos eletrônicos, como dos hipertextos impressos e dos impressos tradicionais nas várias atividades consideradas.

No que se refere à localização das informações, foi possível observar que os hipertextos eletrônicos, graças aos recursos de recuperação apresentados, oferecem condições adequadas para o acesso às informações, permitindo que essas sejam identificadas de forma rápida e direta. Os participantes desta pesquisa, na sua maioria usuários frequentes dos equipamentos eletrônicos, demonstraram capacidade de recuperação das informações e objetividade na escolha dos textos a ser lidos. Vale a pena destacar que mesmo aqueles poucos que não tinham familiaridade com o uso dos equipamentos eletrônicos foram capazes, a partir das instruções iniciais, de localizar com precisão às informações solicitadas.

Com relação ao uso dos hipertextos eletrônicos, é importante destacar que a sua organização parece repetir o mesmo fenômeno ocorrido quando da utilização inicial dos tipos móveis, em que se mantinham os padrões estabelecidos para os manuscritos, na organização e na apresentação dos documentos impressos. O documento eletrônico repete a mesma estrutura do documento impresso, cujas características vêm sendo mantidas inalteradas há muitos anos. Observa-se que, apesar da utilização dos recursos possibilitados pela máquina, como a introdução de sons, imagens em movimento, entre outras, esses documentos continuam mantendo a mesma forma de apresentação de seus similares impressos.

No caso específico do *software* utilizado neste trabalho, foi possível observar que foi mantida a mesma estrutura de apresentação e organização das informações presentes no texto impresso da revista, sem que houvesse o cuidado de, pelo menos, retirar as instruções que seriam irrelevantes nesse novo formato. Como exemplo pode ser citada a frase: *ao virar a página você vai encontrar...*, totalmente impossível de ser efetuada em um documento eletrônico.

É necessário, então, que haja pesquisas sobre os recursos e as possibilidades oferecidos pelas novas tecnologias da informação para que possam ser construídos documentos com estruturas que acompanhem a velocidade e o acúmulo das informações produzidas nos dias atuais. Não basta aos novos documentos possuírem grande número de informações, se não permitirem aos usuários relacioná-los, contribuindo para a construção de novos textos capazes de auxiliarem no desenvolvimento do conhecimento como um todo.

Outro ponto a ser destacado refere-se à escolha adequada dos elos a ser utilizados nos documentos eletrônicos, considerando sua quantidade e qualidade. Estes serão, certamente, os elementos que os tornarão ferramentas viáveis para a recuperação de informações dos mais variados tipos. A presença de ligações que permitam o estabelecimento de relações conceituais e temporais relevantes entre os diferentes textos permitirá a consolidação do hipertexto eletrônico como ferramenta eficiente para a divulgação de informações significativas a seus usuários.

Os computadores, repletos de hipertextos ricos em diferentes informações, apresentam-se como ferramentas extremamente úteis para a recuperação e o armazenamento de informações, sendo necessário, no entanto, que continuem a ser feitos esforços, no sentido de que se conheçam, cada vez mais, suas características e potencialidades, com o objetivo de aprimorar-lhes sua apresentação e utilização.

Referências

ABAITUA, Joseba. *Texto e hipertexto*. Deusto: Facultad de Filosofia y Letras, Programa de doctorado en Lengua y Literatura, 1996/97; 1998/99. Disponível em: <http://orion.deusto.es/~abaitua/konzeptu/hipertxt.htm#defis>. Acesso em: 4 maio 1999.

BARAB, Sasha A.; YOUNG, Michael F.; WANG, Jianjuan. The effects of navigational and generative activities in hypertext learning on problem solving and comprehension (1). *International Journal of Instructional Media*, v. 26, n. 3, p. 283-303, Summer 1999.

DEE-LUCAS, Diana. Effects of overview structure on study strategies and text representations for instructional hypertext. *In*: ROUET, Jean-François, *et al. Hypertext and cognition*. Mahwah, N.J: Lawrence Erlbaum, 1996. p. 72-107.

DILLON, Andrew. Myths, misconceptions, and an alternative perspective on information usage and the electronic medium. *In*: ROUET, Jean-François *et al. Hypertext and cognition*. Mahwah, N.J: Lawrence Erlbaum, 1996. p. 25-42.

ESPÉRET, Eric Notes on hypertext, cognition, and language. In: ROUET, Jean-François, *et al. Hypertext and cognition*. Mahwah, N.J: Lawrence Erlbaum, 1996. p. 149-155.

FOLTZ, Peter W. "Comprehension, coherence, and strategies in hypertext and linear text". In: ROUET, Jean-François, *et al. Hypertext and cognition*. Mahwah, N.J.: Lawrence Erlbaum, 1996. p. 109-136.

HOCKETT, Charles. F. The origin of speech. *Scientific American*, New York, sept. 1996.

HORNEY, Mark A. Case studies of navigational patterns in constructive hypertext. *Computers Educational*, v. 20, n. 3, p. 257-270, 1993.

KLEIMAN, Angela. *Texto & leitor*: aspectos cognitivos da leitura. 6. ed. São Paulo: Pontes, 1999. 82 p.

LÉVY, Pierre. *As tecnologias da inteligência*: o futuro do pensamento na era da informática. São Paulo: Ed. 34, 1993.

MCDONALD, Sharon; STEVENSON, Rosemary J. Effects of text structure and prior knowledge of the learner on navigation in hypertext. *Human Factors*, v. 40, n. 1, p. 18, Mar. 1998.

MCKNIGHT, Cliff; DILLON, Andrew; RICHARDSON, John. *Hipertext in context*. Cambridge: Cambridge University Press, 1993.

PEREIRA, Magda Chagas. Algumas considerações sobre a leitura do hipertexto. *Revista ACB*, Florianópolis, v. 3, n. 3, p. 31-46, 1998.

ROUET, Jean-François; LEVONEN, Jarmo J. Studying and learning with hypertext: empirical studies and their implications. In: ROUET, Jean-François, *et al*. *Hypertext and cognition*. Mahwah, N. J.: Lawrence Erlbaum, 1996. p. 9-23.

ROUET, Jean-François, et al. *Hypertext and cognition*. Mahwah, N. J.: Lawrence Erlbaum, 1996. 175 p.

RUDELL, Robert B.; UNRAU, Norman J. Reading as a meaning-construction process: the reader, the text, and the teacher. In: SINGER, H.; RUDELL, R. B. *Theoretical models and processes of reading*. 3. ed. Newark: IRA, 1994. p. 996-1056.

SCLIAR-CABRAL, Leonor. Letramento e as perspectivas para o próximo milênio. In: GRIMM CABRAL, L.; GORSKI, E. (Orgs.). *Lingüística e ensino*: reflexões para a prática pedagógica da língua materna. Florianópolis: Insular, 1998. p 17-30.

VILAN FILHO, Jayme Leiro. Hipertexto: visão geral de uma nova tecnologia de informação. *Ciência da Informação*, Brasília, v. 23, n. 3, p. 295-308, set./dez. 1994.

Aplicação do modelo de predicação sintático-semântica na construção de linguagens documentárias facetadas

Lígia Café

No contexto moderno das bibliotecas digitais e virtuais, a interoperabilidade entre os diversos repositórios de documentos é a palavra-chave para alcançar a qualidade na transferência da informação. Trata-se não apenas da adoção de padrões e métodos tecnológicos, mas igualmente da aplicação da interoperabilidade semântica. Esta última depende de escolhas entre diferentes abordagens teóricas e metodológicas voltadas à organização do conhecimento para representação da informação. No nosso entender, essas questões influenciam diretamente nos níveis de precisão e revocação atingidos no processo de recuperação da informação e no intercâmbio entre diferentes canais de informação.

A interoperabilidade semântica é alcançada pelo uso de instrumentos documentários que auxiliam na descrição do conteúdo e da demanda informacional dos usuários. Em se tratando de ambientes de línguas de especialidade científicas e tecnológicas, as teorias da Terminologia têm contribuído consideravelmente nas reflexões sobre a organização do conhecimento para fins de elaboração de ferramentas de apoio à representação da informação. Parte dessas contribuições foca principalmente a Teoria Geral da Terminologia, desenvolvida pelo engenheiro austríaco Eugen Wüster (1898-1977), que, embora sendo o fundador e tendo o mérito de ter estabelecido de forma pioneira os princípios e métodos do trabalho terminológico, fundamenta sua teoria em uma linha prescritiva, voltada essencialmente para a normalização internacional de termos. Consequentemente, reflete uma visão normatizadora, que, por não admitir variações tanto no nível da significação como no nível lexical, prescinde de modelos de análise sobre esses fenômenos tão presentes nos contextos discursivo e pragmático dos especialistas das mais diversas áreas do conhecimento.

Com a influência de estudos de natureza linguística e comunicacional, a Terminologia começa, no final do século XX, a ser modelada de maneira diferente. Nascem diversas pesquisas sob a ótica funcionalista que indicam a presença inevitável da variação linguística no seio da comunicação científica e técnica. Tais estudos são de extrema importância para a análise temática, incluindo seus processos, produtos e instrumentos de organização do conhecimento aplicados à representação da informação. O especialista na descrição do conteúdo deve conhecer tanto o nível de comunicação mais rígido, portanto menos variável, como aquele que se processa entre profissionais menos especializados ou leigos, no qual a significação é mais maleável, e assim mais propícia à variação. Pode-se dizer que a variação ocorre em dois planos: o horizontal e o vertical. No primeiro, ela surge dentro de uma mesma classe profissional ou não profissional. No segundo, ela ocorre nos canais de comunicação entre classes.

Sob a luz do funcionamento da comunicação especializada, surge a Teoria da Socioterminologia, que, partindo de um ponto de vista descritivo, postula o tratamento das terminologias no seio da análise das línguas, e não dentro de uma visão formal em que os termos são rótulos invariáveis utilizados por um grupo restrito de especialistas. Seu fundador é François Gaudin, que registra a Teoria da Socioterminologia em sua tese "Pour une socioterminologie – des problèmes sémantiques aux pratiques institutionnelles" (GAUDIN, 1993). Grande parte dos trabalhos sobre variação está fundamentada nessa Teoria, ou seja, em uma perspectiva de análise terminológica que privilegia o funcionamento da língua em seu uso social. Nessa linha de pensamento, estão as pesquisas levadas pelo Centro Lexterm da Universidade de Brasília, orientadas por Enilde Faulstich, que, valendo-se de uma visão funcionalista, comprovam uma tipologia de variantes existentes nas línguas de especialidades (FAULSTICH, 1995). Cabe ainda ressaltar a Teoria Comunicativa da Terminologia (TCT), criada por Maria Teresa Cabré, do Instituto de Linguística Aplicada da Universidade Pompeu Fabra, em Barcelona. A TCT parte de fundamentos epistemológicos voltados aos aspectos comunicativos das línguas naturais. Desta forma, ela encara os componentes lexicais das línguas de especialidade como unidades terminológicas que adquirem o estatuto de termo no momento em que se realizam em determinado contexto. Assim, ela privilegia a análise da estrutura e do funcionamento dos termos e, evidentemente, considerando a dimensão variacionista. Cabré, apesar de sua formação linguística, advoga a favor da adoção da TCT pelos desenvolvedores de sistemas e instrumentos de recuperação da informação. Ela defende a adoção de uma terminologia mais variada e flexível principalmente no que diz respeito aos mecanismos de acesso à informação (CABRÉ, 1999).

Observa-se ainda que a Terminologia vem sendo um campo de aplicações de teorias linguísticas não necessariamente criadas na sua origem para os estudos dos fenômenos terminológicos. Esse é o caso de pesquisas sobre línguas de especialidade baseadas nos fundamentos teóricos da Linguística Funcional. Nesse contexto, destacamos a Teoria da Gramática Funcional de Simon Dik (1978, 1980, 1981, 1983, 1987 e 1989). Esta, apesar de escrita para a análise da língua geral, descreve princípios e métodos eficazes a uma leitura coerente de segmentos originários de línguas de especialidade. Dentro de uma perspectiva funcional, essa Gramática observa a língua como instrumento de interação social cuja função de comunicação é ressaltada. Nesse sentido, a língua é um conjunto de frases cuja principal função é a expressão do pensamento e a organização da informação. Na reflexão da gramática da língua, a semântica e a sintaxe são analisadas tomando como pano de fundo a pragmática. As regras relativas à construção das expressões linguísticas, sejam elas semânticas, sintáticas, sejam elas morfológicas, fonológicas, são consideradas instrumentos que viabilizam a utilização (dimensão pragmática) da língua. No âmbito metodológico, a Gramática Funcional propõe um modelo para análise da predicação. A predicação é definida como o processo de atribuição de predicados na expressão linguística. Os predicados são formados de argumentos e satélites. Esse modelo interpreta, portanto, o segmento linguístico, observando o comportamento de argumentos e satélites que compõem a estrutura predicativa e produz como resultado regras de formação que auxiliam na sistematização da análise.

O presente trabalho objetiva apresentar uma aplicação desse modelo na construção de linguagens documentárias, especialmente tesauros facetados.

Linguística funcional

A literatura que trata das origens da Linguística Funcional ressalta com bastante frequência a ideia inovadora da linguística saussuriana sobre o papel da língua como instrumento de comunicação. Apesar de não podermos considerar Saussure como um funcionalista, alguns representantes da Escola Funcionalista retomaram esse princípio e "[...] consideram o estudo de um língua como a pesquisa das funções exercidas pelos elementos, classes e mecanismos que nela intervem" (DUCROT; TODOROV, 1972, p. 42, tradução nossa).[1]

Outros autores chegam a encarar a Linguística Funcional como um ramo do estruturalismo. Daneš (1987, p. 3) caracteriza a abordagem da Escola de Praga como um estruturalismo funcional. Ele utiliza frequentemente o princípio da funcionalidade para distinguir o estruturalismo de Praga das outras correntes estruturalistas.

Arista (1999, p. 14-15) apresenta três critérios principais para identificar teorias funcionais da linguagem. O primeiro diz respeito à orientação geral do modelo, ou seja, se a teoria atende ao objetivo primordial da linguagem que é a interação social por meio da comunicação. O segundo refere-se à atenção especial dada às funções sintáticas, semânticas e pragmáticas e, principalmente, à relação entre elas. E, finalmente, o terceiro, que trata da "separação que os modelos estabelecem entre o léxico e a gramática" (tradução nossa).[2]

A criação em 1926 da Escola de Praga representa importante marco histórico para a constituição da Linguística Funcional europeia (LYONS, 1981, p. 224). O conceito de função é apontado por diversos autores como a base teórica e metodológica

---

[1] "[...] considèrent l'étude d'une langue comme la recherche des fonctions jouées par les éléments, les classes et les mécanismes qui interviennent en elle".

[2] "separación que los modelos estabelecen entre el léxico y la gramática".

do pensamento dessa Escola. Ao longo da evolução do conhecimento funcional sobre a língua, esse conceito tem sido concebido com acepções diferenciadas, à medida que foi sendo retrabalhado por correntes afins. Mesmo, porém, que existam atualmente diversas abordagens sobre a concepção funcionalista da língua, podemos dizer que elas têm em comum a verificação, a descrição e a análise das múltiplas maneiras de proceder da língua para atingir o objetivo principal de comunicação.

Como precisado por Dirven e Fried (1987, p. ix, tradução nossa),

> [...] mesmo que o conceito de funcionalismo em Lingüística esteja explicitamente ligado (ou re-ligado) com a Escola de Lingüística de Praga, deve ser também reconhecido que ele influenciou várias outras abordagens lingüísticas no Oriente e Ocidente e que o funcionalismo também iniciou vida própria, completamente independente da Escola de Praga.[3]

Do ponto de vista metodológico, o pesquisador funcionalista recupera um item lexical considerando seu uso e, consequentemente, o contexto em que a unidade está inserida. O funcionalista busca o referente e a motivação funcional das estruturas linguísticas no discurso.

Ressaltamos igualmente que o pensamento funcionalista tem influenciado diversas áreas da Linguística, especialmente aquelas voltadas à elaboração de uma teoria da gramática das línguas. Nesse sentido, a literatura aponta, no âmbito europeu, para dois modelos importantes: a Gramática Funcional Sistêmica de Halliday (DAVIDSE, 1987, p. 39-79) e a Gramática Funcional de Simon Dik (1978; 1980; 1983; 1987; 1989). Os dois autores se enquadram no chamado funcionalismo moderado.

Halliday, um representante da Escola de Londres, evidencia, com base na análise da gramática, a utilização da língua, privilegiando o receptor, o emissor e a variação linguística (CASTILHO, 1994, p. 76). Halliday (1985, p. xxviii *apud* ARISTA, 1999, p. 27) nomeia as gramáticas funcionais como gramáticas paradigmáticas que interpretam a língua como uma rede de relações, ressaltando as variáveis existentes entre diferentes línguas e tomando como base de análise a semântica.

Simon Dik, um representante do grupo da Holanda, enfatiza o caráter funcional e dinâmico da língua. Sua teoria foi apresentada pela primeira vez no livro intitulado *Functional Grammar*, publicado em 1978. Essa obra provocou o surgimento de várias outras pesquisas na área. Hoekstra *et al.* (1981, p. 3) mencionam que

> desde sua apresentação em 1978, a Gramática Funcional encontrou várias reações positivas, o que pôde ser observado pelas várias referências na

---

[3] "[...] *although the concept of functionalism in linguistics is explicity linked (or re-linked) with the Prague School of Linguistics, it should also be realized that it has influenced various others 'functional' approaches in linguistics in East and West and that functionalism has also started a life of its own, quite independently of the Prague School* [...]".

literatura, assim como pelo número crescente de lingüistas trabalhando com este modelo (tradução nossa).⁴

As novas reflexões sobre a Gramática de Dik levaram o autor a lançar em 1989 a obra *The Theory of Functional Grammar*, com vistas a sistematizar as contribuições recebidas. O autor (DIK, 1989, p. xiv) salienta que essa nova versão traz

> [...] a questão de como as expressões lingüísticas das línguas naturais de qualquer tipo podem ser descritas e explicadas de uma forma tipológica, pragmática e psicológica adequada (tradução nossa).⁵

Segundo Arista (1999, p. 37), uma das grandes contribuições da Gramática Funcional de Dik encontra-se na versão de 1989/1997. Essa desenvolve a teoria dos termos que oferece o

> [...] formalismo adequado para dar conta da complexidade da frase nominal: os determinantes se incorporam como operadores do termo nuclear e os modificadores aparecem representados como restritores do dito termo nuclear (tradução nossa).⁶

A adequação da Gramática Funcional de Simon Dik aos estudos terminológicos

A Teoria de Dik vem contribuir para os estudos terminológicos no que se refere à aplicação do princípio da funcionalidade dos termos de uma área do conhecimento. Como já dissemos, a Gramática Funcional observa a língua de uma perspectiva funcional, ou seja, a língua é vista como um instrumento de interação social cuja função é comunicar. Segundo Dik (1986a, 1986b *apud* ARISTA, 1999, p. 36), inserida na função comunicativa, encontra-se a natureza ideológica da explicação funcional. Ao estabelecer um paralelo entre as funções da língua geral e da linguagem de especialidade, Cabré (1998, p. 138) salienta que "[...] a função principal das línguas de especialidade é informar e trocar de informação objetiva sobre um assunto especializado" (tradução nossa).⁷ A funcionalidade das linguagens de especialidade

---

⁴ *"Since its presentation in 1978, FG 4 has met with many positive reactions as will be clear from the numerous references in the literature as well as from the increasing number of linguists working within this framework".*

⁵ *"[...] the question of how the linguistic expressions of natural languages of any type can be described and explained in a way that is typologically, pragmatically, and psychologically adequate".*

⁶ *"[...] formalismo adecuado para dar cuenta de la complejidad de la frase nominal : los determinantes se incorporan como operadores del término nuclear y los modificadores aparecen representados como restrictores de dicho término nuclear".*

⁷ *"[...] la fonction principale des langues de spécialité est d'informer et d'échanger de l'information objective sur un sujet spécialisé".*

está estreitamente ligada, portanto, às peculiaridades da comunicação inter-humana, tanto no meio estritamente especializado quanto no vulgarizado.

Além do princípio da funcionalidade, outros três tipos de adequação mencionados por Dik para a descrição das expressões linguísticas podem ser aplicados a uma análise terminológica.

A adequação tipológica diz respeito à capacidade de uma teoria produzir gramáticas para todo tipo de língua, levando em consideração, de maneira sistemática, as similaridades e diferenças de cada língua. Essa característica da Teoria de Dik torna possível a sua adaptação ao estudo de expressões provenientes de linguagens de especialidade.

A adequação pragmática refere-se à necessidade de se estudar o objeto linguístico não de forma isolada, mas sempre interpretado como um instrumento utilizado pelo emissor cuja finalidade é produzir uma reação deliberada no receptor. A visão pragmática da Teoria leva então em consideração a análise das estruturas linguísticas em contexto. Essas estruturas são cercadas de outras expressões e seguem parâmetros essenciais regulados segundo a situação do discurso. A adequação pragmática é de grande relevância para os estudos voltados à dimensão comunicativa da terminologia de uma linguagem de especialidade. O modelo de comunicação adotado por Sager para estudos terminológicos, por exemplo, aplica conceitos pragmáticos semelhantes à proposta de Dik. Sager (1990, p. 99-100) considera que

> em um modelo de comunicação especialista, assumimos a existência de pelo menos dois especialistas na mesma disciplina, envolvidos em uma situação particular onde o remetente [...] é motivado a transmitir uma mensagem lingüística que se refere a um tópico de sua escolha e que ele espera um recipiente [...] para receber (tradução nossa).[8]

A intenção do emissor é provocar uma reação capaz ou não de mudar o estado de conhecimento do receptor.

Finalmente, a adequação psicológica consiste na análise das expressões linguísticas como produtos emitidos por seres humanos que têm propriedades psicológicas particulares. Segundo Dik, uma gramática deve descrever o mais precisamente possível os modelos psicológicos da competência e dos comportamentos linguísticos. A perspectiva psicológica é bastante evidente nos estudos voltados à criação terminológica. Nesse contexto, Sager (1990, p. 80) aponta que

---

[8] *"In a model of specialist communication we assume the existence of at least two specialists in the same discipline, who are jointly involved in a particular situation where the sender [...] is motivated to transmit a linguistic message which concerns the topic of his choice and which he expects a recipient [...] to receive".*

Atualmente, é reconhecido que a formação do termo é e pode ser influenciada pela área onde ocorre, pela natureza das pessoas envolvidas e pela origem do estímulo para a formação do termo (tradução nossa).[9]

Em um contexto de ordem metodológica, a Gramática Funcional propõe a construção de predicados abstratos fundamentados em estruturas presentes no léxico de uma língua. Isso é o que Dik chama de método da predicação para a descrição linguística. Ressaltando esse aspecto, Neves (1994, p. 120) explica que, no modelo proposto por Dik, todos os elementos de uma língua devem ser analisados por meio da predicação. Essas predicações encontram-se na construção de estruturas que especificam as propriedades funcionais e categoriais de cada constituinte de uma expressão linguística. No entanto, como salientado por Dik (1978, p. 13), mesmo que as propriedades categoriais e funcionais sejam capitais para a descrição, a Gramática Funcional privilegia as propriedades características das relações funcionais entre os elementos da expressão linguística analisada. Dik (1989, p. 24) acrescenta que as funções são tão importantes quanto as categorias e que nem sempre elas têm uma relação "uma para uma" entre elas. Segundo o autor, "Uma mesma categoria pode ocorrer em diferentes funções, e uma mesma função pode ser aplicada em constituintes com diferentes propriedades categoriais" (tradução nossa).[10]

Para a análise de unidades terminológicas complexas (UTC), esse modelo de predicação é adequado, uma vez que os termos utilizados nas linguagens de especialidade carregam consigo não só aspectos funcionais e categoriais de cada item lexical, mas também expressam a relação entre seus componentes com a finalidade de comunicar as ideias do especialista.

Para melhor ilustrar essa afirmação, apresentamos um exemplo escolhido da terminologia da área de Biotecnologia de Plantas que ressalta a adaptação da função semântica do termo *bactéria* para expressar o conceito do termo *bactéria fixadora de nitrogênio*. O termo simples *bactéria* é definido como "um parasita vegetal unicelular que constitui a classe dos esquizomicetos, cujos tipos morfológicos fundamentais são os cocos, bacilos e espirilos".[11] No sentido dessa definição, bactéria exerce a função semântica de *entidade*. Quando o termo é empregado na UTC *bactéria fixadora de nitrogênio*, a base *bactéria* adquire novas características que exprimem funções semânticas que ela não possuía na forma

---

[9] "It is now realized that term formation is and can be influenced according to the subject area in which it occurs, the nature of the people involved and the origin of the stimulus for term formation".

[10] "The same category may occur in different functions, and the same function may apply to constituents with different categorial properties".

[11] FERREIRA, Aurélio Buarque de Holanda. *Novo dicionário da língua portuguesa*. 2. ed.. Rio de Janeiro: Nova Fronteira, 1988.

de um item lexical simples. O item *bactéria* no segmento *bactéria fixadora de nitrogênio* exercerá a função de *agente que fixa nitrogênio*. Para exprimir esse novo papel temático de *bactéria*, o especialista utilizou o recurso da denominação sintagmática expandindo a UTC à direita quantas vezes foram necessárias para representar o conceito desejado.

É nessa perspectiva da descrição dos fenômenos linguísticos reais que gravitam em torno de uma dada terminologia que propomos o modelo da predicação como forma de descrição de UTC e determinação do princípio de divisão em linguagens documentárias facetadas.

O modelo da predicação de Dik aplicado à interpretação de UTC

Originariamente concebido para tratar de estruturas internas das frases da língua geral, o modelo da predicação criado pela Gramática Funcional foi adaptado por Café (1999, 2000, 2000a, 2003, 2003a) aos propósitos das UTCs.

A adaptação realizada leva em consideração não somente a natureza das linguagens de especialidade, mas também a perspectiva de análise escolhida para interpretação do *corpus* pesquisado. O ponto de partida foram as relações internas estabelecidas na formação das UTC. Não foram objetos de análise, portanto, as relações da UTC com o seu contexto oracional.

Os exemplos apresentados neste artigo foram retirados de um *corpus* formado por UTC de base nominal da área de Biotecnologia de Plantas em língua portuguesa (variante brasileira), coletadas em textos científicos.

Mostraremos, a seguir, uma comparação entre o que foi originalmente definido por Dik e as adaptações implementadas no modelo.

O modelo de predicação proposto por Dik é composto de predicados e termos. Os predicados são expressões que designam propriedades (por exemplo, as categorias gramaticais) ou relações entre as entidades (por exemplo, as funções semânticas) (DIK, 1983, p. 10). A predicação é uma aplicação dos predicados a um número de termos. Esses termos podem ser de bases ou termos derivados (DIK, 1981, p. 4-6). O conjunto de predicados de base é composto por todas as estruturas predicativas de uma língua, enquanto os predicados derivados são uma aplicação das estruturas ao léxico de uma língua. Dik (1989, p. 54) tece as seguintes considerações sobre o que ele entende por predicado:

a. todos os elementos lexicais de uma língua são passíveis de análise como predicados;

b. podem existir diferentes tipos de predicado (verbais, adjetivais ou nominais);

c. todos os predicados são semanticamente interpretados como designadores de propriedades ou relações;

d. os predicados são analisados por estruturas que especificam suas propriedades semânticas e sintáticas.

O modelo torna-se uma predicação quando os termos são aplicados à estrutura predicativa (DIK, 1981, p. 7). Dik apresenta essa estrutura da seguinte forma:

Figura 1 – Estrutura geral da predicação

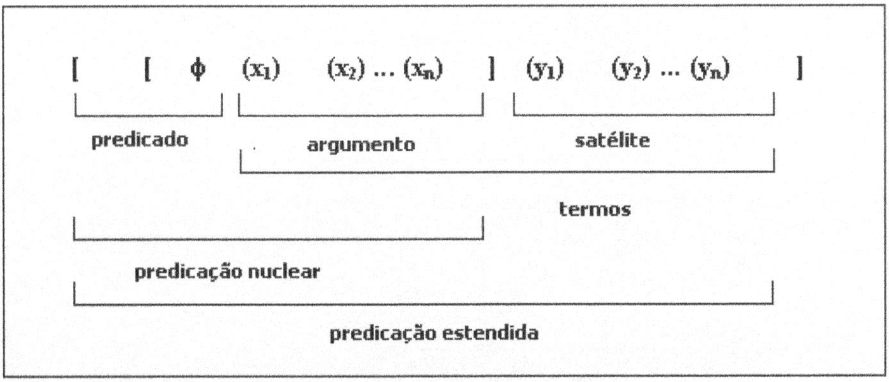

$$[\ \ [\ \ \phi\ \ (x_1)\ \ (x_2)\ ...\ (x_n)\ \ ]\ \ (y_1)\ \ (y_2)\ ...\ (y_n)\ \ ]$$

predicado — argumento — satélite — termos — predicação nuclear — predicação estendida

Cada etiqueta do modelo significa:

predicado: É considerado o centro da expressão linguística. Com base neste elemento, podemos descrever as predicações nucleares e estendidas. A predicação comporta toda a informação necessária para a descrição da predicação.

argumento: É um elemento exigido pela semântica da predicação. Fundamental para a construção da predicação nuclear, mantém uma relação direta com o predicado e ocupa posição importante na predicação.

satélite: Tem função periférica na expressão linguística. Complementa a informação sobre o estado de coisas[12] da predicação nuclear e mantém relação com essa predicação como um todo.

termo: Pode ocupar posição de argumento ou de satélite e se refere a uma entidade da realidade.

predicação nuclear: É a aplicação de um predicado a um número de termos que funciona como argumento desse predicado. É formada pelo predicado e por seus argumentos.

predicação estendida: É formada pela predicação nuclear e pelos satélites.

---

[12] Segundo Dik (1989, p. 89), o estado de coisas "*is here used in the wide sense of 'conception of something which can be in some world'*".

Do lado das linguagens de especialidade, as UTC são definidas como unidades formadas por uma base e argumentos, ou por uma predicação nuclear e seus satélites. São esses dois grupos de elementos que constituem a estrutura geral da predicação em terminologia. Assim, seguindo a abordagem da Gramática Funcional, formulamos o seguinte modelo de predicação:

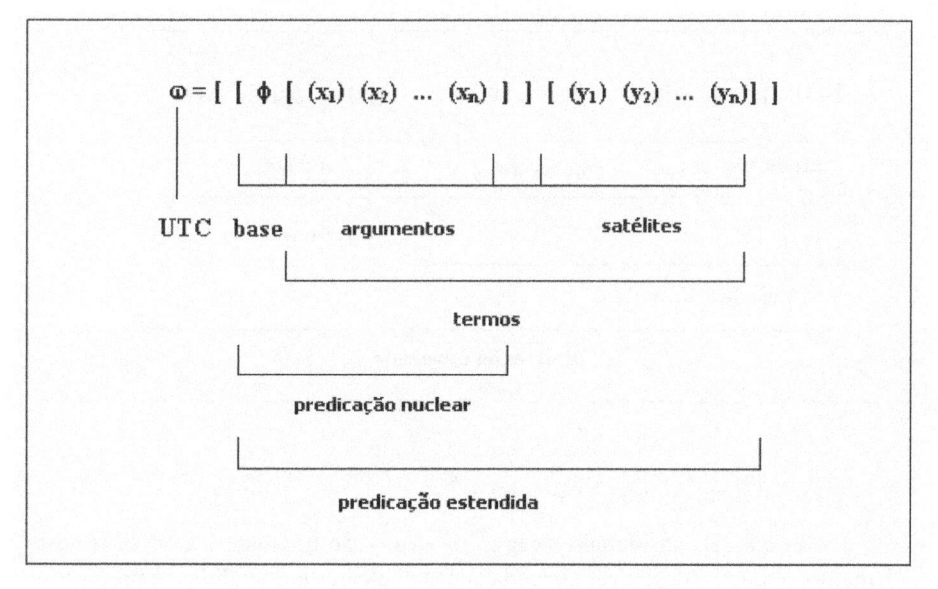

Figura 2 — Modelo de predicação de UTC

$$\omega = [\ [\ \phi\ [\ (x_1)\ (x_2)\ \ldots\ (x_n)\ ]\ ]\ [\ (y_1)\ (y_2)\ \ldots\ (y_n)]\ ]$$

UTC base argumentos satélites

termos

predicação nuclear

predicação estendida

Em que:
ω = UTC
ϕ = base
x = argumento
y = satélite

Os índices 1, 2 e *n* indicam a ordem dos *argumentos* e dos *satélites* na UTC. Os colchetes são utilizados para circundar os conjuntos e os subconjuntos de relações estabelecidas entre os elementos da UTC. Essas relações podem existir no interior da *predicação nuclear* ou da *predicação estendida*. Pode-se igualmente encontrar relações dentro de um conjunto de argumentos. Nesse caso, utilizamos a barra oblíqua (/) para mostrar a hierarquia relacional entre os argumentos. Este signo gráfico é utilizado principalmente para marcar a expansão de um *argumento*, ou seja, no caso de um *argumento* ser modificado ou especificado por outro *argumento*. A determinação de uma regra de formação para uma UTC é fundamentada em um conjunto de interpretações de cunho funcionalista.

Ao aplicarmos o modelo de predicação à UTC *propagação clonal in vitro*, obtemos a seguinte regra: $\omega = [\ [\ \phi\ [\ x_1\ ]\ ]\ [\ y_1\ ]\ ]$

em que:

ω (UTC) = *propagação clonal in vitro*

φ (base da UTC) = *propagação*

x_1 (argumento) = *clonal*

y_1 (satélite) = *in vitro*

O processo de estabelecimento de um modelo de predicação está intrinsecamente ligado às relações funcionais estabelecidas entre os componentes da UTC. Partindo de uma perspectiva semântica, a Gramática Funcional nos fornece os meios adequados para identificar o tipo de componente, determinar suas funções semânticas, sintáticas e pragmáticas e definir a regra de formação da UTC.

Para compreendermos como chegamos à regra ω = [[φ [x_1]] [y_1]] para a UTC *propagação clonal in vitro*, precisamos conhecer como Dik interpreta as funções semânticas, sintáticas e pragmáticas exercidas por cada componente da frase e as adaptações feitas com o propósito da análise terminológica.

Funções semânticas, sintáticas e pragmáticas de Dik e sua adaptação ao estudo das UTCs

Brito (1994, p. 82) descreve as três funções definidas por Dik da seguinte forma:

a. funções semânticas: especificam os papéis que cada referente, representado por termos, tem em relação ao estado de coisas: agente, meta, recipiente, beneficiário, etc.

b. funções sintáticas: especificam a perspectiva segundo a qual o estado de coisas é apresentado na expressão linguística: sujeito e objeto.

c. funções semânticas: especificam o estatuto informacional de cada elemento de uma predicação: tema, tópico, foco, etc.

No que diz respeito às funções semânticas, Dik (1989, p. 89-109) fixa parâmetros como um método de estabelecer uma tipologia. Esses parâmetros são resumidos na FIGURA 3, abaixo :

Figura 3 – Parâmetros para o estabelecimento das funções semânticas

± Dinâmico	[±din]
±Télico	[±tel]
±Momentâneo	[±mon]
±Controlado	[±con]
±Experiência	[±exp]

Tomemos o parâmetro *dinâmico* para exemplificar sua aplicabilidade. Nesse caso, existe uma noção de mudança que pode ser positiva ou negativa. Quando negativa [-din], não existe mudança, o que Dik denomina *situação*. Inversamente, no que diz respeito ao traço [+din], existe mudança, e Dik nomeia como *evento*. Os exemplos retirados de Dik (1989, p. 91) ilustram esses traços:

a. *John **was sitting** in his father's chair* [-din] (João estava sentado na cadeira de seu pai).

b. *John **opened** the door* [+ din] (João abriu a porta).

Esses pontos são sintetizados na FIGURA 4, criada por Dik (1989, p. 98) e reproduzida a seguir.

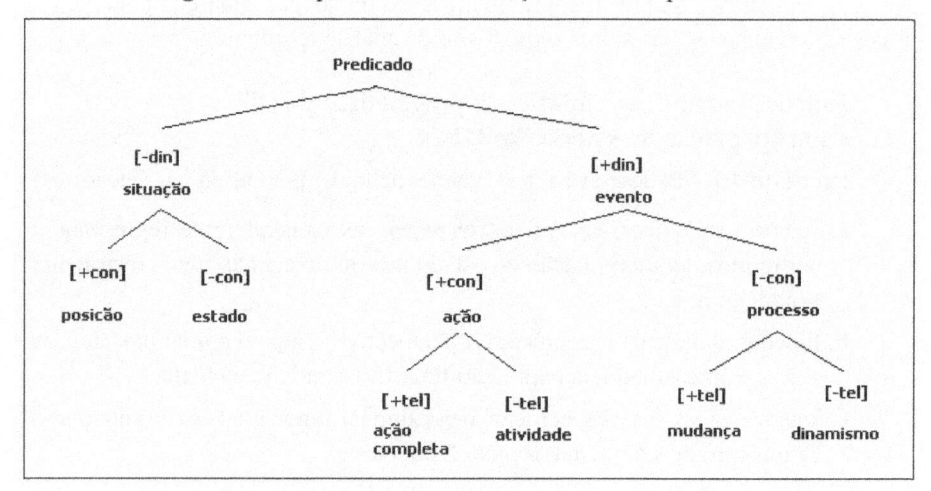

Figura 4 – Esquema de inter-relações entre os parâmetros

```
                         Predicado
                    /                \
              [-din]                  [+din]
            situação                  evento
           /       \                 /        \
      [+con]    [-con]          [+con]         [-con]
      posição   estado           ação          processo
                              /      \         /       \
                          [+tel]   [-tel]   [+tel]    [-tel]
                          ação    atividade mudança   dinamismo
                        completa
```

Esse esquema mostra, por exemplo, que uma *ação* é um evento mais controlado, ao passo que um *processo* se caracteriza por ser um evento menos controlado. Esse tipo de distinção é bem útil quando da atribuição das funções semânticas dos diversos elementos de uma expressão linguística.

No caso da análise de UTC, as funções semânticas guardam o valor fundamental privilegiado na Gramática Funcional, ou seja, sua importância como elemento de partida para a análise das funções sintáticas e pragmáticas. Considerando as peculiaridades das UTCs, ajustamos a tipologia das funções semânticas definidas por Dik para os propósitos do *corpus* analisado. Assim, as funções semânticas identificadas em nossa pesquisa são as seguintes: *ação, agente, componente, conteúdo, efeito, entidade, estado, fim, forma, grupo, instrumento, intensidade, localização, modo, paciente, pertence, processo, resultado e fonte*. Ilustramos na FIGURA 5 as funções semânticas exercidas pelos componentes da UTC *antera madura*.

Figura 5 – Funções semânticas da UTC antera madura

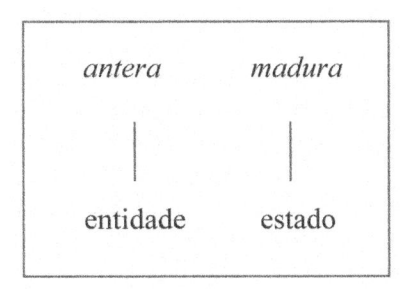

```
  antera      madura
    |           |
  entidade    estado
```

Considerando que a Gramática Funcional interpreta a sintaxe partindo de uma perspectiva semântica, a integração dessas duas funções é fundamental. Cabe acrescentar que para Dik as funções sintáticas diferem em grande parte do que habitualmente é definido para essas funções na gramática tradicional. Segundo Dik (1989, p. 25),

> [...] as noções de Sujeito e Objeto utilizadas na Gramática Funcional submeter-se-ão a uma reinterpretação de forma a que elas sejam analisadas como tendo suas próprias contribuições para a semântica da expressão, uma contribuição que consiste em definir diferentes "perspectivas" sobre o estado de coisas designado pela predicação (tradução nossa).[13]

Na Gramática Funcional, a função de sujeito, por exemplo, é atribuída, como todas as outras, sob uma base semântica. O sujeito é o elemento que faz referência às entidades "visto como o ponto de partida da apresentação do estado de coisas no qual participa" (DIK, 1978, p. 87, tradução nossa).[14]

Lembrando que o nosso *corpus* é de base nominal, identificamos as seguintes funções sintáticas: *sujeito, complemento nominal, adjunto adnominal e complemento circunstancial*.

Como para a Gramática Funcional, a definição das funções sintáticas no contexto terminológico se distancia daquelas definidas pela gramática tradicional. A função de sujeito, por exemplo, determinada à luz da semântica, está reservada aos elementos que servem de ponto de partida para a análise da UTC. Em outras palavras, o sujeito é aquele que centraliza a carga informacional da UTC.

---

[13] "[...] *the notions Subject and Object as used in FG will undergo a reinterpretation in such a way they will be regarded as having their own contribution to the semantics of the expression, a contribution consisting in defining different "perspectives" over the state of affairs designated by the predication"*.

[14] *"taken as a point of departure for the presentation of the state of affairs in which it participates"*.

Como salientado por Dik, a função sujeito não deve ser considerada necessariamente ligada a só um tipo de função semântica. Nesse sentido, Dik (1978, p. 87) afirma que

> A interpretação do Sujeito pode ser auxiliada pelo fato de que a Gramática Funcional não o identifica com o Agente no lado semântico, nem com o Tópico ou nenhuma outra função pragmática no lado pragmático, mesmo que em expressões lingüísticas reais as funções de Agente e Sujeito, ou Sujeito e Tópico, ou de Agente, Sujeito e Tópico sempre coincidirão no mesmo constituinte (tradução nossa).[15]

Em nosso *corpus*, encontramos diversas UTCs com funções semânticas diferenciadas nos itens lexicais de função sintática *sujeito*. Apresentamos no QUADRO 1, a seguir, alguns destes exemplos.

Quadro 1 – Funções sintáticas e semânticas das UTCs

UTC	Base	Função sintática	Função semântica
agente redutor	*agente*	*sujeito*	*agente*
agregado de células	*agregado*	*sujeito*	*grupo*
árvore elite adulta	*árvore*	*sujeito*	*entidade*
propagação clonal rápida	*propagação*	*sujeito*	*processo*
sítio ativo	*sítio*	*sujeito*	*localização*

A distinção entre as funções *complemento nominal* e *adjunto adnominal* seguem critérios semântico-estruturais. O item lexical receberá essas etiquetas tomando como base os seguintes critérios:

a. o tipo de base da UTC;

b. o fato de o argumento ser introduzido ou não por uma preposição.

Assim, quando a UTC possui uma base deverbal seguida de um sintagma preposicional, o argumento tem a função sintática de complemento nominal. O complemento nominal, como o nome diz, completa o significado da base com a qual ele estabelece uma relação. Ilustramos essa função na FIGURA 6, a seguir.

---

[15] *"The interpretation of Subject may also be aided by the fact that FG does not identify it with the Agent on the semantic side, nor with Topic or any other pragmatic function on the pragmatic side, even though in actual linguistic expressions the functions of Agent and Subject, of Subject and Topic, or of Agent, Subject, and Topic will often coincide in the same constituent".*

Figura 6 – Função sintática complemento nominal

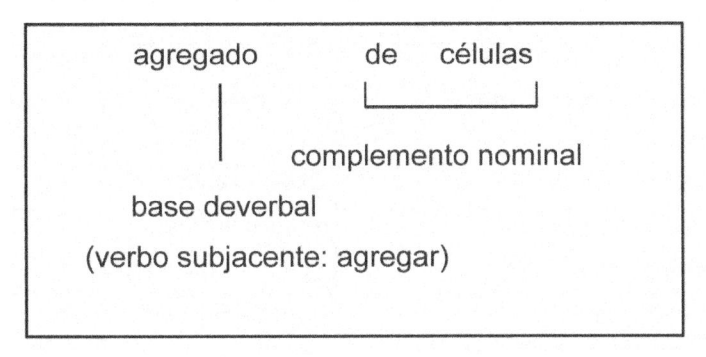

```
    agregado        de   células
        |           └─────────┘
        |        complemento nominal
    base deverbal
    (verbo subjacente: agregar)
```

Quando a base for seguida de um adjetivo, atribuímos a função de *adjunto adnominal* ao argumento. O adjunto adnominal tem por função especificar e delimitar o significado da base. A UTC apresentada na FIGURA 7 representa um argumento de função sintática adjunto adnominal.

Figura 7 – Função sintática adjunto adnominal

```
       ação           endógena
        |            └─────────┘
        |          adjunto adnominal
    base deverbal
    (verbo subjacente: agir)
```

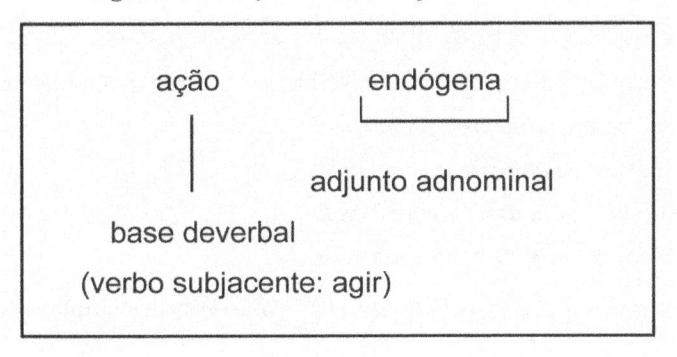

No que diz respeito à função sintática *complemento circunstancial*, ela está reservada aos advérbios. À luz do pensamento funcionalista, interpretamos essa função segundo a sua posição na estrutura da predicação. Assim sendo, um complemento circunstancial pode ser um advérbio nuclear ou um advérbio estendido. Quando o advérbio se encontra na predicação nuclear, é chamado de advérbio nuclear. Quando o advérbio se encontra na predicação estendida, é denominado de advérbio estendido. Um advérbio estendido é sempre um satélite, já que mantém relação semântica com a predicação nuclear como um todo. Ressaltamos que eles se caracterizam muito mais como locuções adverbiais do que advérbios simples. O QUADRO 2, a seguir, é ilustrado com exemplos de advérbios nucleares e estendidos.

Quadro 2 – Exemplos de advérbios nucleares e estendidos

Advérbios nucleares	Advérbios estendidos
Cloroplasto **fotossinteticamente** competente	aclimatação de plantas **no solo**
DNA **altamente** repetitivo	antera **in vivo**
espécie **altamente** endógena	hibridação **in situ**
espécie **sexualmente** compatível	indução floral **in vitro**
planta **genotipicamente** uniforme	propagação clonal **in vitro**

Esses advérbios podem ser específicos de uma área. Nesse caso, denominamos de advérbios de domínio. Tal denominação é sugerida por Guimier (1996, p.141-142), que salienta ser essa etiqueta essencialmente semântica. Ele a define da seguinte maneira:

> Os advérbios de domínio têm por função restringir a validade do enunciado a um campo referencial particular. São na verdade advérbios de enquadramento nocional (tradução nossa).[16]

A seguir, exemplificamos alguns advérbios de domínio encontrados no *corpus*.

· espécie **sexualmente** compatível
· espécie **sexualmente** incompatível
· indivíduo **genotipicamente** idêntico
· planta **genotipicamente** uniforme

Quanto às funções pragmáticas, Dik (1989, p. 264) menciona que elas fornecem

> [...] o status informacional dos constituintes, em relação ao conjunto comunicativo maior no qual estão inseridas. Os principais parâmetros pelos quais [...] as funções pragmáticas podem ser distinguidas são "topicalidade" (= caracterizando "as coisas que falamos sobre") e "focalidade" (= caracterizando as partes mais importantes ou salientes de que falamos sobre os tópicos ou coisas) (tradução nossa).[17]

---

[16] *"Les adverbes de domaine ont pour effet de restreindre la validité de l'énoncé à un champ référentiel particulier. Ce sont à proprement parler des adverbes de cadrage notionnel".*

[17] "[...] *the informational status of the constituents, in relation to the wider communicative setting in which they are used. The main parameters along with [...] pragmatic functions can be distinguished are 'topicality' (= characterizing "the things we talk about") and 'focality' (= characterizing the most important or salient parts of what we say about the topical or things)".*

Essa função é definida por Dik como o resultado da organização de uma situação de comunicação entre o emissor e o receptor. Segundo Dik (1978, p.132),

> Tópico ou Foco são usados para capturar a organização que o falante impõe nas predicações com relação à informação pragmática do falante e do ouvinte que tenham certa troca comunicativa[18] (tradução nossa).

Como já sabemos, Dik trata do ato de comunicação na língua geral. No entanto, podemos encontrar uma situação similar nas *linguagens* de especialidade, mesmo que elas guardem algumas peculiaridades próprias. Assim, se considerarmos que o especialista procura habitualmente uma eficácia máxima na situação comunicativa, podemos dizer que esse comportamento está presente na terminologia utilizada por esse mesmo especialista e que é possível analisar a função pragmática da comunicação.

Conservamos a mesma terminologia utilizada por Dik para denominar essa função, a saber: *tópico* e *foco*. Fizemos, porém, algumas alterações no que se refere ao conceito com vistas a adaptá-lo à natureza pragmática das UTCs.

O tópico é atribuído à base da UTC a qual todos os argumentos e satélites fazem referência, a fim de precisar o objeto de comunicação, descrevendo, explicando ou situando essa base.

O foco é atribuído aos elementos da UTC que especificam o estatuto informacional do elemento tópico, pontuando a informação.

Na UTC *célula hospedeira receptora* apresentada na FIGURA 8, a seguir, apontamos a função pragmática de cada item da expressão.

Figura 8 – Funções pragmáticas de célula hospedeira receptora

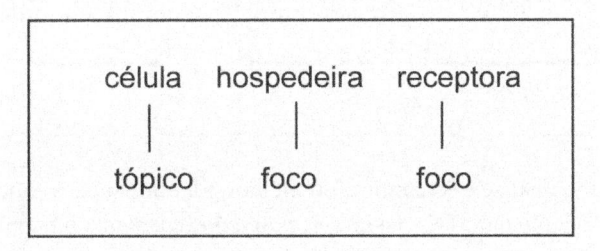

```
célula    hospedeira    receptora
  |           |             |
tópico       foco          foco
```

A base *célula* é considerada como tópico, pois é com ela que os dois outros argumentos mantêm uma relação. Assim, *célula* é o elemento central da comunicação a partir do qual os outros elementos da UTC vão comentar, sublinhar ou delimitar um ou vários aspectos.

---

[18] *"Topic and Focus are used to capture the organization that Speakers impose on predications with respect to the pragmatic information of Speaker and Addressee with a certain communicative exchange".*

Os argumentos *hospedeira* e *receptora* são classificados como foco por pontuarem a informação expressa pelo tópico *célula*. Os focos trazem a informação de que não se trata de qualquer célula, mas daquela que age como hospedeira e receptora.

Síntese das adaptações feitas ao modelo de predicação de Dik

Apresentamos a seguir uma síntese das adaptações feitas ao modelo de Dik. Para tanto, utilizamos a UTC *propagação clonal in vitro*, inserindo-a no modelo da predicação descrito na FIGURA 2 deste artigo. Vejamos o resultado.

Figura 9 – Exemplo de análise funcional da UTC propagação clonal in vitro

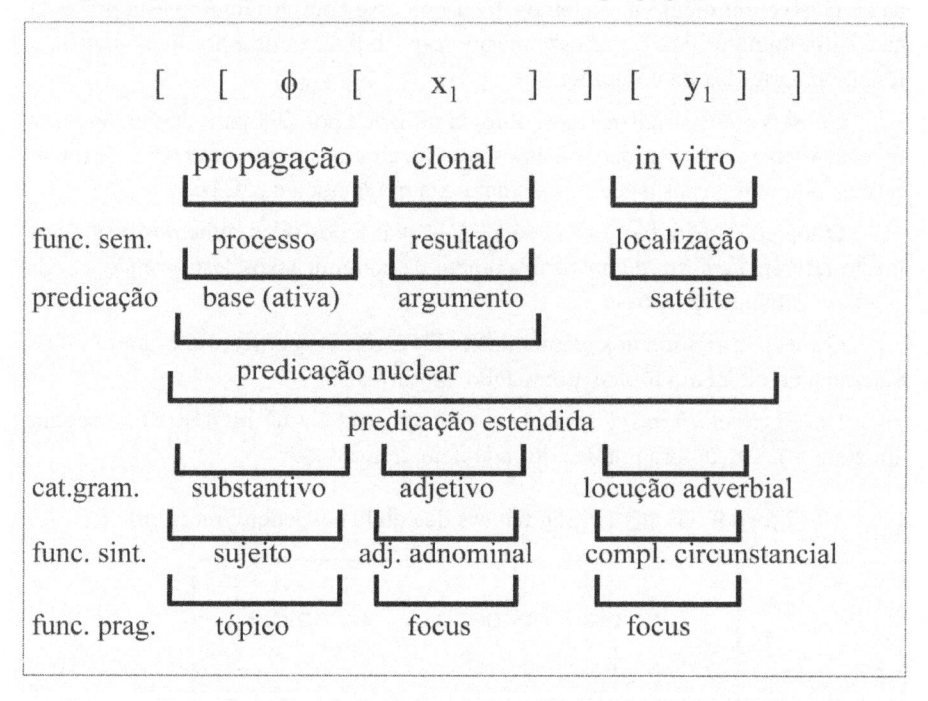

$$[\ [\ \phi\ [\ x_1\ ]\ ]\ [\ y_1\ ]\ ]$$

	propagação	clonal	in vitro
func. sem.	processo	resultado	localização
predicação	base (ativa)	argumento	satélite
	predicação nuclear		
	predicação estendida		
cat.gram.	substantivo	adjetivo	locução adverbial
func. sint.	sujeito	adj. adnominal	compl. circunstancial
func. prag.	tópico	focus	focus

A primeira análise é semântica, ou melhor, identificamos a função semântica de cada componente da UTC. Assim, *propagação* representa o papel de *processo*; *clonal*, o papel de *resultado*; *in vitro*, de *localização*. Essa interpretação é fundamentada no conhecimento de que propagação constitui um processo que resulta em clones e é feita *in vitro* (em laboratório). Com base nesses dados, podemos aplicar a análise da predicação e assim definir ser *propagação* a base do segmento, uma vez que, por meio dela, podemos determinar o papel semântico dos outros componentes da UTC. Além disso, a base é dita ativa, já que se trata de um substantivo derivado de um verbo.

À direita de *propagação*, encontra-se o elemento *clonal*. Considera-se esse componente um argumento por dois motivos:

a. mantém relação direta com a base;

b. consiste em elemento fundamental exigido pela semântica da predicação. Sem ele, a informação seria incompleta.

O elemento seguinte a ser analisado é *in vitro*. Esse é classificado como satélite, visto que mantém relação com todo o conjunto de elementos à esquerda do segmento. Em outras palavras, o satélite *in vitro* relaciona-se com a predicação nuclear formada pela base propagação e o argumento *clonal*. O conjunto da predicação nuclear mais o satélite forma a predicação estendida.

Essa interpretação nos leva a determinar a regra de formação desta UTC, qual seja [[ϕ [x1]] [y1]].

Prosseguindo a análise, determinamos para cada componente da UTC a sua categoria gramatical, função sintática e função pragmática. No concernente às categorias gramaticais, a UTC *propagação clonal in vitro* é formada de Subst. + Adj. + Loc. Adv. Quanto às funções sintáticas, *propagação* representa o sujeito da UTC. Tal função é atribuída a todos os elementos de uma UTC considerados como ponto de partida para a análise do segmento sob a perspectiva sintática. O argumento *clonal* preenche a função de adjunto adnominal. Essa interpretação do argumento é baseada em dois critérios :

a. o argumento se relaciona com uma base ativa;

b. o argumento possui categoria gramatical adjetiva.

O satélite *in vitro* é um complemento circunstancial. Reservamos essa função a todos os componentes de uma UTC cuja categoria é uma locução adverbial.

Em se tratando das funções pragmáticas, *propagação* é interpretada como o tópico, já que é o elemento ao qual todos os argumentos e satélites fazem referência, a fim de precisar o objetivo de comunicação. *Clonal* e *in vitro* são ditos foco, por serem elementos que especificam o estatuto informacional do elemento tópico, ou seja, ele pontua a informação do tópico.

O modelo da predicação de Dik aplicado à construção de linguagens documentárias facetadas

Como mencionado no início deste artigo, o sucesso da interoperabilidade semântica entre repositórios digitais está estreitamente ligado ao tipo de abordagem teórica e metodológica adotada em instrumentos que servem de apoio à comunicação documentária. Esses instrumentos são variados: ontologias, classificações, tesauros, entre outros. Apesar das denominações diferenciadas, eles se aproximam em determinados pontos funcionais e metodológicos.

No que diz respeito às metodologias adotadas, citamos os tesauros e os sistemas de classificação facetados, cujos métodos empregados são semelhantes aos aplicados nas chamadas ontologias. É justamente nesses tipos de instrumento de classificação e indexação que se concentra o interesse deste artigo. Na verdade, tais ferramentas, construídas com base em fundamentação analítico-sintética, vêm ocupando espaço cada vez maior no âmbito das modernas teorias de organização do conhecimento. Acreditamos ser esse método o mais adequado para a descrição e a recuperação de documentos e informações. Os modelos baseados na análise facetada, exemplo típico da lógica analítico-sintética, superam em grande parte outros métodos como aqueles aplicados na elaboração de estruturas hierárquicas. Dahlberg (1978, p.105), ao descrever o método de categorização conceitual utilizado nas classificações facetadas, ressalta suas "[...] possibilidades inúmeras de combinações entre as categorias".

A organização em estrutura de árvore, embora forneça uma visualização do conhecimento de forma global, não oferece alternativas precisas de associação entre as classes, além de ser bastante precária na representação de conteúdos semânticos complexos.

As pesquisas desenvolvidas pelo *Classification Research Group* (CRG), desde 1952, seguem nessa linha de pensamento, privilegiando o trabalho analítico-sintético. O Grupo (1985, p. 158) relata que

> os termos subordinados a um determinado gênero – p.ex., uma classe principal – não são todos derivados deste gênero por diferenciação, utilizando uma única característica de divisão. Eles podem ser agregados em grupos de facetas, cada um dos quais derivado do gênero por meio de uma característica diferente. De forma a mostrar adequadamente a ligação entre termos relacionados, é necessário aplicar esquemas de classificação facetada (tradução nossa).[19]

Outros autores apontam que o ideal parece ser a construção de classificações segundo um modelo derivado da combinação do método hierárquico com o analítico-sintético. Segundo Maple (1995),

> pesquisas recentes em recuperação da informação sugerem que construir um tesauro que mostre tanto as relações semânticas como sintáticas[20] terão potencialmente grandes benefícios aos nossos usuários no futuro (tradução nossa).[21]

---

[19] *"The terms subsumed under a given genus – e.g., a main class – are not all derived from thar genus by differentiation using a single characteristic of division. They can be sorted into group or facets, each of which is derived from the genus by a different characteristic. In order adequately to display the linkage of related terms, it is necessary to have faceted classification schedules".*

[20] Para Maple, as relações semânticas dizem respeito às relações permanentes (de equivalência, hierárquicas e associativas), enquanto que as relações sintáticas relacionam-se à combinação dos conceitos para representar os assuntos dos documentos.

[21] *"Current research in information retrieval suggest that constructing a thesaurus that sows both semantic and syntactic relationship will have potentially great benefits to our users in the future".*

Esse modelo híbrido reflete toda a complexidade de significações do conhecimento analisado. No eixo semântico, são interpretadas as relações permanentes de hierarquia existentes entre os conceitos. No eixo sintático, são examinadas as funções sintático-semânticas resultantes da combinatória dos constituintes do termo que representa um conceito complexo.

O princípio da análise facetada foi definido por S. R. Ranganathan (1892-1972), um dos maiores contribuidores da teoria da análise de assuntos. Consiste no agrupamento conceitual de termos pertencentes a uma mesma classe. Ranganathan (1985, p. 88) determinou cinco categorias fundamentais para interpretação de qualquer assunto: Personalidade, Matéria, Energia, Espaço e Tempo. Pesquisas mais recentes têm demonstrado que a análise de determinado assunto pode ir além dessas categorias, o que não invalida seu valor como abordagem inicial. Na verdade, trata-se de um teoria consolidada, cujos

> princípios de categorização implícitos na teoria [...] podem ser estendidos para a organização de qualquer conjunto de propriedades de objetos em qualquer área do conhecimento [...]. A teoria está suficientemente bem estabelecida para permitir variação na forma clássica, e o compilador da estrutura facetada não deve se sentir restrito as categorias ou regras combinatórias da ordem de citação padrão (BOUGHTON, 2002, tradução nossa).[22]

A manifestação das categorias fundamentais se realiza nas facetas. Os conjuntos de conceitos incluídos nas facetas devem seguir princípios de divisão.[23]

Acreditamos que, por meio da análise das características sintáticas e semânticas dos itens lexicais de um termo complexo, podemos chegar à determinação desses princípios, cuja função é formar renques de classes. Para tanto, propomos a aplicação do modelo de predicação sintático-semântico descrito anteriormente. Apresentamos, a seguir, as duas representações (hierárquica e facetada) com base na interpretação conceitual de três termos da área de Biotecnologia de Plantas. As UTCs *bactéria aeróbica*,[24] *bactéria anaeróbica*[25] e *bactéria fixadora de nitrogênio* ocupam, em uma estrutura hierárquica, o lugar de termos específicos do termo genérico *bactéria* e são representados da seguinte forma:

---

[22] *The principles of categorization implicit in [...] theory can be extended to organize any set of properties of objects in any domain [...]. The theory is sufficiently well established to allow variation in the classical form, and the compiler of a faceted structure need not feel restricted to the categories and combinatorial rules of standard citation order.*

[23] "A qualidade ou o atributo escolhido para servir de base à classificação [...]" (PIEDADE, 1977, p. 14).

[24] Bactéria que apenas sobrevive em ambientes com oxigênio dissolvido (http://www.igm.ineti.pt/e-Geo/BDs/lexico_hidro/lexico.aspx?Termo=Bactéria%20Aeróbica).

[25] Bactéria que não sobrevive em ambientes com oxigênio dissolvido, obtendo o oxigênio de que necessita a partir de sólidos orgânicos (http://www.igm.ineti.pt/e-Geo/BDs/lexico_hidro/lexico.aspx?Termo=Bactéria%20Aeróbica).

Bactéria
TE bactéria aeróbica
TE bactéria anaeróbica
TE bactéria fixadora de nitrogênio

Por meio da análise das funções sintático-semânticas dos itens lexicais de cada UTC, verificamos que, mesmo sendo os três termos subordinados ao termo maior *bactéria*, existe uma diferença conceitual entre eles, não explicitada na estrutura hierárquica. Os segmentos *bactéria aeróbica* e *bactéria anaeróbica* são *entidades* (bactéria) cujos argumentos adjetivais *aeróbica* e *anaeróbica* de função semântica *propriedade* geram uma relação conceitual "é do tipo". Na UTC *bactéria fixadora de nitrogênio*, o argumento *fixadora de nitrogênio* exerce a função de *efeito* e, ao combinar com o item lexical *bactéria*, atribui a este a função semântica de *agente*. A combinação entre as duas funções semânticas *agente* e *efeito* gera a relação conceitual "produz um efeito". As relações conceituais "é do tipo" e "produz um efeito" resultam nos princípios de divisão [por propriedade] e [por efeito produzido] e determinam as facetas *entidade* e *agente* correspondentes . Essas características seriam então representadas da seguinte forma em um tesauro facetado:

Bactéria (entidade)   Bactéria (agente)
[*por propriedade*]   [*por efeito produzido*]
bactéria aeróbica   bactéria fixadora de nitrogênio
bactéria anaeróbica

Conclusão

A aplicação do modelo de predicação sintático-semântico procura garantir certo grau de cientificidade no processo de identificação dos princípios de divisão e assim produzir classificações facetadas mais coerentes.

Objetivamos, dessa forma, aprofundar a aplicação desse modelo, contribuindo para o aperfeiçoamento dos métodos utilizados até o presente no contexto dos instrumentos analítico-sintéticos de organização do conhecimento. Esse é um dos objetivos da pesquisa "Critérios linguísticos adotados em modelos de organização do conhecimento para recuperação da informação" em desenvolvimento no Departamento de Ciência da Informação da Universidade Federal de Santa Catarina (UFSC), dentro da linha Fluxos de Informação do Programa de Pós-Graduação em Ciência da Informação. Acreditamos que instrumentos de representação da informação elaborados com base em critérios linguísticos estão mais aptos a apoiar a análise documentária, aprimorando o acesso ao conteúdo e o intercâmbio entre especialistas de diferentes disciplinas.

Referências

ARISTA, Javier Martín. La gramática de Dik y las teorías funcionales del lenguaje. In: BUTLER, Christopher et al. (Org.). *Nuevas perspectivas en gramática funcional*, Barcelona, Ariel, 1999. p. 13-39.

BRITO, Célia. Uma proposta funcionalista, *Boletim da Associação Brasileira de Lingüística*, Salvador, v. 15, p. 80-87, 1994.

BROUGHTON, V. Facet analytical theory as a basis for a knowledge organization tool in a subject portal. In: LÓPES-HUERTAS, M.J. (Ed.) *Challenges in knowledge representation and organization for the 21st century*: integration of knowledge across boundaries: proceedings of the 7th International ISKO Conference, 10-13 July 2002, Granada, Spain. Würzburg: Egon Verlag, 2002. Disponível em: <http://www.ucl.ac.uk/fatks/paper2.htm>. Acesso em: 26 jun. 2006.

CABRÉ, M. T. *La terminología: representación y comunicación: elementos para una teoría de base comunicativa y otros artículos*. Barcelona: Institut Universitari de Lingüística Aplicada, 1999.

CABRÉ, M.T. *La terminologie: théorie, méthode et applications*. Ottawa: Les Presses de l'Universitè d'Ottawa, 1998. 322 p.

CAFÉ, L. La description et l'analyse des unités terminologiques complexes en langue portugaise (variété brésilienne): une contribution à l'automatisation de la Banque de données terminologiques du Brésil (Brasilterm). 1999. 2 v. Tese (Doutorado em Lingüística) - Département de Langues et Linguistique, Université Laval, Québec, Canadá, 1999.

CAFÉ, L. Uma proposta funcionalista para a análise de unidades terminológicas complexas (UTC). *Revista do GELNE*, Fortaleza, v. 2, n. 1, p. 49-52, 2000.

CAFÉ, L. Análise da formação de unidades terminológicas complexas (UTCs) sob a perspectiva da Gramática Funcional de Simon Dik: pistas de cunho lingüístico-funcional para o processamento da linguagem natural. In: SIMPÓSIO IBERO-AMERICANO DE TERMINOLOGIA, 6., 2000, Lisboa, Portugal. *Anais*. Lisboa, Portugal: União Latina, 2000a.

CAFÉ, L. Terminologia: aplicação de (re)modelo de Simon Dik. In: FAULSTICH, Enilde; ABREU, Sandra P. (Org.). *Lingüística aplicada à terminologia e à lexicologia*. Porto Alegre: UFRGS, 2003. p. 59-82.

CAFÉ, L. Contribuições da Gramática Funcional na delimitação de segmentos descritores de informação. In: RODRIGUES, G. M.; LOPES, I. L. (Org.) *Organização e representação do conhecimento na perspectiva da Ciência da Informação*. Brasília: UnB, 2003a. p. 118-140. (Estudos Avançados em Ciência da Informação, 2).

CASTILHO, Ataliba Teixeira de. Um ponto de vista funcional sobre a predicação. *Alfa*, São Paulo, v. 38, p. 75-95, 1994.

DAHLBERG, I. Teoria do conceito. *Ciência da Informação*, Brasília, v. 7, n. 2, p. 101-107, 1978.

CLASSIFICATION RESEARCH GROUP. The need for a faceted classification as the basis of all methods of information retrieval. In: CHAN, L., M.; RICHMOND, P. A.; SVENONIUS, E. (Ed.). *Theory of subject analysis: a sourcebook*. Colorado, Libraries Unlimited, 1985, p. 154-167.

DANEŠ, František. On Prague School Functionalism in Linguistics. In: DIRVEN, René; FRIED Vilém (Org.) *Functionalism in Linguistics*. Amsterdam, Philadelphia: John Benjamins, 1987. p. 2-38 (Linguistic & Literary Studies in Eastern Europe, 20).

DAVIDSE, Kristin. M. A. K. Halliday's Functional Grammar and the Prague School. In: DIRVEN, René; FRIED Vilém (Org.) *Functionalism in Linguistics.* Amsterdam, Philadelphia: John Benjamins, 1987. p. 39-79. (Linguistics & Literary Studies in Eastern Europe, 20).

DIK, S. *Functional Grammar.* Amsterdan: North-Holland, 1978. 230 p. (North-Holland Linguistics Series, 37).

DIK, S. *Studies in Functional Grammar.* London: Academic Press, 1980. 245 p.

DIK, Simon. Predication and Expression: the Problem and the Theorical Framework. In: Bolkestein, A. Machtelt et al. (Org.) *Predication and expression in Functional Grammar.* London: Academic Press, 1981. p.1-17.

DIK, Simon. (Ed.). *Advances in Funcional Grammar.* Dordrecht, Holanda: Foris Publications, 1983. 415 p. (Publications in Languages Sciences, 11).

DIK, Simon. Some Principles of Functional Grammar. In: DIRVEN, René; FRIED Vilém (Org.) *Functionalism in Linguistics.* Amsterdam, Philadelphia: John Benjamins, 1987. p. 81-100. (Linguistics & Literary Studies in Eastern Europe, 20).

DIK, Simon. The Structure of the Cause. In: DIK, Simon. *The theory of Functional Grammar.* Dordrecht, Holanda: Foris Publications, 1989. parte 1, p. 1-433. (Functional Grammar, 9).

DIRVEN, R.; FRIED. Vilém. By way of introduction. In: DIRVEN, R.; FRIED. Vilém. *Functionalism in Linguistics.* Amsterdam, Philadelphia: John Benjamins, 1987. p. 9-17. (Linguistic & Literary Studies in Eastern Europe, 20).

DUCROT, Oswald.; TODOROV, Tzvetan, 1972. Fonctionnalisme, In: DUCROT, O.; TODOROV, T. *Dictionnaire encyclopédique des sciences du langage.* Paris, Seuil, p. 42-48, 1972.

FAULSTICH, E. *Base metodológica para pesquisa em socioterminologia: termo e variação.* Brasília: UnB, 1995. 31 p.

GAUDIN, F. *Socioterminologie: des problèmes sémantiques aux pratiques institutionnelles.* Rouen: Université de Rouen, 1993. 255 p. (Publications de l'Université de Rouen, 182).

GUIMIER, G. *Les adverbes du français: le cas des adverbes en ment.* Paris: Ophrys, 1996. (Collection l'essentiel français).

HOEKSTRA, T. et al. (Ed.). *Perspectives on Functional Grammar.* Dordrecht, Holland; Cinnaminson, USA: Foris, 1981. 352 p.

LYONS, John. *Language and Linguistics.* Cambridge: Cambridge University Press, 1981. 356 p.

MAPLE, A. Faceted access: a review of the literature. 1995. Disponível em: <http://www.music.indiana.edu/tech_s/mla/facacc.rev> . Acesso em: 28 jun. 2006.

NEVES, Maria Helena de Moura. Uma visão geral da Gramática Funcional. *Alfa,* São Paulo, v. 38, p. 109-127, 1994.

NEVES, Maria Helena de Moura. *A Gramática Funcional.* São Paulo: Martins Fontes, 1997.

PIEDADE, M. A. R. *Introdução à teoria da classificação.* Rio de Janeiro: Interciência, 1977.

RANGANATHAN, S. R. Facet analysis: fundamental categories. In: CHAN, L., M.; RICHMOND, P. A.; SVENONIUS, E. (Ed.). *Theory of subject analysis: a sourcebook.* Colorado, Libraries Unlimited, 1985. p. 86-93.

SAGER, Juan C. *A practical course in terminology processing.* Amsterdam; Philadelphia: John Benjamin Publishing Company, 1990. 254 p.

O fluxo da informação em contextos dinâmicos: reflexões acerca da informação tecnológica no processo de inovação industrial[1]

Renata Gonçalves Curty

A inovação e os padrões de competitividade: preâmbulo

A inovação é, indubitavelmente, fator essencial de propulsão do *modus operandi* de qualquer forma de organização e configura-se como condição *sine qua non* para a competitividade e para a conexão dinâmica entre as estratégias empresariais e a constante reconfiguração das estruturas de mercado.

A tônica do processo inovativo industrial reside em um determinismo de competitividade análogo ao princípio darwinista que nos ensina a Biologia. Tal qual na Teoria de Evolução das Espécies de Charles Robert Darwin, em que o ambiente trata de selecionar os que possuem características que lhes auferam condições de sobrevivência, em uma perspectiva biológico-administrativa, a competição age como mecanismo de seleção natural entre as empresas.

Com efeito, outra similitude passível de ser empregada quando da discussão da inovação está na noção de paradigma científico cunhada por Thomas Kuhn em *A estrutura das Revoluções Científicas*. Segundo Kupfer (1996, p. 356-357), ao admitir-se a existência dos paradigmas tecnológicos, a trajetória tecnológica apresenta-se como um encadeamento dedutivo "um padrão normal de *problem solving* circunscrito aos limites de paradigma". O paradigma dessa forma exerce ação como direcionador do progresso técnico e como agente de exclusão, o qual define "*ex ante* as oportunidades a serem perseguidas e aquelas a serem abandonadas".

Lifschitz e Brito (1992, p. 11) também inserem em suas discussões acerca da inovação tecnológica a noção de paradigmas e os define como "princípios heurísticos reguladores da atividade inovativa que combinam, de forma particular, dimensões exógenas à inovação". De acordo com os autores, "as oportunidades tecnológicas variam nos setores segundo os graus de desenvolvimento dos paradigmas

---

[1] Baseado na fundamentação teórica da Dissertação de Mestrado *O fluxo da informação tecnológica no projeto de produtos em indústrias de alimentos*, defendida em 2005, no Programa de Pós-Graduação em Ciência da Informação da Universidade Federal de Santa Catarina (PGCIN/UFSC), sob orientação do Prof. Dr. Gregório Jean Varvakis Rados.

correspondentes a cada indústria" e, portanto, de forma conexa "a intensidade dos investimentos em P&D em cada indústria ou setor depende dos diferentes modos de busca embutidos em cada paradigma".

Fato é que, desde a consolidação do sistema capitalista e com a expansão da Revolução Industrial no século XVIII, a inovação assume papel preponderante para o desenvolvimento econômico das nações.

Joseph Alois Schumpeter,[2] considerado um dos precursores dos estudos sobre a inovação e da discussão acerca da relação entre o capitalismo e a crise econômica direcionada ao seu viés tecnológico, cunhou a sua teoria relacionada à "destruição criadora". A teoria de Schumpeter, sinteticamente, centra-se na ideia de que na lógica capitalista existe uma constante necessidade de inovação de produtos, mediante novas fontes de matéria-prima ou métodos de produção, para que haja uma afirmação do novo e uma substituição/ruptura com padrões anteriores e, por consequência, uma reestruturação cíclica e contínua das estruturas de mercado. Nessa perspectiva, a função empreendedora reforça-se como condição para a sustentação de vantagem competitiva, a monopolização temporária de oportunidades de mercado e de diferenciação com relação às taxas de lucro.

> [...] o impulso fundamental que inicia e mantém a máquina capitalista em movimento decorre dos novos bens de consumo, dos novos métodos de produção ou transporte, dos novos mercados, das novas formas de organização industrial que a empresa capitalista cria [...] esse processo de destruição criativa é o fato essencial acerca do capitalismo. É nisso que consiste o capitalismo, e é aí que têm que viver todas as empresas capitalistas (SCHUMPETER, 1942 *apud* BURLAMAQUI; PROENÇA, 2003, p. 82-83).

Lautré (1992, p. 132) ratifica a condição desestabilizadora da inovação, afirmando que o processo "questiona a ordem estabelecida, contesta os especialistas, desestabiliza as relações de forças técnicas, comerciais e econômicas".

Rocha e Ferreira (2001, p. 64) reforçam a relação entre a inovação tecnológica – como uma das faces de um fenômeno profundo vivido pelas sociedades contemporâneas advindo da mudança do paradigma sociocultural – e a transformação do padrão de acumulação capitalista, e destacam que nos últimos anos podemos observar uma alteração na dinâmica tecnológica mundial, cuja manifestação mais explícita relaciona-se à ocorrência de um grande número de inovações. Isso torna o processo produtivo cada vez mais complexo e determina uma dinâmica autoalimentadora "na

---

[2] (1883-1950) - Economista austro-americano autor de importantes obras como: Teoria do desenvolvimento econômico (1912), Business Cycle (1939), Capitalismo, socialismo e democracia (1942) entre outras. Há consenso de que seus conceitos se modificaram ao longo de sua carreira, e que as teorias de Schumpeter sofreram algumas reformulações e novos desdobramentos principalmente no que concerne ao papel do Estado e do empreendedor nesse processo, cunhando-se o que se conhece por escola neoschumpeteriana. Ver: KUPFER, 1991, 1996.

qual as mudanças tecnológicas decorrentes de inovações em produtos e processos engendram necessidades que, por sua vez, alimentam outras soluções, produtos e processos, em uma dinâmica continuada e interativa".

Ante essa logicidade do sistema capitalista posta em cúmulo desde o século XVIII até a atual conjuntura econômica global e neoliberalista, o posicionamento científico, político, econômico e social de um país está intimamente relacionado à sua contínua capacidade de inovar e de se ajustar aos processos de mudança, não só nacionais como também internacionais.

Retomando o conceito de competitividade como imperativo darwinista expresso anteriormente, Utterback (1996, p. XVI-XVIII) reforça que

> ao longo dos anos, novas tecnologias criaram verdadeiros gigantes de empresas recém-formadas, revigoraram antigas empresas que foram receptivas à mudança e varreram do cenário aquelas que não o foram. Atualmente, quando a competitividade gira em torno da habilidade de desenvolver e adaptar novas tecnologias, produtos, serviços e processos, a dinâmica da inovação e mudança industrial é essencial [...] Da mesma forma, as empresas precisam buscar as oportunidades para a expansão e mercados internacionais. Isto significa que os produtos precisam ser projetados, desde o princípio, tendo em mente a ideia do apelo global e liderança na relação custo-valor.

A agressividade mercadológica e a emergência tecnológica configuram-se como os maiores impulsionadores e catalisadores para a promoção da inovação. Como subscrição dessa afirmativa, pode ser ressaltada uma característica predominante nos países em desenvolvimento econômico, ou tidos como economicamente subdesenvolvidos: a dependência tecnológica com relação às potências mundiais.

Para Porter (1989), o crescimento sustentado da produtividade incita o aperfeiçoamento contínuo da economia de uma nação. De maneira ampla, o autor define a inovação como um processo que inclui aperfeiçoamentos em uma tecnologia, o aumento da qualidade de um produto pela melhoria de suas características, funções e desempenho, bem como melhores métodos e meios para a sua produção. Dessa forma, a inovação pode se manifestar tanto em mudanças no produto, como em mudanças do processo, em novas abordagens de marketing e em novas formas de distribuição.

O domínio de mercado não está associado restritamente à matéria-prima, mas principalmente à capacidade de transformação dessa substância bruta em produtos (bens ou serviços) passíveis de comercialização, difusão e utilização. Quanto mais inovador e maior capacitado for um país em relação ao emprego de novas tecnologias para a geração de produtos, maiores suas chances de atingir patamar significativo na arena de competição global. Nesse sentido, Montalli e Campelo (1997, p. 321) destacam que, em uma economia globalizada, nenhuma empresa pode sobreviver negligenciando o ambiente em que está inserida "o assédio de concorrentes e a exigência crescente de novos produtos com melhor nível de qualidade forçam as empresas a analisar sistematicamente a dinâmica de mercado".

Em se tratando do contexto nacional, Silva (2001) entoa que, para manter-se competitiva num mercado globalizado, cabe à indústria brasileira assimilar e desenvolver continuadamente novas tecnologias e produtos, visando à redução de custos, manutenção e ampliação do mercado, com vista a competir em preço e em qualidade com similares estrangeiros, advindos tanto de países com elevado nível de desenvolvimento tecnológico quanto de países onde os custos de fabricação estão num patamar bem mais baixo, graças principalmente ao menor valor de mão de obra.

Para tanto, as atividades de Pesquisa, Desenvolvimento e Inovação (P&D&I) vêm recebendo notável ênfase e concentrando grande parte dos esforços das indústrias para a (re)definição de suas posições estratégicas.

As organizações começam a perceber que o grande diferencial para ampliação de seu arranjo competitivo e estratégico está ligado à sua capacidade de agregar conhecimento e inovações aos seus produtos, processos e serviços.

Saénz e Capote (2002, p. 75) afirmam que a capacidade inovativa de uma empresa, setor, ou país "consiste nas possibilidades técnicas, financeiras, organizativas e gerenciais de seus recursos humanos e produtivos para a geração, transferência, adaptação e introdução de novas tecnologias na prática social, de maneira competitiva".

Burlamaqui e Proença (2003, p. 84) atribuem múltiplos efeitos às inovações sob quatro perspectivas: a empresa inovadora, a estrutura econômica, a concorrência e o impacto macroeconômico.

> Do ponto de vista da empresa inovadora, elas estão na origem de rebaixamento de custos, ganhos de produtividade e qualidade, e, freqüentemente, da monopolização temporária de uma oportunidade de mercado, cujo resultado é a obtenção de lucros extraordinários. Para a estrutura econômica, resultam na criação de novos setores e o rejuvenescimento de setores existentes. [...] Do ponto de vista da concorrência, implicam a criação de assimetrias competitivas, e alteração na configuração das estruturas de mercado. Do ponto de vista do seu impacto macroeconômico, aportam a modificação de agregados e parâmetros do sistema.

Atualmente as organizações se deparam com uma dinâmica distinta e potencialmente acelerada, principalmente no que tange à inserção de soluções e novas tecnologias. Essa realidade ocorre como reflexo da expansão comercial, da abertura neoliberal de mercado iniciada nas últimas décadas do século XX e exponencialmente intensificada no início desse século e, dos avanços das Tecnologias de Informação e Comunicação (TICs), voltados para o escopo organizacional.

As estratégias competitivas míopes e unidirecionais, dirigidas somente para mercados imediatos, sem observação de diversos fatores de influência e sem visão de futuro, até então utilizadas, passam a privilegiar a transnacionalidade, a integração dos processos de negócio e o posicionamento estratégico organizacional.

Por consequência, a inovação tem se tornado um dos paradigmas dominantes na gerência e na pesquisa do setor de negócios, sendo descrita como uma "religião industrial", por oferecer ao mesmo tempo uma doutrina convidativa e um paliativo para a reestruturação e a mudança econômica. Para o governo, as práticas de inovação oferecem claras direções para a política de desenvolvimento e implementação; para os negócios, ser inovador pode gerar outras e diferenciadas oportunidades de mercado (ATHERTON; HANNON, 2000).

Não obstante, é importante ponderar a diferença entre invenção e inovação, termos frequentemente tidos como sinônimos, principalmente em face da comum origem etimológica das palavras, que derivam do latim *novus,* ou novo, que traz a ideia de introduzir novidade em algo, uma nova ideia, método ou artefato, tornar novo, renovar. No setor industrial, os termos invenção e inovação possuem conotações totalmente distintas.

> A invenção responde à racionalidade técnica; ou seja; um invento para que se reconheça como tal, além de ser uma novidade, tem que demonstrar; em primeiro lugar, sua funcionalidade técnica; as considerações econômicas definitivas são posteriores. A inovação, por outro lado, responde a uma racionalidade econômica e/ou social; isto é, não basta que demonstre sua funcionalidade técnica; deve ser comercializável ou ter uma utilidade social e, portanto, resultar em benefícios econômicos e/ou sociais. Conseqüentemente, tanto o descobrimento como a invenção, constituem apenas uma parte do processo inovador; são elementos necessários mas insuficientes [para o fator competitividade]. (SÁENZ; CAPOTE, 2002, p. 71)

Com a expansão do mercado global, a vantagem competitiva é alcançada pelas empresas que estão aptas a produzir produtos de alta qualidade e grande variedade, e a desenvolver novos produtos com maior presteza e, paralelamente, sustentar a alta *performance* do produto e seus custos competitivos (COURT; CULLEY; MCMAHON, 1997). A inovação no setor industrial pode ser assim entendida como "a tática gerencial de encurtar deliberadamente a vida de produtos no mercado, introduzindo rapidamente novos produtos, é uma arma estratégica contra os competidores mais lentos" (BAXTER, 2000, p. 1).

Para Cândido, Goedert e Abreu (2001), a inovação tecnológica pode ser representada como "um processo de aprendizagem contínuo e cumulativo das empresas para melhorar seus produtos/serviços, seus processos e as formas de gestão, seus modelos de interação social, de modo a aumentar sua produtividade, seus conhecimentos e sua competitividade".

Burlamaqui e Proença (2003, p. 83) afirmam que "uma forma sintética, abstrata e precisa de se introduzir o conceito de inovação é defini-lo como a aplicação de novas ideias e métodos na esfera econômica, cujo resultado é a dilatação do espaço econômico existente".

Reconhecendo a inovação no âmbito organizacional como um processo comumente conduzido por projetos, Tang (1998) esclarece que a inovação é, fundamentalmente, um processo de promoção e execução de projetos, com o objetivo de comercializar ou utilizar um produto, processo ou serviço inovador.

Schumpeter distingue cinco tipos diferenciados de inovação: 1) introdução de um novo produto ou uma mudança qualitativa em um produto já existente; 2) novos processos de inovação para uma indústria; 3) abertura de novos mercados; 4) desenvolvimento de novas fontes de suprimento de matéria-prima; e 5) mudanças na organização industrial (SCHUMPETER, 1934 *apud* LIFSCHITZ; BRITO, 1992).

Adicionalmente, a literatura científica apresenta algumas divisões clássicas com relação ao tipo de inovação: inovações incrementais e inovações radicais.

As inovações incrementais podem ser entendidas como aquelas que advêm de esforços cotidianos para aperfeiçoar produtos e processos existentes, buscando obter maior qualidade e maior produtividade; e, conforme acrescenta Lemos (2000, p. 159),

> [...] são imperceptíveis para o consumidor podendo gerar [para a organização] crescimento da eficiência técnica, aumento da produtividade, redução de custos, aumento de qualidade e mudanças que possibilitem a ampliação das aplicações de um produto ou processo. A otimização de processos de produção, o design de produtos ou a diminuição na utilização de materiais e componentes na produção de um bem podem ser consideradas inovações incrementais.

Por outro lado, as inovações radicais dizem respeito às transformações capazes de mudar radicalmente a dinâmica de um mercado e quebrar paradigmas tecnológicos. Essa tipologia de inovação ainda cria diferenciadas formas de atividade nas esferas de produção, dos serviços, da cultura e da sociedade "[...] produtos, serviços, processos de produção, de distribuição ou gerenciais totalmente novos e qualitativamente distintos de outros" (SÁENZ; CAPOTE, 2002, p. 78).

Paralelamente à constante busca por inovações por meio da agregação de valor aos produtos e aos processos desenvolvidos, faz-se necessário que as indústrias tomem consciência do fluxo informacional que envolve todo o processo produtivo, com o objetivo de melhor gerenciá-lo e, por consequência, obter vantagens e benefícios da sistematização das informações tecnológicas como fator de proatividade e possibilidade de prospecção de demandas de mercado atuais e futuras, locais, regionais e até mesmo internacionais.

Embora a inovação seja vista por muitos, de forma genérica, como conhecimento, *know-how* ou como "um processo complexo de aplicação de novas ideias para o alcance de algum propósito vantajoso e proveitoso" (TANG, 1998, p. 297), convém salientar que o tema, tratado aqui, ora como inovação, ora como inovação tecnológica ou inovação industrial, estará sempre inserido no contexto das atividades industriais, portanto corresponderá à ideia de desenvolvimento de produtos diferenciados, inovadores e de possível comercialização, com vista à conquista de mercados e à ascendência e manutenção competitiva da empresa. Dessa forma, a concepção da ideia da inovação vai ao encontro da forma como o glossário da Associação Nacional de Entidades Promotoras de Empreendimentos de Tecnologias Avançadas (2002, p. 62) concebe o termo: "Introdução no mercado de produtos, processos, métodos ou sistemas não existentes anteriormente, ou com uma característica nova, ou diferente daquela até então em vigor, com fortes repercussões socioeconômicas".

Resgatando conceitos de inovação tecnológica: enfoque no processo

Conforme anteriormente exposto, a inovação tecnológica, para o segmento industrial, desempenha papel preponderante na sobrevivência e na manutenção competitiva de uma organização, em tempos do mercado volátil e inconstante decorrente do neoliberalismo e da globalização econômica.

O processo de inovação para o desenvolvimento de produtos no segmento da manufatura é altamente debatido como uma forma de fortalecimento da posição competitiva da organização no mercado, e sua importância tem se tornado patente, tanto do ponto de vista acadêmico quanto pelo setor industrial.

Silva (2001), citando Hope e Hope (1997), estabelece uma relação entre a posição de mercado de uma organização e a sua capacidade de desenvolver novos produtos, apresentando que cerca de 49% das vendas de empresas líderes de mercado são provenientes de produtos lançados nos últimos cinco anos.

Pelo fato de a inovação estar arraigada diretamente ao fator competitividade, as empresas de manufatura em geral precisam estar sempre em consonância com as necessidades e expectativas de seus clientes atentas à qualidade de seus produtos, para que assim possam se antecipar ao mercado latente e emergente através da produção de bens inovadores.

Como contraponto, faz-se importante considerar que o processo de introdução de inovações no mercado não é uma operação trivial, uma vez que resulta em uma conjugação entre atividade empresarial e condições de financiamento e está permanentemente diante de dois tipos de barreira. Uma dessas é representada pela obscuridade do futuro, que nem sempre pode ter seu sucesso ou fracasso seguramente avaliados *ex-ante*; e a outra, pelo peso dos hábitos e rotinas empresariais e pela durabilidade do mercado fixo, potencialmente ameaçados pelas inovações. Por outro lado, essa situação implica que o processo inovativo requisite do ângulo da atividade empresarial qualidades especiais como: visão, propensão ao risco, capacidade de tomar decisões e talento organizacional (BURLAMAQUI; PROENÇA, 2003).

De forma antagônica, Lifschitz e Brito (1992) são mais agudos ao discutirem a questão da equivalência direta entre o êxito técnico e o êxito econômico no processo de inovação, já que defendem que, a despeito do alcance de condições excelentes do ponto de vista técnico e do fato de os imperativos técnicos não estarem dissociados da natureza econômica que orienta as escolhas tecnológicas e as linhas de investimentos para as atividades em P&D, não há como se prever o comportamento dos agentes, e, desta forma, as trajetórias tecnológicas não são unívocas.

Utterback (1996), ao discutir a inovação e sua repercussão na competitividade da empresa, certifica que as indústrias são alvejadas pela constante renovação das ondas de inovação que desestabilizam os projetos dominantes[3] organizacionais existentes, e, em decorrência disso, a letargia dos setores concorrentes é minimizada, a fim de promover uma nova onda de inovação e ruptura parcial ou total com as tecnologias consolidadas no setor.

Sob o aspecto da inovação e do desenvolvimento de novos produtos, Almeida (2002, f. 29) reconhece que "o ajustamento das empresas a ambientes em que há concorrência e o crescente grau de exigência dos consumidores tornam imprescindíveis a inovação e a rapidez de chegar o produto ao mercado, com menor custo e melhor qualidade".

No sistema produtivo industrial, a originalidade na produção de bens é crucial. A indústria, com relação à inovação de produtos, tem como norte três possibilidades de ações estratégicas e cada uma delas apresenta vantagens e desvantagens, decorrentes do grau de diferenciação e inovação.

Uma primeira ação estratégica está voltada à *reposição de produtos*, ou seja, a produção de produtos com características similares aos já existentes no mercado, mas que de certa maneira, apresentem uma imagem diferente ao usuário, por exemplo, produtos que efetuam mudanças na embalagem sem alteração do conteúdo. Esse reposicionamento de produto confere baixo grau de inovação a ele; entretanto, o nível de risco em relação à diminuição do consumo é da mesma forma consideravelmente baixo.

A segunda ação estratégica de *reformulação de produtos* diz respeito aos produtos que sofrem modificações com o objetivo de reduzir custos, incrementar a confiabilidade, ampliar o campo de aplicação ou, ainda, imitar a concorrência. Essa ação, que pode ser exemplificada pelo *benchmarking*, apresenta maior risco de não aceitabilidade do que a exercida pelo produto reposicionado, porém trabalha com um índice de inovação médio e com um certo grau de previsão que, quando bem delineado, pode ampliar o mercado de atuação da indústria.

A terceira ação estratégica direciona-se aos *produtos industriais originais*, em que a vantagem reside na possibilidade de criar outros conceitos de consumo e maior visibilidade da indústria pelo mercado; mas, como a indústria, ao praticar essa ação, explora segmentos novos, os riscos são maximizados. Para as organizações

---

[3] "Um projeto dominante, em uma classe de produto, é, por definição, aquele que adquire a fidelidade do mercado, aquele que os concorrentes inovadores precisam adotar para terem pelo menos a possibilidade de deter uma parcela significativa do mercado" (UTTERBACK, 1996, p. 26).

manufatureiras, o grau de inovação mais salutar está na originalidade. Embora seja importante a indústria realizar constantes modificações em seus produtos, ajustando-os às expectativas do consumidor, e incrementá-los com o objetivo de reposicioná-los no mercado, a inovação radical, certamente, produz maior impacto para as atividades do setor.

Síntese do grau de inovação quanto às categorias de produtos industriais pode ser observada no QUADRO 1, a seguir.

Quadro 1 – Importância do grau de novidade segundo a categoria de produtos

Categoria dos Produtos industriais	Grau de inovação
Reposicionados	Baixo
Reformulados	Médio
Originais	Importante

Fonte: Adaptado de Besora (1998, f. 11).

Esse impacto reside na possibilidade de as indústrias despontarem estrategicamente em relação à concorrência e de atingirem mercados até então inexplorados ou pouco explorados. Quanto à categorização atribuída à novidade do produto, o mesmo autor reproduz um esquema que representa e confirma a relação entre o acréscimo das novidades comerciais e o objetivo dos produtos nesse contexto.

Quadro 2 – Categorias de novidade de um produto

	Objetivos dos produtos	Acrescentar novidades comerciais		
		Sem mudanças tecnológicas	Tecnologia melhorada	Nova tecnologia
Incrementar Novidades Comerciais	Sem mudança do mercado		Reformulação	Substituição
	Fortalecer mercado	Recomercialização	Produtos melhorados	Ampliação da gama de produtos
	Mercado novo	Novas formas de uso	Ampliação do mercado	Diversificação

Fonte: Adaptado de Besora (1998, f. 46).

Pelo esquema apresentado no QUADRO 2, visualizam-se as diferentes categorias de inovação e seus respectivos impactos, a nova tecnologia proveniente de uma inovação radical substitui produtos existentes, amplia a gama de produtos disponíveis e, naturalmente, diversifica o mercado.

Kotler e Bes (2004) também relacionam os diferentes tipos de inovação, como pode ser visualizado no QUADRO 3.

Quadro 3 – Abordagens para o desenvolvimento de novos produtos

Tipo de Inovação	Consiste em	Efeito no mercado
Baseada em modulação	Aumentar ou diminuir as características do produto ou serviço	▪ Ampliação do público-alvo ▪ Capacidade de servir melhor a determinados segmentos
Baseada em tamanho	Variações de volume, quantidade ou freqüência	▪ Ampliação do público-alvo ▪ Ampliação das ocasiões de consumo
Baseada em embalagem	Modificações do contêiner ou embalagem	▪ Ampliação do público-alvo ▪ Ampliação das ocasiões de consumo
Baseada em design	Modificações de design para comunicar diferentes estilos de vida	▪ Ampliação do público-alvo ▪ Diferenciação por estilo de vida
Baseada em complementos	Adicionando ingredientes ou complementando/ adicionando serviços	▪ Possibilidade de atender melhor a segmentos e nichos concretos ▪ Aumento da amplitude de produtos
Baseada em redução de esforço	Redução do esforço feito pelo cliente durante o processo de compra	▪ Conversão de compradores potenciais em atuais ▪ Possibilidade de atingir a máxima penetração do produto ou serviço

Fonte: Kotler e Bes (2004, p. 60).

Não obstante, os autores enfatizam que, para organizações em busca de originalidade, diferenciação e mercados prósperos, essas abordagens não são suficientes, uma vez que as práticas de inovação relatadas não criam outras categorias ou outros mercados, pelo fato de derivarem de produtos já existentes.

Desse modo, a concorrência poderá mais facilmente utilizar-se de um processo imitativo dos produtos lançados em um espaço de tempo mais reduzido, pois é inevitável que, ao uma indústria desenvolver e introduzir um novo produto ao mercado, seus competidores responderão com um produto similar.

Embora haja uma segmentação quanto à tipologia da inovação tecnológica e seus consequentes efeitos para a organização, a inovação tecnológica é considerada quando alcança uma dimensão econômica e traz ganhos para a organização, os quais podem ser provenientes de impactos como: qualidade e variedade do produto, inserção no mercado, redução de custos e ganhos de capacidade e flexibilidade produtiva, bem como outros aspectos ligados à segurança, à padronização e ao impacto ambiental (IBGE, 2000).

A informação como insumo e produto da inovação tecnológica na indústria

Silva (2001) observa que algumas organizações, embora de menor porte e com menor disponibilidade de capital, assumem a liderança em certos segmentos de mercado, graças a uma administração eficaz dos recursos disponíveis (humanos, materiais, etc.), aliada a uma correta e eficiente política de desenvolvimento de produtos.

Entre esses recursos, certamente inserem-se os recursos informacionais disponíveis, uma vez que esses são o norte para a garantia de eficiência e eficácia de qualquer política para desenvolvimento de novos produtos que vise à inovação.

A informação incide diretamente em todas as etapas do processo de inovação tecnológica. Ela engendra e subsidia todas as atividades desse processo, que vão desde a concepção da ideia do produto nas fases de pré-desenvolvimento e desenvolvimento até a verificação do impacto do produto no mercado e seus retornos à organização na fase de pós-desenvolvimento. Sendo assim, a forma como as organizações lidam com a busca, a obtenção, a disseminação, o intercâmbio e o uso efetivo da informação afeta diretamente o encontro de novas possibilidades de mercado. Para as organizações orientadas para a inovação tecnológica, monitorar e gerenciar o fluxo da informação tecnológica é uma importante parte da análise do ambiente em que estão inseridas (TANG, 1998).

Van de Ven (1986), em seu artigo que discute os pontos centrais que dificultam o gerenciamento da inovação, traz, em síntese, quatro problemas básicos que dizem respeito à condução da inovação tecnológica nas organizações: 1) o fator humano, que pode interferir na percepção da necessidade do objeto de inovação; 2) o problema no gerenciamento de ideias em um fluxo contínuo, 3) um problema estrutural na rede de relacionamentos internos e, 4) um problema estratégico quanto à liderança institucional.

Com relação aos problemas do fluxo contínuo de ideias e à estrutura da rede de relacionamentos internos levantados por Van de Ven (1986), grande parte dessa problemática é proveniente de uma não sistematização das informações utilizadas durante o processo inovativo.

O fluxo contínuo das informações e, consequentemente, das ideias traz benefícios e gera atividades de inovação na indústria, a partir do momento em que está em sintonia com a rede de relacionamentos e comunicação da organização e quando balizado por um gerenciamento informacional eficaz. Como indicam Araújo, Freire e Mendes (1997, p. 283), o sucesso da produção na indústria caracteriza-se "pela busca de informação, pela comunicação com fontes de conhecimento relevantes, pela capacidade de absorção de tecnologias nas unidades produtivas e, especialmente, pela capacidade para produção e avaliação de informações".

Organizações – sejam elas indústrias, sejam elas entidades prestadoras de serviço – são sistemas de comunicação e processamento de informações que rotineiramente geram, armazenam e acessam informações, e, por esse motivo, a forma como gerenciam os recursos de informação se reflete diretamente na eficácia organizacional (CRONIN; GUDIN, 1986).

Com o aumento vertiginoso da produção científica e tecnológica, em todos os tipos e variedades de suporte, aumenta substancialmente "a necessidade de trabalhar a informação bruta, selecioná-la, depurá-la e disseminá-la aos usuários e clientes, que vão transformá-la em decisões estratégicas e operacionais" (SANTOS JÚNIOR , 1996, p. 47).

Dessa forma, a base para um mercado diversificado, de avanços tecnológicos altamente dinâmicos e de melhoria contínua, é a informação (COURT; CULLEY; MCMAHON, 1997).

Em termos econômicos, cada vez mais se reconhece que a informação (e sua efetiva comunicação) é o recurso mais importante para a eficiência de qualquer indústria, processo de produção ou comércio. Em sua relação com o desenvolvimento das forças produtivas, a informação tornou-se e é tratada como mercadoria, adquiriu valor, transformando-se em elemento-chave no processo de tomada de decisão do setor produtivo (FREIRE, 1991).

Souza (1991) relaciona a informação como fator essencial para a produtividade e destaca a impossibilidade de as indústrias prescindirem dela para o desenvolvimento da atividade industrial, independentemente de sua natureza ou localização, de quem use ou armazene, uma vez que até mesmo as sociedades de convivência ágrafa operam com base em informações, sendo, portanto, a informação fundamental para todo e qualquer investimento financeiro "voltado ao fomento das atividades industriais, desde que se tenha a convicção de que é do interesse das sociedades de países subdesenvolvidos avançar para contextos de vivência em situação de países economicamente modernos" (SOUZA, 1991, p. 34).

Dada a sua complexidade, o processo de inovação tecnológica exige um fluxo de informações robusto, suportado por intenso processo de comunicação, bem como por diferentes tecnologias, fontes e canais de informações tanto internos como externos às empresas. Consequentemente, a maneira como a informação relevante ao processo flui é essencial para as indústrias na criação de operações de longo e de médio prazos e como elemento determinante para o sucesso dos esforços empreendidos em Pesquisa e Desenvolvimento (P&D). Quanto mais uma organização reduzir sua incerteza (o *gap* existente entre a informação necessária e a informação requerida) sobre a necessidade dos clientes, tecnologias e mercado, maiores são as chances do novo produto ser economicamente rentável (SOUDER; MOENAERT, 1992).

Paralelamente à constante busca por inovações, através da agregação de valor aos produtos e aos processos desenvolvidos, faz-se necessário que as indústrias tomem consciência do fluxo informacional que envolve todo o processo produtivo, com o objetivo de melhor gerenciá-lo e, por consequência, obter vantagens e benefícios da sistematização das informações tecnológicas como fator de proatividade e possibilidade de prospecção de demandas de mercado atuais e futuras, locais, regionais e até mesmo internacionais.

Moura discorre sobre a informação e sua relação com o processo inovativo, acentuando-a como insumo básico para as empresas e como elo de sincronia das diversas funções, processos e setores de uma organização, o qual "está presente em todas as suas atividades, desde o conhecimento do mercado e definição dos produtos, até a produção dos mesmos, passando pelo sistema de suprimentos e vendas" (MOURA, 1996, p. 38).

Johnson e Brown (1986) já salientavam o valor da inovação como fator crítico de sucesso e competitivo, principalmente para as organizações voltadas para o desenvolvimento de novos produtos, enfatizando que o ponto-chave desse processo está centrado em como a informação, relevante para a inovação, flui desde sua origem, durante todo o desenvolvimento do produto, e como é utilizada pelos atores do processo, uma vez que esses são elementos essenciais para uma operação bem-sucedida a longo prazo, assim como para um gerenciamento efetivo do processo de inovação.

Aguiar (1991) observa inúmeros tipos de informação que subsidiam esse processo: 1) Informações sobre oportunidades comerciais; 2) tendências de evolução quantitativa e qualitativa do mercado; 3) conjunturas econômicas capazes de afetar o comportamento do mercado; 4) preços de insumos, de matérias-primas e produtos concorrentes; 5) empresas concorrentes existentes em implantação, ou planos de expansão de outras empresas; 6) empresas existentes fornecedores de insumos e de matérias-primas e, 7) fornecedores alternativos.

Para representar o caráter estratégico da informação no processo de inovação de produtos na indústria, Figueiredo (1989 *apud* VALENTIM 1997, p. 25) estabelece relações entre as etapas do processo de inovação com os *inputs* informacionais em cada um desses momentos. As seis fases em que se subdivide a inovação – 1) Conscientização da ideia, 2) Definição do projeto, 3) P&D, 4) Desenho, 5) Produção de Tecnologia e, 6) Marketing – são diretamente influenciadas por canais e fontes de informação internos e externos. Dessa forma, confirma-se que a informação está estreitamente conexa ao processo de inovação tecnológica, percorrendo e convergindo, simultaneamente, a todas as atividades e momentos da inovação.

Durante a concepção da ideia do produto e o projeto do produto, a organização necessita de constante prospecção e monitoramento de informações internas e externas à indústria, recorrendo às fontes e aos canais de informação que identificarão a viabilidade de produção e absorção do produto pelo mercado. No momento da pesquisa e do desenvolvimento (P&D), no qual é realizada a avaliação da situação e condição de a indústria executar a produção, bem como a definição pelo método a ser adotado, a indústria necessita conhecer patentes e padrões já existentes, perscrutar informações na literatura técnica e científica, entre outras.

Na fase de *design*, ou projeto, os *inputs* informacionais são necessários para a definição das especificidades e detalhamentos do projeto e para a realização dos procedimentos de teste. A produção da tecnologia (produto) propriamente dita agrega necessidades informacionais para o desenvolvimento do processo de produção, que envolve estudos do material, controle de qualidade, alterações necessárias no projeto e na produção, procedimentos de manutenção, entre outros. Com relação à etapa de *marketing* e venda do produto, as informações que nutrem essa etapa do processo de inovação estão correlacionadas às informações externas de mercado, econômicas e sociopolíticas, que fornecem um panorama do contexto no qual o produto estará inserido.

Assim sendo, a informação é incluída, explicitamente ou de forma subentendida, como parte de um processo que

> exige coordenação e *análise de um conjunto amplo de informações* e atividades inter-relacionadas, envolvendo desde a definição de requisitos do projeto, a engenharia de produto, até as estratégias de lançamento no mercado. O êxito de todo esse trabalho depende do êxito de cada uma das fases. A dificuldade em lidar com pontos críticos pode levar novos produtos ao fracasso (SANTOS JÚNIOR; MELLO, 1996 *apud* ALMEIDA, 2002, f. 29, grifo nosso).

Holman, Kass e Keeling (2003) defendem o gerenciamento informacional como uma das melhores formas para se elevar o desenvolvimento de produtos a um novo nível de qualidade e capacidade organizacional. Os autores enfatizam que, na busca de eficiência de produção e de atender às demandas emergentes, durante os últimos 15 anos, grande parte das indústrias adotou padrões de processo de desenvolvimento de produtos, limite de tempo, rigorosas revisões de projeto, "portas" de tomada de decisão, equipes multifuncionais entre outros recursos, os quais certamente otimizam a eficácia do processo, mas, por outro lado, restringem de forma considerável benefícios futuros e ulteriores.

Essa visão busca superar as formas lineares e rígidas baseadas em processos e expandir e impulsionar a possibilidade de ação-reação da informação durante todo o ciclo do processo produtivo, como ilustrado pela FIGURA 1.

Figura 1 – Abordagem de desenvolvimento de produtos baseada em informação

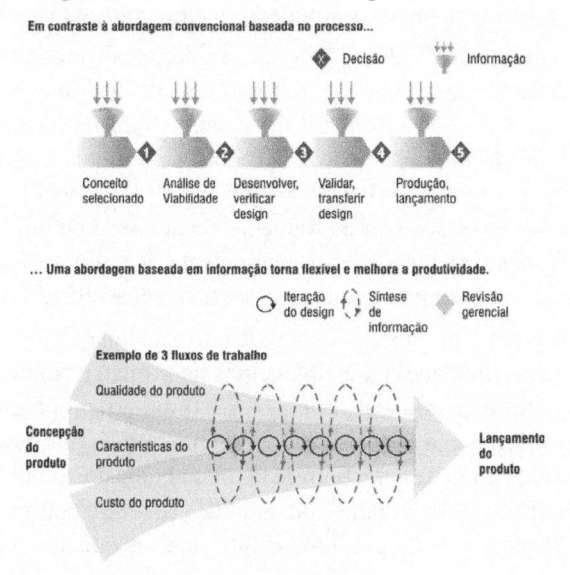

Fonte: Holman, Kaas e Keeling (2003, p. 32, tradução nossa).

Nessa abordagem de desenvolvimento de produtos, as indústrias reagem continuadamente à informação, que passa de elemento coadjuvante para elemento essencial do processo. Em vez de os *inputs* informacionais serem feitos em intervalos ou mesmo em uma única ocasião e como resultado, essas organizações

> [...] tomam melhores decisões em cada uma das etapas e ainda reduzem gargalos, *gaps* de informação, ciclos de re-trabalho, desperdício de esforços que podem tomar muito tempo e sacrificar de certa forma o desenvolvimento de novos produtos (HOLMAN; KASS; KEELING, 2003, p. 30, tradução nossa).

O fato de a abordagem informacional para o desenvolvimento de novos produtos envolver atividades concomitantes, como a iteração do *design* (projeto), sínteses de informação e revisão gerencial, isso gera desafios à indústria, no tocante ao gerenciamento de seu fluxo da informação, seus componentes, aspectos variantes e atores participantes diretos e indiretos que serão tratados mais adiante.

Categorizando a informação: a informação tecnológica no processo de desenvolvimento de produtos

A notoriedade da informação é confirmada por inúmeros autores[4] como um insumo básico e como um recurso econômico orientado à produtividade que permeia todas as ações dentro de uma organização e, no caso da indústria de manufatura, à produtividade de bens.

A despeito do *status* atribuído à informação no processo de inovação, nota-se falta de consenso terminológico na literatura, a partir do momento em que a informação passa a ser categorizada e adjetivada, como nos casos da informação voltada para empresa/indústria e da informação tecnológica. Isso se deve, em grande parte, à dificuldade de estabelecer mais de uma categoria a um determinado tipo de informação, em detrimento da possibilidade de uma mesma informação atender a diferentes interesses (CYSNE, 1996).

No que concerne particularmente à área tecnológica, uma dificuldade encontrada para a discussão da temática reside na confusão semântica reinante (PACHECO, 1991). Termos como informação para negócios, informação para indústria, informação industrial, informação em ciência e tecnologia e informação tecnológica são frequentemente utilizados e, muitas vezes, confundem-se pela similaridade de suas características.

A informação tecnológica e a informação para negócios devem ser entendidas como tipologias distintas, as quais, quando somadas, compõem a informação industrial.

A informação tecnológica é definida pela Federação Internacional de Informação e Documentação (FID) como aquela que "congrega todo o tipo de informação que

---

[4] Autores a exemplo de Freire (1991), Souza (1991), Lautré (1992), Aun (1996), Cysne (1996), Moura (1996), Araújo, Freire e Mendes (1997).

contribui para o desenvolvimento industrial, uma vez que carrega em si o conhecimento técnico, econômico, mercadológico, gerencial e social para o aperfeiçoamento e inovação" (FID [1980] *apud* Souza; Borges, 1996, p. 52).

Apesar das semelhanças entre informação industrial e informação tecnológica e de, muitas vezes, esses termos serem vistos como sinônimos, Valentim (1997, p. 20) afirma que a "informação tecnológica está muito voltada para a inovação, o que não necessariamente acontece com a informação industrial".

Fujino (1993 *apud* Valentim, 1997, p. 20) afirma que "informação tecnológica é o conhecimento, científico, técnico, administrativo, indispensável para a eficiente operação do sistema produtivo de uma empresa industrial".

A informação tecnológica é a verdadeira propulsora da capacitação das pessoas de uma empresa e a matéria-prima que fomenta a geração de conhecimentos que darão suporte às atividades inovativas.

Aguiar (1991, p. 11) conceitua informação tecnológica como "todo o tipo de conhecimento relacionado com o modo de fazer um produto ou prestar um serviço, para colocá-lo no mercado".

Já Montalli e Campelo referem-se à informação tecnológica como

> aquela que trata da informação necessária, utilizada e da informação gerada, nos procedimentos de aquisição, inovação e transferência de tecnologia, nos procedimentos da metrologia, certificação de qualidade e normalização e nos processos de produção (Montalli; Campello, 1997, p. 322).

Sob essa ótica, a informação tecnológica é aquela que dá embasamento a qualquer transformação de um produto, processo ou serviço.

Pacheco (1991) afirma que a informação tecnológica destina-se, basicamente, aos engenheiros e a outros profissionais de nível superior. Essas informações não estão dispersas na literatura convencional, podendo assim, ser obtidas entre outros documentos: normas técnicas, patentes, documentações tecnológicas não patenteadas, relatórios técnicos, especificações de produtos e equipamentos, ou através de consultorias e assistências técnicas. A essas relações de fontes de informação tecnológica, Aun (1996) acrescenta: as bases de dados para tecnologia e negócios, fontes financeiras, legislação, normas técnicas e pesquisa de mercado.

Na visão de Alvares (1997, p. 170 *apud* Januzzi, 2002, p. 49), a informação tecnológica refere-se àquela pertinente às "tecnologias de fabricação, de projeto e de gestão que favoreça a melhoria contínua da qualidade e a inovação no setor produtivo".

Segundo Rodrigues, Abe e Dib (2001, p. 33), informação tecnológica está relacionada ao

> [...] modo de fazer um produto ou prestar um serviço para colocá-lo no mercado, servindo para difundir tecnologia de domínio público para possibilitar a melhoria da qualidade e da produtividade de empreendimentos existentes e construir insumo para o desenvolvimento de pesquisa tecnológica.

Para Santos, a informação tecnológica está intimamente ligada à ascensão científico-tecnológica de um país e configura-se como

> um dos mais importantes recursos da sociedade contemporânea [...] resultante de estudos e pesquisas deliberados, envolvendo recursos humanos cada vez mais especializados, recursos financeiros, vontade política e um meio cultural favorável ao desenvolvimento científico e tecnológico (SANTOS, 1993 apud VALENTIM, 1997, p. 16).

Lautré (1992, p. 134), em um de seus artigos voltados para a discussão da importância do monitoramento tecnológico no âmbito empresarial traduzido para a língua portuguesa, trata a informação tecnológica como algo impossível de ser caracterizado como desagregado de outros tipos de informação, sendo ela "indissociável da informação econômica e social, dos movimentos estratégicos, dos grupos internacionais, das mudanças de comportamento, dos mercados financeiros".

Apesar das diferenças conceituais existentes, com base nos conceitos levantados na literatura, nota-se a importância da informação tecnológica para todas as etapas e atividades de inovação nas empresas. Ela abarca todos os procedimentos e metodologias que devem ser realizados para a criação ou o melhoramento de um produto, serviço ou processo. O QUADRO 4 explicita claramente a relação entre as tipologias e fontes de informação tecnológica, bem como o suporte informacional que presta a diferentes etapas/fases do processo de inovação.

Quadro 4 – Informação tecnológica na indústria

Fases/Etapas	Suporte Informacional	Tipo/Fontes
1. Monitoramento Constante	mercado externo/interno econômico/financeiro políticas/legislação meio ambiente conorrência/clientes/fornecedores tecnológico	bases de dados internacionais/ nacionais, leis, patentes, regulamentações, portarias, normas e especificações
2. Definição de Projeto (s)	tecnologia externa/interna existente capacitação tecnológica recursos humanos especializados recursos financeiros disponíveis recursos de equipamentos necessários análise mercadológica/marketing assimilação da planta fabril materiais necessários (matéria-prima)	base de dados internacionais/nacionais, patentes, normas e especificações, relatórios mercadológicos e de investimentos, bancos de dados, internos, fornecedores, consultores e informática
3. P&D	tecnologia externa/interna existente ensaios, garantia da qualidade materiais & processos projeto & análise desenvolvimento de produto	bases de dados internacionais/ nacionais, normas e especificações, relatórios de ensaios, catálogos de fornecedores, desenhos, bancos de dados internos
4. Produção	tecnologia interna controle/garantia da qualidade manutenção de máquinas/ferramentas avaliação da produção	bancos de dados internos, normas e especificações, desenhos, catálogos de máquinas/ferramentas, relatórios de produção
5. Vendas	mercado externo/interno econômico/financeiro políticas/legislação concorrência/clientes/fornecedores	bases de dados internacionais/nacionais, leis, portarias, relatórios mercadológicos, relatórios financeiros, câmbio

Fonte: Valentim (1997, p. 26).

Assim sendo, a informação tecnológica para a indústria vislumbra-se como a espinha-dorsal das tomadas de decisão quanto às atividades de inovação de produtos. Encontrada em diversos suportes e fontes informacionais, como bases de dados, catálogos, normas, documentos oficiais, relatórios, entre outros, ela possibilita a redução de incertezas e confere à indústria – quando bem gerenciada e utilizada – um diagnóstico situacional da inovação em âmbito nacional e internacional.

A informação tecnológica é capaz de firmar fatores de capacitação tecnológica para a indústria, auxiliando na organização e manutenção de custos de produção, na produção manufatureira de novos produtos, na identificação de novas oportunidades de investimentos, na otimização da produtividade e capacidade dos equipamentos e na adequação da qualidade dos produtos aos seus respectivos mercados. Quando a organização desperta para o valor da informação e para o planejamento de como consegui-la, onde localizá-la e como utilizá-la, os problemas – tanto da alta gerência quanto dos demais departamentos e setores da indústria – são consideravelmente minimizados e solucionados mais rapidamente e a menores custos (MONTALLI, 1991).

Dada a importância da forma como essa informação é tratada, disseminada e assimilada pela organização, existe a necessidade de um gerenciamento efetivo e eficaz do fluxo de informações que se move na indústria, de seus elementos e componentes, os quais serão pontos discutidos pelo próximo tópico.

Uma reflexão do fluxo da informação no processo de inovação industrial

Como visto, o processo inovativo, em sua totalidade, envolve frequentes entradas e *feedbacks* informacionais interativos, que compreendem desde a fase inicial da concepção e idealização do produto a ser desenvolvido, até sua absorção pelo mercado.

Paralelamente à constante busca por inovações através da agregação de valor aos produtos e aos processos desenvolvidos, faz-se necessário que as indústrias tomem consciência do fluxo informacional que envolve todo o processo produtivo, com o objetivo de melhor gerenciá-lo e, por consequência, obter vantagens e benefícios da sistematização das informações tecnológicas como fator de proatividade e possibilidade de prospecção de demandas de mercado atuais e futuras, locais, regionais e até mesmo internacionais.

Nesse sentido, a complexidade técnica induz a uma complexidade organizacional, e essa complexidade cria a necessidade de processamento de informações adicionais.

Simultaneamente ao acréscimo de complexidade nos processos de produção orientados à inovação, observa-se, de forma sintomática, incremento do fluxo informacional do sistema. A informação, sob esse aspecto, é o elemento-chave para o desenvolvimento tecnológico, para a tomada de decisões estratégicas, e, ao mesmo tempo, é insumo e produto no processo de inovação. Segundo Prysthon e Schmidt (2002, p. 89), o domínio tecnológico é conseguido por meio do insumo básico – a informação –, que possui natureza técnica, científica e econômica, mercadológica e gerencial. Tem como canais de distribuição meios formais e informais e está relacionado com a competência na aplicação de tecnologia, criando a condição de autonomia e domínio tecnológico.

A complexidade do fluxo da informação acontece na medida em que a indústria, para a eficácia e eficiência do processo de desenvolvimento de produtos, precisa de uma sistematização e de um gerenciamento informacional adequados. Não somente são requeridas informações sobre possíveis mercados consumidores, como também são necessárias informações tecnológicas para que as indústrias se antecipem à contínua mudança da demanda consumidora, acompanhem e controlem minuciosamente toda a cadeia produtiva. Os *inputs* e os *outputs* informacionais em processos de inovação são dinamizados e intensificados. Por conseguinte, quando observadas barreiras ao fluxo de pessoas e de informação entre o grupo e o seu meio ambiente, certamente são identificadas limitações e debilidades quando do atendimento das necessidades de informação e do potencial de inovação de uma indústria (ARAÚJO; FREIRE; MENDES, 1997).

Moura (1996) ressalta a necessidade de sintonização dos elementos de uma empresa através do fluxo informacional como a essência da qualidade e para um aproveitamento mais amplo dos recursos na transformação de produtos, uma vez que é a cadeia de informação que possibilita sustentar essa articulação.

Sendo assim, podemos discordar em parte da afirmação de Lifschitz e Brito (1992, p. 16), fundamentada na escola neoschumpeteriana, quando da referência ao processo inovativo como um fenômeno exclusivamente *ex post* em que seu êxito ou fracasso está suscetível ao mercado e, portanto, seguidor de uma dinâmica de imprevisibilidade. A discordância a essa assertiva parte do pressuposto de que, apesar de circundadas por um ambiente altamente volátil como o mercado competitivo, as inovações industriais, quando amparadas por um fluxo informacional adequado em toda sua cadeia de idealização, produção e inserção no mercado, podem fortalecer, sim, a aceitação do produto e auferir margens de previsibilidade a ela.

Acerca da palavra fluxo é sabido que essa deriva do latim *fluxus*, e diz respeito ao ato ou modo de fluir, ou ainda, à sequência e vicissitude de acontecimentos. Transpondo o termo para a Ciência da Informação e aplicando-o ao objeto de análise e de estudo do campo, Kremer (1980, p. 8, tradução nossa) define o fluxo da informação como "a dinâmica do processo pelo qual a informação é disseminada, procurada e obtida". Embora a definição atribua um caráter simples para o entendimento do processo, o fluxo da informação é imbuído de maior complexidade do que aparenta.

Para Barreto (1998, p. 122), o fluxo da informação é "uma sucessão de eventos, de um processo de mediação entre a geração da informação por uma fonte emissora e a aceitação da informação pela entidade receptora". Entretanto, "o fluxo de informação, que, mediante processos de comunicação, realiza a intencionalidade do fenômeno da informação, não almeja somente uma passagem", ou seja; nesse processo ocorre uma alteração. Aqueles que recebem e elaboram a informação tramitada no processo de mediação são expostos a um processo de desenvolvimento, posteriormente compartilhado e repassado ao ambiente de convivência.

O autor, em artigo mais recente, realiza uma discussão mais ampla quanto à temática, expondo o fluxo da informação como um processo que se move em dois níveis, e

> em um primeiro nível aos fluxos internos de informação se movimentam entre os elementos de um sistema, que se orienta para sua organização e controle, seriam os *fluxos internos ou de primeiro nível* [...] Os fluxos de informação de *segundo nível* são aqueles que acontecem nas extremidades do fluxo interno, de seleção, armazenamento e recuperação da informação. *Os fluxos extremos* são aqueles que por sua atuação mostram a essência do fenômeno de transformação, entre a linguagem do pensamento de um emissor à a linguagem de inscrição do autor da informação à e o conhecimento elaborado pelo receptor em sua realidade (BARRETO, 2002, p. 20).

Sob essa perspectiva, o fluxo da informação opera em um sistema de criação da informação, do processamento – envolvendo a entrada, o armazenamento, a seleção, a recuperação e o uso da informação – e posterior consolidação dessa informação como realidade em um processo de transformação da informação (I) em conhecimento (K) pelo indivíduo. A compreensão do fluxo da informação nessa proposta sobrepõe-se às questões meramente referentes ao tratamento da informação, avançando em um terceiro momento do processo, que resulta na assimilação, absorção e criação do conhecimento com base no insumo informação, o qual servirá de subsídio para o recomeço do processo.

Também se utilizando da classificação do fluxo da informação para a melhor compreensão do processo, Forza e Salvador (2001), ao discutirem a influência do fluxo da informação na melhoria da *performance* das indústrias manufatureiras, adotam uma taxonomia que classifica o fluxo de informações em três modalidades: o fluxo vertical de informação, o fluxo horizontal de informações e o fluxo externo de informações.

O fluxo vertical de informações se constitui das comunicações que se estabelecem ao longo das cadeias de comando, de forma tanto ascendente quanto descendente. Os fluxos horizontais estão relacionados ao fluxo que cruza as linhas hierárquicas da organização e manifestam-se independentemente da gerência organizacional. Por seu turno, o fluxo externo se constitui das comunicações que se estabelecem por meio de conexões entre a indústria e outros atores e canais externos à organização, a exemplo dos fornecedores e dos clientes.

Os mesmos autores sublinham que, especialmente na fase de processo de desenvolvimento de produtos, múltiplos canais de informação são utilizados para a reunião de informações externas sobre requerimentos de clientes reais e potenciais. Para eles, os fluxos horizontais e externos, quando simultâneos, promovem maior credibilidade e consenso à especificação do produto e à comunicação interdepartamental no processo de tomada de decisão, facilitando sobremaneira a superação de barreiras de comunicação, principalmente quanto à linguagem (FORZA; SALVADOR, 2001).

Trabalhando com o conceito de cadeia informacional e no intuito de esquematizá-la de maneira orientada à produção de produtos, Benner *et al.* (2003) relacionam três etapas principais. Na primeira fase, as informações coletadas com relação aos atores, ao processo de produção, às características de qualidade, bem como aos aspectos do novo produto a ser desenvolvido, são reunidas e agrupadas. Posteriormente, ocorre a fase de processamento dessas informações, a qual subsidiará a identificação do cenário e das opções para a execução da produção do novo produto. A cadeia informacional então segue para a última etapa, a de disseminação das informações ao longo da estrutura organizacional, a qual possibilitará a escolha do melhor cenário (opção) de desenvolvimento de produto através de critérios de seleção e, por conseguinte, estabelecerá o fluxo essencial de informações que ampararão o processo.

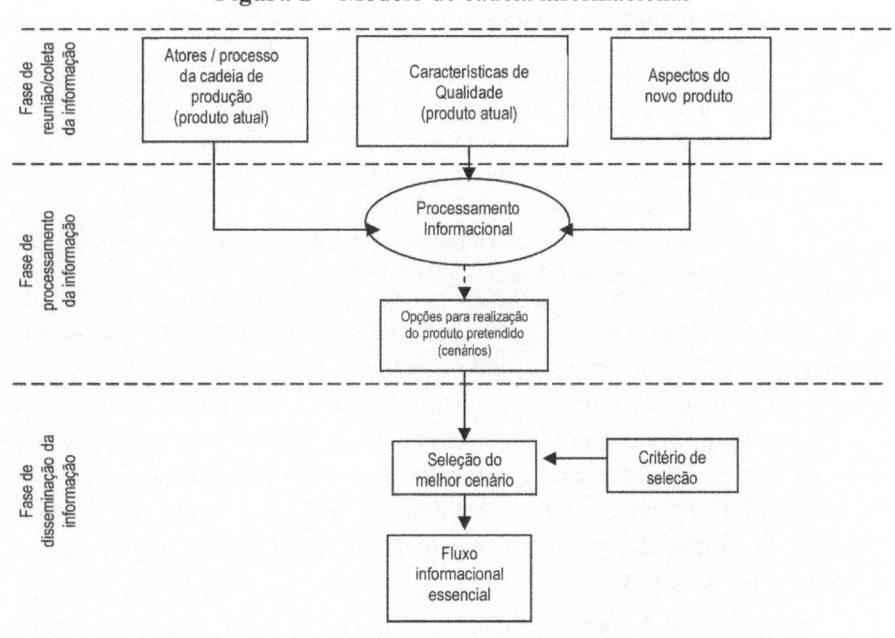

Figura 2 – Modelo de cadeia informacional

Fonte: Benner *et al.* (2003, p. 472).

Pelo fato de o processo inovativo industrial operar em um ambiente organizacional extremamente complexo, o fluxo da informação preceitua algumas variáveis e elementos que merecem destaque.

A investigação do fluxo da informação impele diretamente à observação de fatores como os canais de informação e comunicação pelos quais ela é veiculada e transmitida, as fontes de informação que servem de suporte e arrolam essas informações, os atores (*gatekeepers* e colaboradores) desse processo, bem como a estrutura (tecnológica e de infraestrutura) envolvida e algumas variáveis com relação à busca e ao acesso à informação.

Os canais de comunicação são elementos indispensáveis para o entendimento do fluxo informacional. Kremer (1980) revela que o termo pode ser entendido como o caminho pelo qual a informação flui e transita da fonte ao usuário. Os canais de comunicação podem ser divididos em canais informais e canais formais. Os primeiros são canais não oficiais e não controláveis e são geralmente usados na comunicação entre dois indivíduos ou para a comunicação de pequenos grupos. Os canais formais, de forma oposta, são tidos como canais oficiais e controlados pela organização, idealizados para transferir a informação para um grande público (KREMER, 1980).

Souza (2003, p. 135), em sua pesquisa acerca da comunicação científica entre pesquisadores, ressalva que "a variação no padrão de comunicação entre cientistas afeta atualmente o desenvolvimento do conhecimento". Baseada em autores renomados quanto às discussões inerentes à comunicação científica, como Bermal, Garvey, Griffith, Stumpf e Gibbons, a autora enfatiza que

> a comunicação é imprescindível no modelo de produção, legitimação e difusão do conhecimento atual, no qual são considerados enfoques como transdisciplinaridade, heterogeneidade, controle de qualidade, imputabilidade social e reflexividade. [...] os elos entre os praticantes são mantidos, parcialmente, pelos canais formais (publicação, por exemplo) e, também parcialmente pelos canais informais (troca de mensagens, reuniões técnicas, lista de discussão) (SOUZA, 2003, p. 136).

Dessa forma, as fontes e os canais de informação participam diretamente do fluxo informacional, uma vez que subsidiam e fomentam o processo como um todo. As fontes de informação fornecem insumos ao processo, já que se constituem em material ou produtos (documentos) originais ou trabalhados, que registram notícias ou fatos para o aumento do conhecimento em qualquer área. Pode-se considerar como fonte e canal de informação tudo o que registra uma notícia, uma informação ou um dado em qualquer tipo de suporte, digital ou não, no qual a informação é fixada.

Quanto aos *gatekeepers*, eles configuram-se como importantes sujeitos para a compreensão do fluxo da informação. O termo *gatekeeper* foi concebido em

1947 pelo psicólogo alemão Kurt Lewin[5] para designar o sujeito que atua como intermediador do processo de comunicação em um sistema social. De acordo com a teoria de Lewin, através da identificação dos canais por onde passam determinados fluxos informacionais, é possível reconhecer os sujeitos que promovem a seleção e tomam decisões quanto aos fluxos de informação.

O *gatekeeper*, em uma tradução grosseira, porém metafórica, atua como um "porteiro da informação", um selecionador que decide qual informação vai prosseguir em um processo de comunicação e quais informações entrarão no sistema.

Essa denominação é utilizada em estudos sobre o fluxo da informação em empresas para designar os membros-chave de uma rede de comunicação informal. Por certas características pessoais, como: liderança e experiência na área, eles atuam como os agentes que filtram a informação de outros membros de seu grupo de interesse e são capazes de estabelecer *links* entre essa informação e os canais de informação externos. Um método para se identificarem os *gatekeepers* de uma organização constitui-se na observação da rede de relacionamentos e comunicação, pois, dadas as características desses profissionais, eles são facilmente destacados e reconhecidos entre seus pares (ALLEN, 1979).

MacDonald e Willians (1994) corroboram o ponto de vista de Allen (1979), considerando o *gatekeeper* como o indivíduo que afunila a informação externa, trazendo-a para dentro da empresa, sendo – mais do que um *expert* – um indivíduo de contatos.

De forma semelhante, porém direcionado ao processo de inovação, o glossário de termos da ANPROTEC define o *gatekeeper* como a "pessoa responsável pela manutenção da rede de contatos, que atua dentro e fora da empresa, identifica as ofertas tecnológicas disponíveis no mercado e as canaliza para os objetivos da empresa" (ANPROTEC, 2002, p. 53).

No que tange à arquitetura tecnológica (infraestrutura de TICs), ela configura-se como indispensável para o fluxo informacional do processo de inovação para agilizar a produção comercial e o desenvolvimento de novos produtos, uma vez que ela "amplia a transmissão de conhecimentos e experiências sobre o projeto entre as múltiplas funções, departamentos e unidades geográficas, fomentando o compartilhamento de melhores práticas" (KAPLAN; NORTON, 2004, p. 158).

---

[5] Lewin (1890-1947) ficou conhecido pelos seus estudos no campo da psicologia social, por ser uns dos precursores das teorias do Gestalt e por ter desenvolvido diversas pesquisas sobre a dinâmica interna dos grupos sociais. Seus fundamentos sobre o gatekeeper foram incorporados em inúmeras produções jornalísticas e atualmente o termo persiste propagando-se para outras áreas do conhecimento (WOLF, 1999).

Segundo Beal (2003, p. 2), nos anos 1990 o termo informática foi substituído pela expressão "tecnologia da informação" (TI), que designa o conjunto de recursos tecnológicos e computacionais para a geração e o uso da informação, abrangendo desde as redes de computadores até as centrais telefônicas inteligentes, fibra óptica e comunicação por satélite. Brown e Hagel III (2003, p. 51) classificam a arquitetura de TI como "toda a estrutura de inter-relacionamento que engloba dados, lógica de negócio e interfaces de computadores de uma organização, *hardware*, aplicativos, base de dados, sistemas operacionais e redes".

A TI pode ser conceituada como um conjunto de recursos tecnológicos e computacionais para guarda, geração e uso da informação, e está fundamentada nos seguintes componentes: *hardware* e seus dispositivos e periféricos; *softwares* e seus recursos; sistemas de telecomunicações; gestão de dados e informações (REZENDE; PEREIRA, 2002).

Beal (2003) afirma que existe o consenso entre especialistas das mais diversas áreas de que as organizações bem-sucedidas no século XXI serão aquelas centradas no conhecimento, no fluxo intenso de informações e em pessoas capacitadas que participem de decisões. Nesse contexto, as tecnologias de informação adquirem importância sem precedentes, invadindo todo o processo produtivo.

Souza (2003) expõe que as TICs emergiram para atender à necessidade de maior velocidade quanto ao fluxo de produção do conhecimento, uma vez que permitem a interação e colaboração entre indivíduos em localidades ainda que remotas, para centralizar a geração e disseminação de informação do conhecimento e para a construção e divulgação do conhecimento.

> Por conta dessas tecnologias, a troca de informação (texto, dados, imagens) ocorre de forma virtual e em tempo real. Em conseqüência, permite o desenvolvimento simultâneo de troca de idéias e discussão dos resultados de pesquisa em vários locais, conduzindo a conclusões em colaboração com outros cientistas. Assim, o ambiente eletrônico oferece um novo campo de oportunidades para o processo de comunicação científica, que, para funcionar a contento, necessita do suporte que as telecomunicações e as tecnologias de computação têm a oferecer (SOUZA, 2003, p. 137).

Beal (2003) acrescenta que as tecnologias de informação e comunicação trazem inúmeros benefícios às organizações, tais como a melhoria dos processos internos, a otimização da aplicação de controle, a agregação de valor aos serviços e produtos de uma organização, a amplificação da disponibilidade de informações internas e externas relevantes à empresa e a redução de custos a longo prazo. A FIGURA 3 aborda as relações entre os processos, a missão, as decisões, a informação e a tecnologia no âmbito organizacional.

Figura 3 – Influências da tecnologia de informação nos processos organizacionais

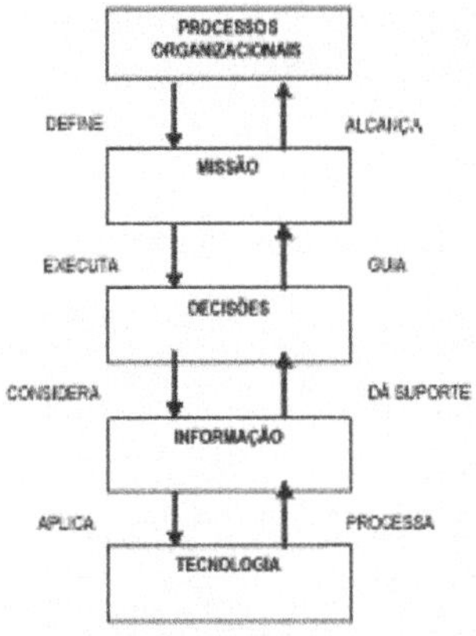

Fonte: Beal (2003).

O esquema apresentado ilustra duas diferentes vias: uma no sentido dos processos organizacionais, a qual conduz à definição da tecnologia; e a outra no sentido inverso, sendo que a tecnologia aplica e processa a informação relevante à tomada de decisão, à missão e, por conseguinte, aos processos organizacionais. Dessa forma, há uma relação de interdependência entre a tecnologia e os processos organizacionais, a qual impele diretamente ao constante alinhamento desses fatores no ambiente da empresa. Quando da remodelação ou criação de um processo, é possível que surjam novas exigências de informação, que, por consequência, repercutirão em novas necessidades de investimentos em tecnologia da informação. Destarte, o redesenho dos processos organizacionais orientam à aquisição da tecnologia de informação apropriada, e não a estas serem remodeladas, sob as condições da aquisição de uma nova tecnologia de informação.

Zorkoczy e Heap (1995) mencionam que as indústrias manufatureiras estão entre as precursoras e entre os mais bem estabelecidos campos de aplicação das tecnologias de informação. As TICs estreitam a relação da gerência e demais colaboradores organizacionais, mantendo-os a par da produção, dos pedidos, dos estoques, das finanças e assim por diante. As TICs ainda proveem ferramentas para o planejamento e a manutenção do negócio, o planejamento e o controle da produção, o projeto do produto e a pesquisa industrial.

Não obstante, Valentim *et al*. (2003) citam algumas tecnologias de informação e comunicação utilizadas pelas organizações como auxílio aos processos corporativos, para o incremento da produtividade e da eficiência da comunicação interna e externa. Tais tecnologias são: CRM (*Costumer Relationship Management*), *Executive Information System* (EIS); *Enterprise Resource Planning* (ERP); *Data Warehouse* (DW); *Data Mining* (DM); recursos de internet; ferramentas baseadas na internet (intranet e extranet) e portais; gerenciamento eletrônico de documentos (GED); W*orkflow; softwares* de *Business Inteligence* (BI) entre outros sistemas de apoio ao gerenciamento de informação. As definições e as aplicações organizacionais de algumas das principais TICs apresentam-se sumarizadas no QUADRO 5.

Quadro 5 – Tecnologias de informação e comunicação

TIC	Definição/ aplicação
B.I	É uma plataforma complexa que reúne diversas ferramentas e bancos de dados capaz de extrair e integrar dados de múltiplas fontes, transformar registros obtidos em informação útil para o conhecimento empresarial; analisar dados contextualizados e de estabelecer de relações de causa e efeito.
CRM	É um produto direcionado à organização, com o objetivo de conhecer o perfil do cliente e desenvolver um trabalho dirigido de fidelização da clientela.
Data Mining	É uma ferramenta de mineração de dados, ou seja, descobre de forma automática ou semi-automática, a informação que está imersa em uma grande quantidade de dados armazenados em bancos de dados.
Data Warehouse	Banco de dados especializado que integra e gerencia o fluxo de informações a partir dos bancos de dados corporativos e fontes de dados externos a empresa.
E.I.S	É um software que objetiva fornecer informações empresariais a partir de uma base de dados para a apresentação de informações de forma simples e amigável, atendendo principalmente às necessidades dos executivos da alta administração.
ERP	O *Enterprise Resource Planning* ou na tradução literal para a língua portuguesa, Planejamento dos Recursos da Empresa é um sistema integrado que possibilita um fluxo de informações único, contínuo e consistente por toda a empresa, sob uma única base de dados. Auxilia melhoria de processos como a produção, compras ou distribuição, informações *on-line* e em tempo real, que permite visualizar as transações efetuadas pela empresa desenhando um amplo cenário de seus negócios.
Extranet	É adotada geralmente por corporações de grande porte para compartilhar informações entre empresas coligadas, fornecedores, parceiros etc. O objetivo desse tipo de rede é o compartilhamento de informações privadas entre usuários cadastrados.
Internet	Recurso de conectividade, pois representa um espaço de conexão entre as organizações e as pessoas, otimizando a comunicação e o estabelecimento de interação, que podem ser realizadas através de *websites, e-mails, chats*, listas de discussão, teletrabalho, acesso à banco de dados, comércio eletrônico, entre outros.
Intranet	Rede interna de computadores que utiliza, com segurança, os serviços da Internet como *www* e *e-mail*. Seu principal objetivo é a disseminação rápida e eficiente de informações entre usuários de uma corporação. Permite a colaboração e o compartilhamento de informações de forma mais eficaz, simples e intuitiva, entre seus colaboradores de modo a permitir o acesso a qualquer pessoa, seja dentro ou fora da empresa, utilizando um simples navegador. Qualquer alteração é imediatamente disponibilizada a todos. Como conseqüência direta, ocorre uma diminuição sensível no fluxo de papéis, além da racionalização de rotinas e processos.
Workflow	Consiste na automação de procedimentos e fluxo de serviços onde documentos, informações ou tarefas são passadas de uma pessoa para outra, através de uma via controlada por regras e procedimentos.

Fonte: Baseada em Furlan, Ivo e Amaral (1994); Valentim *et al.* (2003) e Padilha *et al.* (2004).

No que tange às variáveis que exercem influência direta sobre a dinâmica do processo, assim como sobre eficiência e eficácia do fluxo da informação, autores como Kwasitsu (2003), MacDonald e Willians (1994), Hertzum e Pjetersen (2000), Barbosa (1997), Kremer (1980), Freire (1991), Valentim (1997) e o Instituto Brasileiro de Geografia e Estatística (IBGE) (2000) trazem contribuições significativas para o entendimento de algumas variáveis que incidem no fluxo informacional.

Kwasitsu (2003) observou o comportamento de busca de informação por engenheiros de *design* nas etapas de processo e manufatura, trabalhando basicamente com quatro categorias de observação: influência e determinantes para escolha da fonte de informação utilizada; motivo e objetivo de busca de informações; as fontes de informação às quais os engenheiros recorriam; e as barreiras e dificuldades encontradas durante a busca e acesso à informação desejada.

MacDonald e Willians (1994) pesquisaram as características informacionais de *gatekeepers* tecnológicos, tendo como norte diversos aspectos, entre eles: fontes externas de informação tecnológica, combinações de informações tecnológicas consideradas de alto valor para a organização/indústria, meio de recebimento (externo) e repasse (interno) de informação, motivação dos *gatekeepers* em disseminar informações tecnológicas, suprimento das fontes de informação tecnológica para as fontes e a disponibilidade de informações tecnológicas adquiridas externamente.

Hertzum e Pjetersen (2000) trazem sua contribuição para a temática através de um estudo sobre a busca de informação pelos engenheiros de indústrias de manufatura tanto em documentos como em "fontes humanas" de informação. Por estar mais voltada para os canais e as fontes informais de informação, a pesquisa concentrou-se na abordagem de Rosenberg (1967) para a percepção dos métodos de reunião de informações utilizados na solução de problemas. Para a verificação das fontes de informação utilizadas para solucionar problemas, os autores se embasaram no estudo de Von Seggner e Jourdain (1996), e ainda, observaram as barreiras ao acesso e ao uso de informações disponíveis tanto em fontes orais quanto em fontes escritas.

Barbosa (1997), não se restringindo ao estudo de uma categoria profissional, pesquisou o comportamento informacional de empresários e verificou a intensidade com que esses profissionais obtêm informações provenientes tanto do meio interno como do externo à organização em que atuam, identificando as fontes e os meios através dos quais eles obtêm informações.

Kremer (1980), em seu estudo sobre o fluxo da informação entre engenheiros em uma empresa de *design*, traz contribuições significativas para o entendimento das variáveis que permeiam o fluxo da informação, embasada em autores renomados como Allen (1979), Rosembloom e Wolek (1970). Entre as variáveis observadas pela autora estão: as fontes de informação utilizadas; onde essas fontes de informação são localizadas; os contatos para intercâmbio das informações; as necessidades de informação; os indicadores de sucesso na localização das informações desejadas; e os critérios utilizados na distinção e na seleção das fontes de informação utilizadas.

Já autores como Freire (1991), Valentim (1997) e o órgão de pesquisa IBGE (2000) trazem colaborações mais pontuais no que tange às variáveis de observação do fluxo da informação. Freire (1991), em seu artigo sobre a transferência da informação tecnológica, relaciona barreiras que possam vir a interferir no processo. Valentim (1997), em uma análise do custo da informação tecnológica para a indústria, aborda de forma exaustiva as possíveis fontes de informação tecnológica para o segmento industrial durante as diversas fases do sistema produtivo; e, finalmente, a pesquisa realizada pelo IBGE no ano de 2000 sobre a inovação industrial em âmbito nacional, além de outros fatores, resgata uma relação de fontes de informação que subsidiam a inovação na indústria.

A contribuição desses autores permitiu levantar alguns aspectos prevalecentes no fluxo da informação interno organizacional, além de consentir um moldar de um olhar genérico do fluxo informacional no processo de inovação industrial. Com base nesses estudos, somados aos conhecimentos obtidos através da análise da literatura das áreas de desenvolvimento de produtos e de inovação, entre outras, é possível reconhecer alguns dos fatores que predominantemente incidem de forma direta no fluxo informacional da indústria, os quais, por esse motivo, são elementos importantes quando do entendimento de sua dinâmica, conforme se demonstra a seguir.

Figura 4 – Representação do fluxo da informação
no processo de inovação industrial

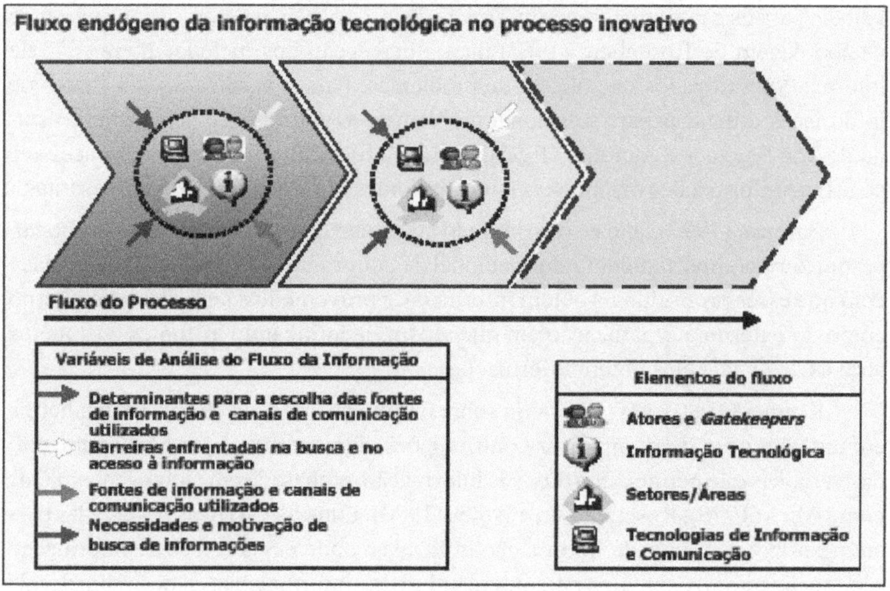

Fonte: Baseado em Curty (2005, f. 101).

Sustentando-se na premissa de que o fluxo da informação opera com base em elementos constituintes, para o entendimento do fluxo da informação tecnológica em processos inovativos industriais, podemos inferir que os principais componentes do fluxo informacional endógeno à empresa seriam os *gatekeepers* e demais colaboradores participantes, a informação tecnológica propriamente dita que flui nesse processo, os setores/áreas organizacionais envolvidos e as TICs utilizadas no processo.

Os elementos que atuam em iteração dinâmica e contínua sofrem influências diretas de algumas variáveis durante o processo inovativo como: os determinantes para a escolha das fontes de informação e dos canais de comunicação a ser utilizados, as barreiras enfrentadas na busca e no acesso à informação, as fontes de informação e os canais de comunicação utilizados e as necessidades e a motivação de busca de informações.

Cumpre frisar que as variáveis, assim como os componentes do fluxo da informação utilizados por Curty (2005), foram balizados por estudos da literatura acerca do fluxo informacional e do uso da informação em contextos de inovação. Cabe ressaltar que essas variáveis e componentes não se esgotam e tampouco se constituem como a única forma de se observar o fluxo da informação. Reforça-se, ainda, que não há aqui pretensão de se apresentar um modelo taxativo, muito menos final, mas, sim, de se esquematizar e de se apresentar uma representação que propõe uma forma de se observar o fluxo da informação interno em processos de inovação e, dessa forma, colaborar com futuros estudos que visem ampliar as discussões acerca da temática.

O fluxo da informação na condição de objeto da Ciência da Informação, em decorrência das constantes modificações promovidas pelos avanços das TICs nas relações de acesso, obtenção e uso da informação, necessita ser frequentemente revisitado como tema de pesquisa. A literatura científica sobre fluxos da informação em indústrias concentra-se basicamente em estudos estadunidenses e ingleses realizados entre as décadas de 1960 e 1980, havendo poucos avanços teóricos recentes e de âmbito nacional.

Referências

AGUIAR, A. C. Informação e atividades de desenvolvimento científico, tecnológico e industrial: tipologia proposta com base em análise funcional. *Ciência da Informação*, Brasília, DF, v. 20, n. 1, p. 7-15, jan./jun. 1991.

ALLEN, T. J. *Managing the flow of technology: technology transfer and the dissemination of technological information within the R&D organization.* Cambridge: MIT Press, 1979.

ALMEIDA, D. M. *Gestão do tempo de processo no processo de desenvolvimento de produtos.* 2002. 207 f. Dissertação (Mestrado em Engenharia de Produção) – Centro Tecnológico, Universidade Federal de Santa Catarina, Florianópolis, 2002.

ARAÚJO, V. M. R. H. de; FREIRE, I. M.; MENDES, T. C. M. Demanda de informação pelo setor industrial: dois estudos no intervalo de 25 anos. *Ciência da Informação*, Brasília, DF, v. 26, n. 3, p. 283-289, set./dez. 1997.

ASSOCIAÇÃO NACIONAL DE ENTIDADES PROMOTORAS DE EMPREENDIMENTOS DE TECNOLOGIAS AVANÇADAS (ANPROTEC). *Glossário dinâmico de termos na área de tecnópolis, parques tecnológicos e incubadoras de empresas.* Brasília: [S. n.], 2002. 123 p. Disponível em: <http://redeincubar.anprotec.org.br:8280/portal/baixaFcdAnexo.do?id=5>. Acesso em: 2 fev. 2005.

ATHERTON, A.; HANNON, P. The innovation process in the small business: an analysis of its structure, dynamics and constituent parts. *International Journal of Business Performance Management*, Leicester, v. 2, n. 4, 2000. Disponível em: <www.impiva.es/pruebas/webimpiva.nsf/0/d6357149ce03ce74c1256b91005e2f62/$FILE/Andrew Atherton_paper.pdf>. Acesso em: 17 fev. 2004.

AUN, M. P. Capacitação de recursos humanos na área de informação tecnológica. *Ciência da Informação*, Brasília, DF, v. 25, n. 1, p. 43-46, jan./abr. 1996.

BARBOSA, R. R. Acesso e necessidades de informação de profissionais brasileiros: um estudo exploratório. *Perspectivas em Ciência da Informação*, Belo Horizonte, v. 2, p. 5-35, jan./jun. 1997.

BARRETO, A. de A. Mudança estrutural no fluxo de conhecimento: a comunicação eletrônica. *Ciência da Informação*, Brasília, DF, v. 27, n. 2, p. 122-127, maio/ago. 1998.

BARRETO, A. de A. O tempo e o espaço da Ciência da Informação. *Transinformação*, Campinas, SP, São Paulo, v. 14, n. 1, p. 17-24, 2002.

BAXTER, M. *Projeto de produto: guia prático para o design de novos produtos*. 2. ed. rev. São Paulo: Blücher, 2000.

BEAL, A. *Introdução à gestão da tecnologia da informação*. 5. ed. [S.l.: s.n.], 2003. Disponível em: <http://www.vydia.com.br/vydia/GTI_INTRO.PDF>. Acesso em: 10 nov. 2004.

BENNER, M. *et al*. A chain information model for structured knowledge management: towards effective and efficient food product improvement. *Food and Science Technology*, Cambridge, v. 14, n. 11, p. 469-477, nov. 2003.

BESORA, F. C. *A inovação e o projeto de produtos*. 1998. 96 f. Dissertação (Mestrado em Engenharia da Produção) – Centro Tecnológico, Universidade Federal de Santa Catarina, Florianópolis, 1998.

BROWN, J. S.; HAGEL III, J. Flexible IT: better strategy. *The McKinsey Quarterly*, New York, n. 4, p. 50-59, 2003.

BURLAMAQUI, L.; PROENÇA, A. Inovação, recursos e comprometimento: em direção a uma teoria estratégica da firma. *Revista Brasileira de Inovação*, Rio de Janeiro, v. 2, n. 1, p. 79-110, jan./jun. 2003. Disponível em: <http://www.finep.gov.br/revista_brasileira_inovacao/terceira_edicao.asp>. Acesso em: 10 dez. 2004.

CÂNDIDO, G. A.; GOEDERT, A. R.; ABREU, A. F. A competitividade local, o desenvolvimento regional e os sistemas nacionais e regionais de inovação: uma proposta metodológica para a viabilização do desenvolvimento regional sustentável. *CAOS*, João Pessoa, n. 3, dez. 2001. Disponível em: <http://chip.cchla.ufpb.br/caos/03>. Acesso em: 15 mar. 2003.

COURT, A. W.; CULLEY, S. J.; MCMAHON, C. A. The influence of information in new product development: observations of an empirical study of the access of engineering design information. *International Journal of Information Management*, Kidlington, v. 17, n. 5, p. 359-375, 1997.

CRONIN, B.; GUDIM, M. Information and productivity: a review of research. *International Journal of Information Management*, Kidlington, v. 6, no. 2, p. 85-101, jul. 986.

CYSNE, F. P. Transferência de tecnologia e desenvolvimento. *Ciência da Informação*, Brasília, DF, v. 25, n. 1, p. 26-35, jan./abr. 1996.

CURTY, R. G. *O fluxo da informação tecnológica no projeto de produtos em indústrias de alimentos*. 2005. 246 f. Dissertação (Mestrado em Ciência da Informação) – Pós-Graduação em Ciência da Informação, Universidade Federal de Santa Catarina, Florianópolis, 2005.

FORZA, C.; SALVADOR, F. Information flow for high-performance manufacturing. *International Journal of Production Economics*, Amsterdam, v. 70, n. 1, p. 21-26, mar. 2001.

FREIRE, I. M. Barreiras na comunicação da informação tecnológica. *Ciência da Informação*, Brasília, DF, v. 24, n. 3, p. 51-54, jan./jun. 1991.

FURLAN, J. D.; IVO, I. da M; AMARAL, F. P. *Sistemas de informação executiva*: como integrar os executivos ao sistema informacional da empresa. São Paulo: Makron Books, 1994.

HERTZUM, M.; PEJTERSEN, A. M. The information-seeking process practices of engineers: searching for documents as well as for people. *Information Processing and Management*, New York, v. 36, n. 5, p. 761-778, Sept. 2000.

HOLMAN, R.; KASS, H.; KEELING, D. The future of product development. *The McKinsey Quartely*, New York, n. 3, p. 28-39, 2003.

IFSCHITZ, J.; BRITO, J. N. P. *Inovação tecnológica, padrões de difusão e diversificação*: uma resenha da literatura. Rio de Janeiro: IEI/UFRJ, 1992. (Textos para discussão, n. 279).

INSTITUTO NACIONAL DE GEOGRAFIA E ESTATÍSTICA (IBGE). *Pesquisa Industrial – Inovação Tecnológica* (PINTEC). [S. l.], 2000. Disponível em: <http://www.ibge.gov.br/home/estatistica/economia/industria/pintec/analisederesultados.shtm>. Acesso em: 19 mar. 2004.

JANNUZZI, C. A. *Informação tecnológica e para negócios no Brasil*: conceitos e terminologias. Campinas, SP: Alínea, 2002.

JOHNSON, N.; BROWN, W. B. N. The dissemination and use of innovative knowledge. *Journal of product innovation management*, New York, v. 3, n. 2, p. 127-135, jun. 1986.

KAPLAN, R. S.; NORTON, D. P. *Mapas estratégicos*: convertendo ativos intangíveis em resultados tangíveis. 2. ed. Rio de Janeiro: Elsevier, 2004.

KOTLER, P.; BES, F. T. de. *Marketing Lateral: uma abordagem revolucionária para criar novas oportunidades em mercados saturados*. Rio de Janeiro: Elsevier, 2004.

KREMER, J. M. *Information flow among engineers in a design company*. 1980. 158 f. Thesis (Doctor of Philosophy in Library Science) – School of Library Science, University of Illinois, Urbana, 1980.

KUPFER, David. Uma abordagem neo-schumpeteriana da competitividade industrial. *Ensaios FEE*, Porto Alegre, v. 17, n. 1, p. 355-372, 1996.

KUPFER, David. *Padrões de concorrência e competitividade*. Rio de Janeiro: UFRJ/IEI, 1991. 32 p. (Textos para discussão, 265).

KWASITSU, L. Information-seeking behavior of design, process and manufacturing engineers. *Library and Information Science Research*, Stanford, v. 25, n. 4, p. 459-476, 2003.

LAUTRÉ, E. O monitoramento informativo: da definição ao conteúdo. *Ciência da Informação*, Brasília, DF, v. 21, n. 2, p. 132-135, maio/ago. 1992.

LEMOS, C. Inovação na era do conhecimento. *Parcerias Estratégicas*, Brasília, DF, v. 8, p. 158-179, maio 2000.

MACDONALD, D.; WILLIANS, C. The survival gatekeeper. *Research Policy*, Amsterdam, v. 23, n. 2, p. 123-132, mar. 1994.

MONTALLI, K. M. L. Informação na indústria de bens de capital no Brasil. *Ciência da Informação*, Brasília, DF, v. 20, n. 1, p. 45-50, jan./jun. 1991.

MONTALLI, K. M.; CAMPELLO, B. dos S. Fontes de informação sobre companhias e produtos industriais: uma revisão de literatura. *Ciência da Informação*, Brasília, DF, v. 26, n. 3, p. 321-326, set./dez. 1997.

MOURA, L. R. Informação: a essência da qualidade. *Ciência da Informação*, Brasília, DF, v. 25, n. 1, p. 36-42, jan./abr. 1996.

PACHECO, F. F. Diretrizes à determinação de perfis tecnológicos industriais como subsídio ao planejamento de centros de informação. *Ciência da Informação*, Brasília, DF, v. 20, n. 1, p. 23-33, jan./jun. 1991.

PADILHA, T. C. C., *et. al*. Tempo de implantação de sistemas ERP: análise da influência de fatores de aplicação de técnicas de gerenciamento de projetos. *Gestão & Produção*, São Carlos, v. 11, n. 1, p. 65-74, jan./abr. 2004. Disponível em: <http://scielo.br/pdf/gp/v11n1/a06v11n1.pdf>. Acesso em: 2 dez. 2004.

PORTER, M. E. *A vantagem competitiva das nações*. 5. ed. Rio de Janeiro: Campus, 1989.

PRYSTHON, C.; SCHMIDT, S. Experiência do Leaal/UFPE na produção e transferência de tecnologia. *Ciência da Informação*, Brasília, DF, v. 31, n. 1, p. 84-90, jan./abr. 2002.

REZENDE, D. A.; PEREIRA, R. O. Sistemas de conhecimentos gerados pelos recursos da Tecnologia de Informação. In: SIMPÓSIO INTERNACIONAL SOBRE GESTÃO DO CONHECIMENTO, 5., 2002, Curitiba. *Anais...* Curitiba: ISKM2002, 2002.

ROCHA, E. M. P. da; FERREIRA, M. A. T. Análise dos indicadores de inovação tecnológica no Brasil: comparação entre um grupo de empresas privatizadas e o grupo geral de empresas. *Ciência da Informação*, Brasília, DF, v. 30, n. 2, p. 64-69, maio/ago. 2001. Disponível em: <http://www.scielo.br/pdf/ci/v30n2/6212.pdf>. Acesso em: 15 maio 2003.

RODRIGUES, M. de L.; ABE, N.; DIBE, S. F. (Org.). *Glossário de informação tecnológica - GLIT*. Brasília, DF: SENAI/DN, 2001. (Série IT).

ROSENBERG, V. Factors affecting the preferences of industrial personnel for information gathering methods. *Information Storage and Retrieval*, Oxford, v. 3, p. 119-127, 1967.

ROSENBLOOM, R. S.; WOLEK, F. W. *Technology and information transfer: a survey of practice in industrial organizations*. Boston: Harvard University, 1970.

SÁENZ, T. W.; CAPOTE, E. G. *Ciência, inovação e gestão tecnológica*. Brasília, DF: CNI/IEL/SENAI; ABIPTI, 2002.

SANTOS JÚNIOR, J. N.; Planejamento de serviços de ICT. *Ciência da Informação*, Brasília, DF, v. 25, n. 1, p. 47-51, jan./abr. 1996.

SILVA, C. E. S. da. *Método para avaliação do desempenho do processo de desenvolvimento de produtos*. 2001. 187 f. Tese (Doutorado em Engenharia de Produção) – Centro Tecnológico, Universidade Federal de Santa Catarina, Florianópolis, 2001.

SOUDER, W. E.; MOENAERT, R. K. Integrating marketing and R&D project personnel within innovation projects: an information uncertainty model. *Journal of Management Studies*, Oxford, v. 24, n. 9, p. 485-512, July 1992.

SOUZA, F. das C. de. Uso da informação na indústria como paradigma para o desenvolvimento econômico. *Ciência da Informação*, Brasília, DF, v. 20, n. 1, p. 34-36, jan./jun. 1991.

SOUZA, M. da P. N. de. Efeitos das tecnologias da informação na comunicação de pesquisadores da Embrapa. *Ciência da Informação*, Brasília, DF, v. 32, n. 1, p. 135-143, jan./abr. 2003.

SOUZA, T. de F. C. de; BORGES, M. E. N. Instituições provedoras de informação tecnológica no Brasil: análise do potencial para atuação com informação para negócios. *Ciência da Informação*, Brasília, DF, v. 25, n. 1, p. 52-58, jan./abr. 1996.

TANG, H. K. An integrative model of innovation in organizations. *Technovation*, Amsterdam, v. 18, n. 5, p. 207-309, May 1998.

UTTERBACK, J. M. *Dominando a dinâmica da inovação*. Rio de Janeiro: Qualitymark, 1996.

VALENTIM, M. L. P. *O custo da informação tecnológica*. São Paulo: Polis, 1997.

VALENTIM, M. L. P. et. al. O processo de inteligência competitiva em organizações. *DataGramaZero*, Rio de Janeiro, v. 4, n. 3, p. 1-23, jun. 2003. Disponível em: <http://www.dgzero.org/jun03/F_I_art.htm>. Acesso em: 3 jul. 2003.

VAN DE VEN, A. H. Central problems in the management of innovation. *Management Science*, Baltimore, v. 31, n. 5, p. 590-607, may 1986.

VON SEGGERN, M.; JOURDAIN, J. M. Technical communications in engineering and science: the practices within a government defense laboratory. *Special Libraries*, Washington, v. 87, n. 2, p. 98-119, 1996.

WOLF, M. *As teorias da comunicação*. 5. ed. Lisboa: Presença, 1999.

ZORKOCZY, P.; HEAP, N. *Information technology: an introduction*. 4. ed. London: Pitman, 1995.

Bibliotecas públicas e seus serviços

Francisca Rasche
Gregório Varvakis

No cotidiano da biblioteca pública, convive-se com o diferente. Isso tem implicações na tomada de decisões relativas ao modo de organizar, de tratar acervos, de propor serviços, o que faz com que o gerenciamento de tais bibliotecas torne-se uma tarefa complexa. No atendimento ao público, há a convivência com o heterogêneo, da dona de casa ao intelectual, em tese todos têm o direito de acesso à biblioteca. Da busca pelo silêncio, de um lugar para ficar só com suas próprias divagações à busca por alguém para conversar sobre o livro lido, as necessidades e as expectativas são diferentes. Daqueles que entram àqueles que apenas passam em frente, por ignorá-la, desconhecê-la ou simplesmente não ter interesse. Daqueles que elaboram discursos que louvam tal biblioteca àqueles que gerenciam recursos financeiros escassos para efetivar seu funcionamento.

O elenco de disparidades é grande, poderíamos enumerar mais alguns exemplos, porém, esses já bastam para introduzir esse texto que trata da gestão de serviços em bibliotecas públicas. Inicialmente contextualiza o papel dessas bibliotecas na sociedade pós-industrial. Em seguida, problematiza sobre a ausência de políticas públicas no Brasil para tais bibliotecas, o que permite apontar aspectos que dificultam sua operacionalização: 1. a falta de diretrizes que sinalizem o papel dessas bibliotecas; 2. a falta de clareza sobre a situação das bibliotecas nas estruturas das administrações municipais, o que colabora para a difícil gestão orçamentária. Diante disso, busca-se na literatura de gerenciamento de serviços, instrumentos para a operacionalização do papel atribuído a tais bibliotecas e a existência de pontos críticos no processo de implantação de serviços. Por fim, indica alternativas para efetivar a gestão de serviços nas bibliotecas públicas.

A título de ilustração, cabe pontuar que algumas vezes parece que determinadas perguntas têm respostas óbvias. No entanto, ou a realidade mostra-se contraditória diante de determinados conhecimentos, ou não a captamos em sua completude para formularmos conhecimentos mais adequados ou aplicáveis. De um modo geral, temos, no conjunto de conhecimentos biblioteconômicos e da área de administração, disciplinas que tratam da teoria dos serviços, organização de bibliotecas, estudo de usuários, disseminação da informação e outras que parecem resolver todos os problemas das bibliotecas. Aplicar determinados conhecimentos, porém, não compreende uma tarefa meramente individual ou técnica. Não basta um profissional bibliotecário altamente qualificado. A biblioteca é uma instituição social e, como tal, faz parte de um contexto. Desse modo, diferentes elementos interferem nos processos de gerenciamento dessas instituições.

Biblioteca pública na sociedade pós-industrial

Vivemos em uma sociedade pós-industrial. Uma sociedade na qual a aplicabilidade do conhecimento leva para a inovação tecnológica constante e para um amplo desenvolvimento de tecnologias da informação e da comunicação. Bell (1973) colaborou com a difusão do conceito de sociedade pós-industrial a partir da publicação, em 1947, de seu livro *O advento da sociedade pós-industrial*. Para Bell (1973), a sociedade pós-industrial é percebida em cinco dimensões, as quais compreendem o setor econômico, em que há mudança de uma economia de produção de bens para uma economia de serviços; na distribuição ocupacional, quando uma classe de trabalhadores profissionais e técnicos emerge; na centralidade do conhecimento como fonte de inovação e formulação política; num futuro orientado para controle tecnológico; e pela tomada de decisões a partir do que denomina de "nova tecnologia intelectual".

Nesta sociedade, instituições como escolas e bibliotecas ganham uma nova amplitude, quando o letramento é considerado indispensável para que os indivíduos possam obter um trabalho, ou seja, atuar como trabalhadores. E mais, entender seus direitos e deveres na sociedade em que vivem para que possam agir como cidadãos. Esse discurso é destacado por Teixeira Filho (2001) ao apresentar o conceito de analfabetismo adotado pela Organização das Nações Unidas (ONU). Vale notar que tal discurso aparece também no "Manifesto da UNESCO sobre Bibliotecas Públicas" (1994), no qual o acesso à informação é tido como peça chave para o desenvolvimento dos indivíduos e da sociedade, servindo como alicerce para o alcance de valores humanos, como a liberdade e a prosperidade.

Autores como Suaiden (2000) e Neiβer (2003) tratam da biblioteca pública nessa sociedade denominada por eles de "sociedade da informação". Ambos buscam afirmar a importância dessa biblioteca nessa sociedade e, de outro lado, discutem alternativas que permitam a realização de suas funções sociais. Suaiden (2000) trata do papel informacional da biblioteca pública discorrendo sobre as diferentes expectativas em relação a essa biblioteca que tenta ser "tudo para todos". O mesmo autor ressalta preocupações relativas à prestação de serviços com informação utilitária e a importância de estudos de perfil de usuário para a proposição de serviços.

Da abordagem dos autores supracitados, ambos destacam a importância de reconhecer segmentos do público usuário das bibliotecas públicas, ou melhor, reconhecer as diferenças existentes entre os usuários. Isso porque, desde o contexto de seu surgimento, até hoje, à biblioteca pública confere-se um papel abrangente. Ela deve atender a toda a comunidade indiscriminadamente como mostram as proposições do "Manifesto da UNESCO sobre Bibliotecas Públicas" (1994), que a define como "porta de acesso local à informação".

Em relação à prestação de serviços à toda a comunidade, com igualdade em todos os seus setores e usuários, Jaramillo e Montoya Rios (2000) questionam a dificuldade em reconhecer interesses, necessidades e gostos, motivações e habilidades de cada um. Os autores problematizam sobre o papel da biblioteca pública e suas atribuições em relação à população jovem na Comunidade de Seis, Zona Noroccidental de Medellín – Colômbia. A partir daí, Jaramilo e Montoya Rios (2000) lançam um questionamento, se a biblioteca deve a atender a todos, quem são todos, como tratar esses todos como se fossem iguais? Os autores abordam a falta de um conceito e missão para a biblioteca pública, o que para eles, torna difícil traçar um horizonte e tratar da equidade social dentro de um contexto geográfico específico. Para sua abordagem, os autores elaboram uma matriz conceitual com a revisão de conceitos, valendo-se de organismos, eventos e textos de especialistas da área de serviços bibliotecários públicos, entre eles, o "Manifesto da UNESCO sobre Bibliotecas Públicas" em todas as suas edições (1949, 1972, 1994); a "Conferencia sobre el Desarrollo de los Servicios Bibliotecários Públicos en América Latina" de 1951; "Reunión sobre el Estado Actual y Estratégia para el Desarrollo de las Bibliotecas Publicas em América Latina" de 1982; Revista Colcultura de 1990; a "Investigacion en la Incidência de la Biblioteca Pública" realizada em 1999; autores como Maurois (1963) e Suaiden (1989). Na sua revisão conceitual, os autores consideram necessário um conceito que permita dizer sobre a biblioteca pública: que instituição é, para que existe, o que tem ou dispõe, o que deve fazer, como fazer, com que processos e por que fazer. Nas palavras dos autores, "é decidir um conceito que estabeleça o papel e a missão da biblioteca pública na sociedade que permita dar conta do cumprimento de sua finalidade a partir de seus princípios e diretrizes de funcionamento"[1] (JARAMILLO; MONTOYA RIOS, 2000, p. 29).

Rodriguez Parada (2002), por sua vez, mostra que, na Espanha, as bibliotecas públicas integram um projeto de cidade, ou seja, elas são criadas com base em uma proposta de política pública. A autora destaca que naquele país, em 1985, regulamentou-se a lei que trata da obrigatoriedade dos municípios criarem e manterem bibliotecas públicas. Rodriguez Parada (2002) ressalta também que na Catalunha, o Parlamento reafirma o caráter municipal de tal biblioteca com legislação que prevê a criação de bibliotecas públicas em municípios com mais de 5 mil habitantes e a criação e a prestação de serviços de leitura pública naquelas com população menor do que a citada.

Essa compreensão, de que a biblioteca pública é resultado de uma política de Estado, portanto, refletindo os interesses dos membros desse Estado remete-nos às considerações de McGarry (1999). Esse autor leva a ponderar sobre os ideais

---

[1] Tradução livre dos autores.

democráticos da sociedade e a efetiva participação de seus membros, que por um lado utilizam-se dos serviços de tais bibliotecas e por outro pagam impostos que a financiam no todo ou em parte.

Em relação ao Brasil, ainda não alcançamos o cenário exposto por Rodriguez Parada (2002), isso porque, diferentemente do que acontece na Espanha, no caso brasileiro as bibliotecas públicas não integram uma legislação que mostre um delineamento e determine quais as funções de tais bibliotecas no país. Esse papel consta apenas, de uma forma tímida, de programas de governos. Lindoso (2004) defende que, no Brasil, existe, sim, uma política cultural,[2] porém seus termos não estão claramente definidos. O autor exemplifica comparando-a com a área da educação pública, na qual existem objetivos claros servindo para a organização da ação do Estado, bem como de mecanismos regulatórios para ações tanto da administração pública como da iniciativa privada. Vale notar que as bibliotecas públicas se inserem na área cultural. Araújo (2002) alerta que, apesar de a primeira biblioteca pública brasileira ter sido criada em 1811, o primeiro programa do governo federal que apresentou uma preocupação em relação à implantação e à revitalização de tais bibliotecas ocorreu apenas em 1937. Cabe destacar que, conforme mostra a autora, isso ocorreu em um contexto de Estado ditatorial, quando o discurso da Biblioteca é o discurso do livro. A preocupação do Estado é muito mais voltada para o controle dos conteúdos disponibilizados nessas bibliotecas do que propriamente torná-las "centros de cultura", como apontam os documentos, analisados por Araújo (2002), do Instituto Nacional do Livro (INL), órgão ao qual tal programa esteve vinculado (ARAÚJO, 2002).

Atualmente, no Brasil, o governo federal, por meio do programa "Fome de Livro", objetiva a implantação de uma política pública para livros, leitura e biblioteca. Tal iniciativa compreende uma série de ações que contam com a participação de órgãos do Governo nas esferas federal, estadual e municipal, bem como universidades, entidades do livro e da leitura, organizações civis, entre outras. Na justificativa do programa, ressaltam-se números que indicam a carência da população brasileira em relação às condições de acesso aos meios de leitura. O baixo índice de leitura é mencionado como um elemento que influi negativamente no desenvolvimento pessoal e profissional das pessoas, contribuindo também para o "fosso social" existente no Brasil, que leva à exclusão social e à menos cidadania (BRASIL, 2004).

A falta de uma política pública que represente a clareza do Estado (significando aqui a representação de todos os cidadãos) em relação a essas bibliotecas colabora para a falta de clareza concernente ao papel dessa biblioteca. Reforça as considerações de Jaramillo e Montoya Rios (2000), quando perguntam que instituição é, para que existe, o que tem ou dispõe, o que deve fazer, como fazer, com que processos e por que fazer?

---

[2] Na qual a biblioteca pública está submetida.

De modo geral, o papel da biblioteca pública na sociedade pós-industrial aparece vinculado ao acesso e ao estímulo ao uso da informação, com ênfase para a informação veiculada por meio das tecnologias recentes, como a internet, um meio de acesso à informação utilitária, governamental, de serviços, entre outros. É interessante destacar que, quando surgem as primeiras bibliotecas públicas na Inglaterra e nos Estados Unidos, nos fins do século XIX, para elas foram atribuídos objetivos de colaborar na qualificação da classe trabalhadora e ocupar os trabalhadores com uma literatura não perniciosa (MUELLER, 1984). Isso refletia o contexto social daquele momento, uma sociedade em vias de industrialização. Se vivemos em uma sociedade pós-industrial e o papel da biblioteca pública se altera, quando figura nas políticas e programas de "sociedade da informação", como mostram Omella i Claparols (2003) e Revesz (2001), é porque as exigências em relação a esse trabalhador ou cidadão também se alteraram.

Mais uma vez, trazendo a discussão para a realidade brasileira, precisamos ter clareza de que o conceito de sociedade pós-industrial não se aplica ao país como um todo, apenas para algumas regiões. De outro lado, os índices de analfabetismo para 2001, segundo dados do Instituto Brasileiro de Geografia e Estatística (IBGE), ficam na faixa dos 12% para pessoas com mais de 10 anos. Isso sem levar em conta a realidade que trata do analfabetismo funcional, uma vez que de acordo com dados citados na justificativa do Programa Fome de Livro, um terço da população brasileira é composta de analfabetos funcionais. Esse contexto, de certa forma, amplia a necessidade do debate em torno do papel da biblioteca pública e os modos de torná-la uma instituição capaz de colaborar para que os cidadãos ou os trabalhadores encontrem nela condições de obter autoformação e informação para exercício de direitos e melhorar e garantir condições de sobrevivência e existência dignas.

Gerenciamento de serviços

As transformações da economia mundial propiciaram o aumento do consumo de bens e serviços em uma sociedade global, na qual o setor de serviços passou a ocupar espaço bastante significativo na economia, participando da geração de renda dos países e, consequente, criação de empregos.

A literatura que trata sobre gestão de serviços em organizações define serviços como "qualquer ato ou desempenho que uma parte possa oferecer a outra e que seja essencialmente intangível e não resulte na propriedade de nada. Sua produção pode ou não estar vinculada a um produto físico" (KOTLER, 1998, p. 412).

Para Gianesi e Corrêa (1996), as características que permitem compreender melhor o que são serviços abrangem: A Intangibilidade: serviços consistem em uma vivência, não podendo ser tocados ou possuídos como um bem; Simultaneidade: implica a impossibilidade de estoque dada sua produção e consumo simultâneos; Participação do Cliente/Usuário: o cliente, ou algo associado a ele, participa do processo de produção.

Encontra-se também a variabilidade como fator importante na produção de serviços, em função do pouco controle da organização sobre as ações e atitudes assumidas pelo cliente, assim como dos funcionários e recursos presentes quando da prestação de um serviço. Contudo, considera-se que a produção de serviços não é diferente da produção de bens, quanto a este aspecto, uma vez que todo o serviço, como um bem, possui limites associados aos parâmetros do processo de produção e resultado, não sendo, portanto, variabilidade uma característica de serviços.

As características de intangibilidade, simultaneidade, participação do cliente e variabilidade permitem ver a biblioteca como uma organização de serviços que subsiste quando valoriza essa vivência. Isso se evidencia em serviços como de referência, nos quais os recursos humanos e o usuário interagem em um processo. O usuário é um elemento ativo no processo de produção do serviço dessa forma, vivenciando e influenciando seu desenvolvimento e resultados.

Serviços de bibliotecas caracterizam-se fortemente pela vivência. Este aspecto chama a atenção para as relações que se estabelecem no balcão de empréstimo, no atendimento de referência, enfim, muitas vezes o leitor ou usuário tem necessidade de expressar sua interpretação ou suas impressões em relação a determinadas leituras, o que é próprio dos processos de construção de conhecimento. Tal percepção permite desenhar a oferta de serviços como rodas de leitura, grupos de discussão, entre outros, que possibilitam a troca de informações, de experiências, de conhecimentos em relação a determinados assuntos, pessoas ou fatos. Nessa modalidade e concepção, ganha espaço a oralidade como uma forma de melhor acessar e compreender a informação registrada. Nessa linha de raciocínio, outros serviços podem ser citados, por exemplo, saraus literários, programas de formação de leitores, bibliotecas ambulantes em bairros, localidades distantes dos centros urbanos ou em ambientes especiais como asilos, hospitais e casas de detenção. Seja no ambiente físico da biblioteca, seja fora dela, os serviços citados permitem que a biblioteca reforce seu papel como, um espaço de convivência, de encontro, de debate, de discussão, de aprendizado.

De outro lado, aspectos ambientais e a qualidade dos bens facilitadores (especialmente nos serviços de empréstimo de livros e referência) devem ser considerados, para favorecer a construção de uma experiência positiva fazendo com que o usuário sinta interesse em voltar.

Almeida Júnior (2003) trata da avaliação de serviços em bibliotecas públicas e destaca a necessidade de avaliações do ponto de vista qualitativo. O autor contextualiza o serviço de referência, mostrando que, quando instituído, tal serviço tinha como finalidade estruturar de modo formalizado o atendimento em função do aumento da demanda nas bibliotecas. Da abordagem de Almeida Júnior (2003, p.63), vale destacar que "os serviços, na verdade, junto com o processo de referência, é que vão diferenciar a biblioteca de um mero depósito de materiais, de documentos, de um espaço inerte e passivo".

Ao destacar aspectos que garantam qualidade e excelência em serviços, Anderson *et al.* (1997) tratam de características-chaves, desenvolvidas pelas melhores organizações de serviços, sendo:

a) Estratégia de serviços bem-definidas realçando as reais prioridades do cliente;
b) Pessoas da linha de frente que estão interessadas e gostam de pessoas;
c) Sistemas amigáveis ao cliente, projetados para o cliente, e não para a organização.

Em relação às bibliotecas públicas, essas características permitem perguntar, por exemplo, até que ponto são desenvolvidas estratégias para atender às reais necessidades dos usuários e se, quando da organização de coleções e criação de serviços, predomina a preocupação com o usuário ou a manutenção da biblioteca. Estudo realizado em Campinas (São Paulo), com o objetivo de conhecer os interesses de leitura para servir como indicadores de critérios para a seleção e a aquisição de acervo (VALIO, 2003), mostra um esforço no sentido de perguntar e explorar as necessidades e os interesses dos usuários antes de oferecer os serviços e formar acervos para subsidiá-los. Porém, na literatura biblioteconômica produzida no Brasil, poucos artigos e trabalhos têm se voltado a descrever essa forma de gestão (que aplica estudos de usuário), o que deixa a possibilidade de pensar que ou tais estudos não estão sendo realizados ou não estão sendo divulgados aos pares.

Diante dos apontamentos de Anderson *et al.* (1997) outras questões podem ser formuladas: quem são e quais as competências e habilidades das pessoas que estão na linha de frente nos serviços das bibliotecas e como essas pessoas são treinadas? Quais são os interesses evidenciados e o gosto pela realização de um bom atendimento por funcionários "públicos" em bibliotecas públicas? Em estudo realizado, Campello, Andrade e Medeiros (1993) trataram da avaliação de obras de referência, especificamente enciclopédias em bibliotecas públicas e escolares. As autoras constataram que praticamente não se orienta auxiliares sobre o uso adequado de tais ferramentas de pesquisa. Além disso, um estudo realizado recentemente em Santa Catarina por Eggert-Steindel, Oliveira e Shimigelow (2002) mostrou que, de 161 municípios catarinenses, os quais responderam à pesquisa e que possuem biblioteca pública, apenas 10% contam com profissionais bibliotecários em seu quadro de pessoal. Sem desmerecer as pessoas que atuam nesses espaços, fica a questão: a falta de profissionais bibliotecários não estaria contribuindo para deixar à margem a aplicabilidade de conhecimentos biblioteconômicos para a gestão desses espaços? Além disso, cabe indagar, quando existem profissionais bibliotecários nessas bibliotecas, de que forma se realizam treinamentos e orientações no sentido de qualificar a equipe para um atendimento de qualidade? Cabe pontuar, ainda, que esse treinamento para o uso adequado das fontes de informação pode ser entendido aos usuários no âmbito do desenvolvimento de competências informacionais (CAMPELLO, 2003).

A pertinência dessas questões reside, no anseio daqueles que gerenciam ou atuam em bibliotecas públicas. Ademais, tais questões indiretamente poderiam indicar novas possibilidades para os que utilizam essas bibliotecas ou fazem parte do grupo dos que desconhecem a existência de uma biblioteca pública, de um local que fornece suporte para a autoformação, para o aprimoramento e para o aumento das possibilidades de conhecer mais sobre si próprio e o mundo à sua volta.

Gestão de serviços em bibliotecas públicas

Para implantar um serviço, a gerência de uma biblioteca pública poderá utilizar um "projeto de serviços". Um projeto de serviços é uma atividade que vai descrever e detalhar um serviço ou um sistema de serviços e seu processo de entrega (GUMMESSON, 1994). Gianesi e Corrêa (1996) destaca que nem todas as organizações têm projetos formalizados, porém, sua elaboração permite desenvolver um novo serviço para mercados novos ou já existentes, melhorar a qualidade, reduzir custos, padronizar e personalizar um serviço. Quando da elaboração de um projeto de serviços, devem ser considerados três aspectos fundamentais, a saber: "o conceito, o pacote e o processo".

Ao elaborar um projeto de serviços, a etapa que se refere ao conceito, destacada por Slack (1997), compreende o conjunto de benefícios esperados que o consumidor está comprando, o qual é de suma importância e precisa estar coerente com a missão e o objetivo estratégico da organização.

Quando se trata do pacote de serviços, esse pode ser dividido em quatro elementos, que, para Fitzsimmons e Fitzsimmons (1998), são:

a) as *Instalações de Apoio*, os equipamentos utilizados no serviço, representando, no caso das bibliotecas, suas instalações;

b) os *Bens Facilitadores*, consumidos ou utilizados pelo cliente durante a prestação de serviço, geralmente compreendem o suporte ou os meios de acesso à informação;

c) os *Serviços Explícitos* são os benefícios percebidos pelo cliente, a solução do seu problema quando na busca de uma informação;

d) os *Serviços Implícitos,* que constituem os benefícios psicológicos que o cliente vai obter com serviço, a informação como elemento gerador de novos conhecimentos, desenvolvimento pessoal e/ou satisfação.

O *pacote de processos* está relacionado com as interações do cliente e da empresa, no caso, usuário e biblioteca; esse pode ser considerado também o produto do serviço. A estruturação do pacote de processos vai permitir maior controle e visibilidade na prestação de um serviço.

Mais uma vez, algumas perguntas podem ser formuladas. Existe clareza quanto à proposição de um projeto de serviço em bibliotecas públicas em relação ao seu conceito, conceito de biblioteca pública em simetria com o conceito do serviço? Existe clareza quanto aos objetivos dos serviços e segmentos do público usuário? Quais os benefícios oferecidos aos usuários? Os tópicos seguintes apresentam alguns elementos para contribuir com essa discussão.

Implantando serviços em bibliotecas públicas

Ao observar as considerações sobre a gestão de serviços, percebe-se que, ao elaborar um conceito de serviço, estabelecer sua missão, é necessária uma simetria entre missão e objetivo da organização e o serviço proposto. Em relação às bibliotecas, esse pode ser considerado um ponto crítico. Perguntando-se qual o objetivo de uma biblioteca pública, certamente ocorrerão respostas, muitas vezes criadas espontaneamente pelo profissional ou responsável pela sua coordenação, pelo secretário de cultura e, algumas vezes, pelo próprio prefeito municipal. Como já mencionado neste texto, a ausência de políticas públicas de informação e leitura no Brasil leva a uma situação em que o desenvolvimento dessas instituições fica atrelado a programas de governo ou a iniciativas quase pessoais, que nem sempre permitem continuidade e conclusão dos projetos iniciados. No entanto, Jaramillo e Montoya Rios (2000) apresentam o mesmo problema, como já citado neste texto, quando se preocupam com a relação da biblioteca e a população jovem.

Vale notar que documentos como o "Manifesto da UNESCO sobre Bibliotecas Públicas" (1994), bem como as "Directrices IFLA/UNESCO para el desarrollo Del servicio de bibliotecas públicas" (2001) servem muito mais como norteadores, capazes de colaborar para a operacionalização de tais bibliotecas. Se faz necessário, porém, considerar o que efetivamente à biblioteca representa ou poderá representar para os membros da comunidade em termos concretos, leva-se em consideração a realidade local, no que diz respeito a prestação de serviços de informação. Ou seja, não basta formular ou adotar um discurso amplamente aceito e enobrecedor da biblioteca pública; talvez seja necessário ir além, buscando mecanismos para (re)construir um discurso de biblioteca tendo como referência básica a realidade local, o usuário real e potencial, a comunidade como um todo, nos seus aspectos, culturais, econômicos, sociais, políticos e educacionais.

É comum na literatura da área buscar idealizar a biblioteca pública como espaço democrático para o acesso à informação, o que vai exigir, um agir ilimitado, como mostra Feitosa (1998). A pretensão de um agir ilimitado na realidade, não só brasileira, coloca por terra qualquer proposta de viabilidade de biblioteca pública, considerando os investimentos necessários para fomentar estruturas capazes de garantir esse agir. Neiβer (2003) falou a respeito disso, em uma palestra sobre tendências atuais nos serviços de bibliotecas públicas na Alemanha, destacando que para que as bibliotecas possam "cobrir todas as necessidades informacionais da população e tornarem-se centros de informação para todos [...] elas próprias precisam ter o acesso irrestrito a todos os canais informacionais", o que requer recursos financeiros capazes de garantir tal empreitada.

Sob esse aspecto, os apontamentos de Gianesi (1996) que abordam a segmentação, posicionamento e definição de conceito, são esclarecedores e auxiliares para a elaboração de um projeto de serviços. O autor destaca algumas perguntas que colaboram para a percepção dos elementos que contribuem para a segmentação de mercado, posicionamento e definição de conceito de serviço.

Segmentação de mercado, posicionamento, definição do conceito de serviço

No gerenciamento de serviços em bibliotecas públicas, a segmentação de mercado representa olhar para o público, buscando perceber características comuns e necessidades dos utilizadores dos serviços. As perguntas a seguir, destacadas por Gianesi e Corrêa (1996, p. 109), são auxiliares para essa etapa.

a) Quais as características comuns dos segmentos importantes?

b) Quais as dimensões a serem usadas para segmentar o mercado?

c) Quão importantes são os segmentos?

d) Que necessidades cada um deles tem?

e) Como essas necessidades têm sido atendidas? De que forma? Por quem?

Cabe destacar a necessidade de atenção e adoção de critérios bem definidos para não promover nenhum tipo de exclusão ou dar margem a privilegiar grupos de interesse, já que a biblioteca pública tem como discurso atender a todos indiscriminadamente. Diante disso, mais uma vez, a importância de estudos de usuário deve ser mencionada como subsidiária nesse processo, para conhecer o usuário, identificar grupos de interesse, suas necessidades e interesses de informação. Além das questões já citadas, conforme os autores, supracitados, para identificar o posicionamento, têm-se:

a) Como o conceito de serviço se propõe atender às necessidades dos consumidores?

b) Como os concorrentes atendem a essas necessidades?

c) Como o serviço proposto é diferenciado dos concorrentes?

d) Quão relevantes são essas diferenças?

e) O que é um bom serviço?

f) O conceito de serviço proposto fornece um bom serviço?

g) Que esforços são necessários para alinhar as expectativas dos consumidores e as capacitações do serviço proposto?

Quando se trata do posicionamento, cabe situar a biblioteca em seu contexto. Reconhecer sua capacidade em responder aos interesses dos usuários, reconhecer também as demais instituições que disponibilizam informação para a comunidade, e, a partir daí, buscar um diferencial para garantir a utilidade da biblioteca em um mundo que experimenta transformações aceleradas.

Talvez um diferencial em relação à informação fornecida pela biblioteca pública esteja na preocupação em garantir o acesso à informação com neutralidade, permitindo que o usuário possa tomar suas decisões com a menor influência possível de interesses comerciais, políticos ou outros, que muitas vezes estão no bojo do processo de disponibilização da informação na sociedade.

Tudo isso vai estar presente quando da definição de conceito de serviço, um momento importante para a biblioteca ganhar visibilidade na comunidade, por saber dizer o que faz, para quem e por quê. Mais uma vez, com base em Gianesi e Corrêa (1996), é possível maior clareza em relação à gestão de serviços, pontuando:

a) Quais os elementos importantes a ser promovidos, em termos de resultados produzidos para o consumidor?

b) Como se espera que esses elementos sejam percebidos? Pelo mercado alvo? Pelo mercado em geral? Pelos funcionários?

Qualquer uma dessas etapas exige tomada de decisões e pode ser um ponto crítico para muitas bibliotecas, se não estiver claro qual o seu papel na comunidade, além de mecanismos que possibilitem conhecer as necessidades e os interesses de informação dos membros dessa comunidade, formas de promover a participação do usuário para a definição de serviços, e obviamente, de políticas públicas para essas bibliotecas como resultado de uma demanda dos membros da coletividade. Para essa reflexão, o papel bastante amplo atribuído às bibliotecas públicas deve ser considerado, objetivando perceber caminhos para sua efetivação em realidades locais.

Considerações finais

Percebe-se que os serviços é que vão conferir à biblioteca sua dinâmica, sua capacidade de transpor a métrica e estabilidade de seus acervos, permitindo a concretização da sua "função social". Essa função social pede uma relação constante entre o que pode se chamar de corpus da biblioteca, suportes documentais, pessoal, informação, conhecimento, cultura e público utilizador.

O desafio para os gestores das bibliotecas públicas parece residir na capacidade de implantar serviços, tendo em vista os ideais norteadores das bibliotecas públicas pontuados em documentos como o "Manifesto da UNESCO sobre Bibliotecas Públicas" e recriar ou adaptar o papel da biblioteca à realidade local. Esse desafio não significa uma atitude individual, mas situada em um contexto e que deve representar os interesses e as necessidades da comunidade, quando a aplicação de estudos de usuário e a construção de diagnósticos da comunidade aparecem como ferramentas gerenciais relevantes. É preciso atuar também em consonância e participação com programas e políticas estabelecidas pelo Governo, seja na esfera federal, seja na esfera estadual, seja ainda na esfera local, afinal, as bibliotecas públicas recebem e buscam financiamento principalmente na administração pública.

Em relação à gestão de serviços, ao propor novidades a gerência da biblioteca deve trabalhar com dados concretos, formalizando suas propostas em documentos como o projeto de serviço que deve estar em simetria com os objetivos da organização. Isso mostra a necessidade de construir ou atualizar, com base no que já existe e na realidade local, um projeto de biblioteca que vai servir como referência para a proposição de serviços. Cabe chamar a atenção para a importância da elaboração de documentos pertinentes à gestão da biblioteca, como projeto de biblioteca, projeto de serviços, plano de formação e desenvolvimento da coleção, entre outros, os quais tendem a conferir profissionalismo ao fazer bibliotecário. Para tal, estudos de usuário e de uso da biblioteca e seus serviços, estudos da comunidade constituem um referencial para justificar projetos, e mais, fornecem subsídios para buscar recursos capazes de estruturar a organização, de modo a viabilizar a manutenção e a ampliação da biblioteca na comunidade.

Em paralelo aos estudos de usuário, pode-se trabalhar a criação de mecanismos que permitam a participação da comunidade na gestão da biblioteca, com a formação de sociedades de amigos, conselhos e outras formas de chamar a comunidade e de ouvir seus anseios quanto ao que a biblioteca pode oferecer. Todavia, antes disso é preciso uma atitude gerencial capaz de mostrar organização e clareza, evidenciando seriedade e profissionalismo no âmbito da gestão da biblioteca.

Ademais, é saudável que o profissional gestor demonstre participação política tanto na comunidade como nos meios em que se discutem programas para bibliotecas públicas, atuando em grupos de estudo, ou mesmo em entidades representativas da categoria. Essas devem formular um discurso pautado em estudos e em visão política que busque questionar, sugerir e cobrar posições claras e funcionais dos governos em relação às questões pertinentes às bibliotecas públicas, com base tanto em estudos existentes como nos dados que a realidade cotidiana e gerencial lhe permitem formular.

Deixar que a biblioteca fique na margem, como mostra Milanesi (1997) quando trata das bibliotecas públicas brasileiras, é desperdiçar todo seu potencial em favor do desenvolvimento humano. A biblioteca pública, em uma situação de pouca utilidade, diz-nos que há algo de errado, principalmente tendo em vista que a informação e o conhecimento cada vez mais são elementos indispensáveis para a participação das pessoas na sociedade, principalmente como forma de garantir condições de sobrevivência e existência digna.

Referências

ALMEIDA JUNIOR, O. F. de. *Biblioteca pública: avaliação de serviços*. Londrina: Ed UEL, 2003.

ANDERSON, Craig A. et al. Excelência do processo de serviços: como servir melhor a seus clientes. In: HARRINGTON, H. James (Org.). *Gerenciamento total da melhoria contínua*. São Paulo: Makron Books, 1997.

ARAÚJO, E. A. *A palavra e o silêncio: biblioteca pública e Estado autoritário no Brasil*. João Pessoa: Ed. UFPB, 2002.

BELL, D. *O advento da sociedade pós-industrial*. São Paulo: Cultrix, 1973.

BRASIL. Ministério da Cultura. *Fome de livro: plano nacional do livro e leitura*. Brasília, 2004. (Documento em processo).

CAMPELLO, B. S.; ANDRADE, M. E. A.; MEDEIROS, N. L. de. A utilização de enciclopédias em bibliotecas públicas e escolares da Região Metropolitana de Belo Horizonte: relato de pesquisa. *Ciência da Informação*, Brasília, v. 22, n. 3, p. 259-62, set./dez. 1993.

CAMPELLO, B. S. O movimento da competência informacional: uma perspectiva para o letramento informacional. Ciência da Informação, Brasília, v. 32, n. 3, p. 28-37, set./dez. 2003.

DIRECTRICES IFLA/UNESCO para el desarrollo del servicio de bibliotecas publicas. 2001, Disponible em: <http://www.ifla.org/VII/s8/news/pg01-s.pdf>. Acesso em: 15 jan. 2005.

EGGER-STEINDEL, G.; OLIVEIRA, S. F. J.; SHIMIGELOW, K. Bibliotecas públicas municipais catarinenses. *Revista ACB*: Biblioteconomia em Santa Catarina, Florianópolis, v. 7, n. 1, p. 34-49, 2002.

FEITOSA, Luiz Tadeu. *O poço da draga: a favela e a biblioteca*. São Paulo: Anna Blume, 1998.

FITZSIMMONS, J. A., FITZSIMMONS, M. J. *Service management: operations, strategy, and information technology*. 2. ed. USA: Irwin; Mc Graw Hill, 1998.

GIANESI, I. G. N., CORRÊA, H. L. *Administração estratégica de serviços: operações para a satisfação do cliente*. São Paulo: Atlas, 1996.

GUMMESSON, E. Service management: na evaluation and the future. *International Journal of Service Industry Management*. UK, v. 5, n. 1, p. 77-96, 1994.

INSTITUTO BRASILEIRO DE GEOGRAFIA E ESTATÍSTICA (IBGE). *Brasil em síntese: educação*. 2001. Disponível em: <http://www.ibge.gov.br>. Acesso em: 15 jul. 2004.

JARAMILLO, O., MONTOYA RIOS, M. Revisión conceptual de la biblioteca pública. *Revista Interamericana Bibliotecologia*, Medellín, v. 23, n.1-2, p. 13-56, ene./dic., 2000.

KOTLER, P. *Administração de marketing: análise, planejamento, implementação e controle*. 5. ed. São Paulo: Atlas, 1998.

LINDOSO, F. *O Brasil pode ser um país de leitores? Política para a cultura política para o livro*. São Paulo: Simmus, 2004.

MANIFESTO da UNESCO sobre as bibliotecas públicas. Disponível em: <http://www.ifla.org/VII/s8/unesco/port.htm>. Acesso em: 23 ago. 2003.

McGARRY, K. *O contexto dinâmico da informação*. Brasília: Briquet Lemos, 1999.

MILANESI, L. *A casa da invenção*. São Paulo: Ateliê, 1997.

MUELLER, S. P. M. Bibliotecas e sociedade: evolução da interpretação de função e papéis da biblioteca. *Revista da Escola de Biblioteconomia da UFMG*, Belo Horizonte, v. 13, n. 1, p. 7-4, mar. 1984.

NEIβER, H. *Entre a biblioteca real e a virtual: novas tendências nos serviços de biblioteca na Alemanha*. Disponível em: <http://www.goethe.de/br/sap/bibl/prineis2.htm>. Acesso em: 15 jun. 2003.

OMELLA i CLAPAROLS, E. Biblioteca pública y servicio de información a la comunidad: propuestas para una mayor integración. *Anales de Documentación*, Múrcia, n. 6, p. 203-220, 2003.

REVESZ, B. Políticas de información, bibliotecas públicas y desarrollo local y regional. *Revista Interamericana de Bibliotecología*, Medellín, v. 24, n. 2, p. 45-63, jul./dic. 2001.

RODRIGUEZ PARADA, C. La biblioteca pública: un servicio ligado a un proyecto de ciudad. *Anales de Documentación*, Múrcia, n. 5, 2002, p. 303-308. 2002

SLACK, N. et al. *Administração da produção*. São Paulo: Atlas, 1997.

SUAIDEN, E. J. A biblioteca pública no contexto da sociedade da informação. *Ciência da Informação*, Brasília, v. 29, n. 2, p. 52-60, maio/ago. 2000.

TEIXEIRA FILHO, J. Sobre saber ler na sociedade do conhecimento. *Insight Informal*, n. 46, 28 ago. 2001. Disponível em: <http://www.informal.com.br/insight/insight46.htm>. Acesso em: 21 out. 2002.

VALIO, E. B. M. Biblioteca pública: a questão dos interesses de leitura como indicadores de critérios para a seleção e aquisição de acervo. In: ENCONTRO NACIONAL DE PESQUISA EM CIÊNCIA DA INFORMAÇÃO, Belo Horizonte, 2003. *Anais eletrônicos*. Belo Horizonte: ECI, 2003.

As profissões e as suas transformações na sociedade

Miriam Vieira da Cunha

As múltiplas dimensões culturais, políticas e sociais da realidade atual modificam o conhecimento e o fazer humanos. Sem dúvida, o avanço da tecnologia constitui a base que sustenta essas mudanças, levando ao questionamento de muitos paradigmas. Tais transformações são, segundo N. Moore (1999), parte do processo de fragmentação e dispersão do mundo do trabalho. A partir dessas mudanças, o sistema das profissões passa, nesse momento, por uma reorganização, em que são introduzidas novas formas de gestão do trabalho e de socialização, valorizando as atividades em grupo, a interdisciplinaridade e o aprender contínuo.

Na realidade,

> o mundo globalizado da sociedade do conhecimento trouxe mudanças significativas ao mundo do trabalho. A atividade produtiva passa a depender de conhecimentos e o trabalhador deverá ser um sujeito criativo, crítico e pensante preparado para agir e se adaptar rapidamente às mudanças dessa nova sociedade. (SILVA; CUNHA, 2002, p. 77)

Sem dúvida, a revolução técnica que está no cerne dessas mudanças é mais rápida do que as transformações culturais e sociais, ocasionando conflitos no mundo do trabalho, no qual algumas fronteiras profissionais estão desaparecendo. Parcerias se criam, outras se transformam, constituindo nova demarcação de espaços ocupacionais. Tal revolução no mundo do trabalho leva a mudanças intensas, como as novas formas de intervenção, ou a "reintermediações" (CRONIN, 1998).

Nesse sentido, é possível perceber, por meio dessas transformações, a emergência de novos métodos e relações de trabalho, de novas práticas educacionais, de novas formas de organização empresarial, de novas formas de comunicação. Somam-se a isso, estratégias diferenciadas de cooperação e uma nova arquitetura organizacional, que demandam competências distintas nos ambientes de trabalho.

Esse ambiente, caracterizado pelo crescimento da indústria da informação e do conhecimento, impacta de forma singular as organizações, em consequência de novas demandas em um ambiente em que a única característica permanente é a mudança. Novas opções profissionais e novas oportunidades de trabalho surgem exigindo novas formas de atuação. Na realidade, as tecnologias abrem um leque extremamente diversificado de formas de trabalho, ao mesmo tempo que fazem desaparecer algumas profissões e transformam quase todas.

O problema das profissões e dos fazeres profissionais tem sido objeto de estudo de sociólogos, economistas, cientistas políticos e cientistas da informação, entre outros, desde o início do século XX. Alguns autores, como Haug (1973), enfatizam que as profissões estão passando, atualmente, por uma crise, perdendo sua importância histórica e engendrando um fenômeno de "desprofissionalização". Outros, como Freidson (1998), ao contrário, demonstram a importância crescente das profissões na sociedade atual. Além disso, as interligações e as disputas que estão no cerne da revolução do sistema das profissões são enfatizadas por vários especialistas da área, com especial destaque para Abbott (1988).

Na realidade, o sistema das profissões e suas articulações, conforme conhecemos, passa, nesse momento, por uma reorganização de seus componentes. Tais mudanças têm permitindo a criação de serviços e profissões, ao mesmo tempo em que destroem outros. No entender de Cronin (1988), todo o progresso traz consigo um fenômeno de destruição, e o processo de integração a uma nova tecnologia perturba, em um primeiro momento, o funcionamento da atividade econômica, demandando, em um segundo momento, uma adaptação das estruturas e dos comportamentos.

A partir dessas considerações, pretendemos fazer algumas reflexões sobre os conceitos, as características e a evolução das profissões na sociedade da informação.

As características e a evolução das profissões

As profissões são um segmento particular da força de trabalho, um tipo distinto de ocupações com especial importância para a sociedade. São formadas por grupos de pessoas com conhecimentos e competências específicas, adquiridas através de educação formal. Esses grupos podem ser definidos como comunidades com as quais seus membros compartilham identidade, engajamento pessoal, interesses específicos e lealdade. A identidade pessoal concretiza-se através do compartilhamento de valores fundamentados nos serviços oferecidos. Cada grupo profissional define suas regras e as relações que estabelece com a sociedade e com as demais profissões.

O termo profissional, de acordo com Hughes (1960), tem sua origem na Idade Média no verbo "*professare*", que significava obter votos religiosos. Essa conotação religiosa sugere a ideia de dever e de serviço prestado à população e a identificação do profissional com esse serviço. Para Dubar (2005), o termo deriva da "profissão de fé" cumprida no momento dos rituais de admissão das corporações, na Idade Média.

Segundo esse autor, as análises e as reflexões dos primeiros sociólogos sobre as atividades e associações profissionais se inserem na continuidade da prática comunitária dos ofícios. Esta prática se dá através da ênfase da relação das pessoas com seu trabalho e com seus pares.

A primeira definição sistematizada do que é uma profissão foi criada por Flexner (1915, *apud* BENNETT; HOKENSTAD, 1973), em 1915. Para esse autor, uma profissão:

- fundamenta-se numa atividade intelectual;
- requer de seus membros a posse de um conhecimento;
- tem objetivos bem definidos;
- possui técnicas que podem ser comunicadas;
- possui uma organização própria, motivada pelo desejo de trabalhar pelo bem estar da sociedade.

Ao se estudar as profissões, uma das dificuldades reside no fato de se lidar com um conceito sobre o qual não existe consenso entre os especialistas. Nesse sentido, a unanimidade do seu uso é, segundo Freidson (1998), mais aparente do que real. Apesar disso, todas as definições cobrem as noções de monopólio de conhecimentos, de autonomia e de prestação de serviço. O fato de prestar serviços pressupõe uma competência no domínio em questão e conhecimentos específicos adquiridos através da formação. Esta formação e um corpo sistemático de teorias (DUBAR, 2005) permitem a aquisição de uma cultura profissional. Dessa forma, as profissões encaram o ideal de serviço fundado em competências específicas.

A formação garante o monopólio do conhecimento, dá acesso à qualificação e ao reconhecimento profissional, conferindo aos profissionais o direito de prestar serviços à comunidade. A formação é organizada e gerida pela profissão e constitui um dos traços característicos de cada grupo profissional.

A autonomia significa o direito que os profissionais têm de organizar e regulamentar suas atividades. As organizações profissionais, mediante instrumentos como códigos de ética e normas de comportamento, pretendem garantir a qualidade dos serviços oferecidos. O código de ética é constituído por normas reconhecidas pelos membros da profissão que visam mostrar sua utilidade social, regular sua atividade e reduzir a competitividade interna. A orientação de serviço tem regras implícitas de competência e de performance.

Freidson (1998) afirma ainda que a dificuldade de se chegar a uma definição comum e única para o conceito de profissão está na diversidade de ocupações que esse conceito abrange. Segundo ele, classificar as profissões, como ocupações com nível de instrução superior, é uma ideia ampla demais para ajudar a entender as diferenciações inerentes ao trabalho de cada uma e aos seus processos de produção. Esse autor afirma ainda que nem a competência imputada a esses profissionais nem a educação exigida revelam o suficiente para analisar as diferentes ocupações que tal conceito abrange.

Parece-nos importante destacar aqui, a definição de Barbosa (1993, p. 4-5) que tenta dar conta da ambiguidade do termo:

> Não sendo nem capitalistas, nem trabalhadores, nem administradores governamentais típicos ou burocratas, os profissionais formam grupos de fronteiras fluídas, mas poderiam distinguir-se por alguns critérios. São portadores de treinamento técnico formal, com validação institucional da adequação deste treinamento e da competência técnica do indivíduo formado. São indivíduos que possuem um domínio sobre a racionalidade cognitiva – tomada em um sentido mais amplo, quase uma cultura geral – aplicável a um campo específico. Além do domínio de uma certa tradição cultural, eles desenvolvem uma habilidade especial.

Barbosa (1993) acrescenta que outro critério, segundo Parsons, seria o controle da profissão sobre o uso socialmente responsável dessas qualificações.

Para Freidson (1998), uma profissão se compõe de elementos como *expertise*, credencialismo e autonomia. Nesse sentido, em todo o fazer humano especializado, conhecimentos, técnicas e competências são produzidos, comunicados ou praticados por mais de um membro da sociedade, que se constitui como um grupo profissional. Esse grupo organizado cuida da qualidade de suas tarefas e de seus benefícios para a sociedade, obtendo, dessa forma, do governo um "mandato", isto é, o direito e a obrigação de realizar determinado tipo de trabalho, o controle exclusivo do seu treinamento e determinar a maneira de executá-lo (Hughes, 1960).

De acordo com Moore (1970), todas as profissões passam pelos mesmos estágios de evolução, isto é: num primeiro tempo, ocorre um ingresso desordenado de profissionais; a seguir, esses profissionais se organizam em corporações voluntárias. A terceira etapa é a imposição de uma exigência de formação, que é reforçada pelo reconhecimento de programas de ensino específicos. O último estágio se caracteriza por uma maior elaboração do processo de reconhecimento profissional mediante a criação de especializações.

Hughes consolida mais essa ideia, apontando cinco etapas do processo de profissionalização:

- para ser reconhecido ou confirmado como "profissão", um grupo de práticos tem interesse, em sua concorrência com outros "empregos semelhantes", em se conectar com uma instituição.
- por sua vez, essa formação, no início aberta a "profissionais", institucionaliza-se como currículo, para se abrir a jovens, e se torna escola profissional.
- essa escola se integra à Universidade, que permite a multiplicação dos pré-requisitos e dos níveis de formação até a sanção final, o diploma.

- a formação assim padronizada e hierarquizada se torna um parâmetro de desenvolvimento das carreiras, sendo que cada nível de formação é associado a um degrau da carreira. (HUGUES 1960)

Do ponto de vista da Sociologia das Profissões, as profissões têm dimensão cognitiva, relacionada a saberes específicos e exclusivos do grupo profissional que os detêm; dimensão normativa e valorativa que define seu papel na sociedade e em relação a outras profissões. As associações profissionais, os sindicatos e o Estado são responsáveis por esse papel regulador.

O Estado garante às profissões o direito exclusivo de usar ou avaliar um certo corpo de conhecimento e o poder político de fato para controlar e organizar o trabalho na sua jurisdição.[1]

Mediante esse poder, cada profissão tem autoridade legal para recrutar, treinar, examinar, licenciar e reavaliar desempenhos, impor punições e estabelecer os limites formais de sua jurisdição. Nesse sentido, é possível afirmar que as profissões estão intimamente ligadas a processos políticos formais.

Portanto, para manter sua posição e seu prestígio no mercado, a profissão exerce atividade política constante.

Cada profissão é relacionada a uma comunidade através de um contrato implícito. Este lhe dá o direito exclusivo de exercício em troca da segurança, da qualidade e da eficácia dos serviços oferecidos. Tais direitos derivam do conhecimento que legitima seu campo de trabalho (CURRY; WERGIN, 1993). Podem ainda incluir o monopólio da prática profissional, o controle da formação e do recrutamento de seus membros. Segundo Haug (1973), o monopólio do conhecimento especializado que uma profissão detém assegura seu lugar na hierarquia do sistema profissional, seu status e seu prestígio. W. Moore (1970) precisa ainda que, quanto mais os conhecimentos de um campo de atividade são sistematizados, mais o monopólio de seu espaço é garantido. Portanto, o controle do conhecimento se estabelece com base nas relações que existem entre a prática profissional e os valores, como legitimidade cultural, racionalidade e eficácia. Esse autor acrescenta ainda que o conhecimento comum é indispensável para manter a união de um grupo profissional.

Freidson (1998) chama a atenção para as desigualdades entre as diferentes profissões quando afirma que diferentes conteúdos de conhecimento proporcionam chances desiguais no mundo do trabalho. Isso pode determinar, ainda, desigualdades dentro da própria profissão, com a formação de elites profissionais e subprofissões.

---

[1] Quando reivindica uma jurisdição, uma profissão exige da sociedade que reconheça sua estrutura cognitiva através de direitos exclusivos; a jurisdição não é apenas uma cultura, mas uma estrutura social. Estes direitos exclusivos podem incluir o monopólio da prática e do pagamento públicos, direitos de disciplina, de emprego, controle do treinamento profissional, do recrutamento e do licenciamento, para mencionar apenas alguns (ABBOTT, 1988, p. 59).

O conjunto das profissões forma um sistema, o qual Abbott (1988) define como uma estrutura que relaciona as profissões entre elas, de tal forma que o movimento de uma afeta as outras. Nesse sistema, as profissões dividem espaços mais ou menos legitimados, de acordo com o poder que cada uma delas exerce. A evolução deste sistema depende dos ajustes que se realizam entre cada profissão, que, por sua vez, são uma consequência da forma como os diversos grupos profissionais controlam seus conhecimentos e competências.

O controle da profissão é determinado pelo domínio das abstrações que geram a prática profissional. Nesse sentido, quanto maior o poder de abstração teórica de uma profissão, mais sólida ela será no espaço social e no sistema profissional. A habilidade das profissões em manter sua jurisdição ou seu espaço resulta, dessa forma, em parte, do prestígio do seu sistema de conhecimento.

Existe reconhecimento de uma especificidade quando um grupo profissional dispõe de um "savoir-faire" que não é compartilhado com outros grupos, conferindo assim a cada um de seus membros um lugar específico na sociedade. Nesse caso, o grupo terá o controle total de determinado espaço (esse é, por exemplo, o caso da medicina). Algumas vezes tal controle é subordinado à intervenção de outro grupo profissional (esse é o caso das profissões paramédicas). Quando os limites de uma profissão não são claramente definidos, profissionais de outras áreas "invadem" seu campo, havendo, assim, uma disputa por espaço. A evolução das profissões fundamenta-se, portanto, entre as relações e a competição que existe entre elas.

Barbosa (1993, p. 8) advoga no mesmo sentido quando afirma que a luta pelo monopólio, pela constituição de um mercado razoavelmente fechado e protegido é a marca distintiva das profissões conquanto grupos sociais.

Dessa forma, é o controle de um espaço e do campo de atividade profissional que cria os conflitos entre as profissões e sua interdependência. Analisar seu desenvolvimento é, nesse sentido, analisar as ligações existentes entre cada profissão e seu campo de trabalho.

Cada profissão, segundo Abbott (1988), ocupa lugar específico no sistema e desenvolve suas atividades em vários tipos de jurisdição. Esse lugar é determinado através de um núcleo central, denominado por Cronin, Stiffler e Day (1993) de *heartland,* um campo de atividade bem delimitado, sobre o qual o grupo exerce controle completo e legal. É por meio desse controle, conforme precisa Abbott, que cada profissão exclui os outros trabalhadores do seu campo.

Cronin (1988) compara as profissões à "camisas de força" que pretendem dar uma ordem a uma massa disforme ou, dito de outra forma, as profissões são uma tentativa de impor um caráter unitário a uma população variada. A partir da mudança da base disciplinar e a partir da adoção de novos "insights" e abordagens, cada profissão é forçada a "adotar" aqueles que exercem atividades marginais ou até mesmo excluí-los de seu campo. Esse movimento é parte da "luta pela sobrevivência dos espaços profissionais" enfatizada por Abbott.

Muitas vezes as características de uma ocupação não são exclusivas de um grupo e derivam de especificidades de outras atividades. Além disso, quando a demanda feita a um grupo profissional pelo mercado de trabalho ultrapassa sua capacidade de resposta, esse grupo perde seu espaço ou se subdivide. É o que se produziu com as especializações ligadas à Engenharia, por exemplo. O aparecimento de uma nova ocupação significa que ela tem atividades específicas suficientemente valorizadas, que se diferenciam de outras com uma utilidade reconhecida publicamente. Assim, as especializações profissionais aparecem quando existe uma diferenciação na estrutura que forma as profissões: diferenciação do tipo de clientes, do local de trabalho, etc.

Tendências atuais

As profissões estão passando por mudanças importantes. Entre elas é possível citar a incorporação do trabalho profissional isolado e independente a grandes organizações. Esse fenômeno, que parece ser mundial, contribui para a diminuição da autonomia profissional e tem revolucionado as relações entre os profissionais e os seus clientes.

Se fizermos uma leitura de alguns dos principais teóricos da área sobre o futuro das profissões, é possível perceber duas tendências nítidas: uma primeira advoga que está acontecendo um fenômeno de desprofissionalização; a segunda defende que as profissões estão sendo cada vez mais valorizadas.

De acordo com McGuire (1993), as transformações que afetam atualmente as profissões são consequência dos seguintes fatores:
- mudanças das características inerentes a cada profissão;
- transformações inerentes à tecnologia;
- mudanças das condições socioeconômicas e da cultura da prática profissional;
- mudanças de qualidade na rapidez, na variedade e nas modalidades de comunicação;
- transformações das técnicas de manipulação de dados.

Diniz (2001) e Abbott (1988) acrescentam, a estas características:
- a "comodificação", ou a incorporação da *expertise* a objetos e máquinas, o que tem levado ao surgimento de novas especialidades e, em consequência, a novas relações profissionais;
- reconhecimento de novos limites à autoridade profissional e
- um reordenamento das relações interprofissionais em um contexto de uma nova divisão do trabalho.

Segundo Freidson (1998), nenhuma dessas tendências indica, de forma clara, a redução da importância das profissões. Além disso, novos conceitos de organização de trabalho e de comportamento estão surgindo com o desenvolvimento das novas tecnologias de informação, em função da sua organização social e das respostas de indivíduos que trabalham com sistemas de informação. Os profissionais de todos os campos do conhecimento são levados a identificar as vantagens e os inconvenientes da aplicação das tecnologias de informação, de forma a otimizar os benefícios que podem tirar delas para sua prática e para a sociedade.

De acordo com Haug (1973), o desenvolvimento socioeconômico que limita a autonomia profissional engendraria uma "desprofissionalização". Esse autor define esse fenômeno como a perda das características principais de uma profissão, particularmente de seu monopólio sobre um conjunto de conhecimentos, da confiança do público, de sua ética, de sua autonomia e de sua autoridade em relação aos clientes. De acordo com ele, tal fenômeno de "desprofissionalização" já estaria ocorrendo a todos os níveis de especialização em consequência das mudanças da divisão do trabalho, da criação de outras atividades, da informatização crescente e do desenvolvimento das tecnologias da informação. Esse autor afirma ainda que em uma sociedade em que o nível de educação cresce e o acesso à informação se generaliza, estes fatores contribuem com o crescimento do controle monopolístico que as profissões exercem sobre o conhecimento.

A realidade atual parece demonstrar tendência mundial a uma crescente dependência do conhecimento e da competência especializados, e da sua aplicação para a resolução de problemas práticos por pessoas treinadas especialmente para este fim – ou profissionais – como já previa Bell (1976), em seu famoso ensaio "The coming of the post-industrial society", contrariando, dessa forma, a tese da desprofissionalização.

Algumas previsões sugerem que a competitividade entre as diferentes profissões e entre elas e os grupos profissionais emergentes vai aumentar. Haverá ainda uma demanda por serviços de melhor qualidade ao passo que as mudanças tecnológicas vão alterar drasticamente as práticas profissionais (FREIDSON, 1998).

Sem dúvida, as mudanças que acontecem nesse campo estão pondo em questão os três princípios fundamentais da teoria das profissões, a saber: o monopólio do conhecimento, a autonomia profissional e a orientação de serviço. Muitos fatores contribuíram para a diminuição da autonomia profissional: a expansão dos conhecimentos básicos, a modificação das expectativas dos clientes e o aumento do número de profissionais ligados a estruturas burocráticas. Além disso, o aumento do acesso à informação e as tecnologias desmistificaram a dimensão de monopólio do conhecimento.

É necessário enfatizar, ainda, o desenvolvimento de uma tendência cada vez maior ao desaparecimento do trabalho autônomo e à absorção dos profissionais em grandes organizações, como foi enfatizado anteriormente. Mas, como ressalta Diniz (2001, p. 44)

> a estrutura colegiada de controle tipicamente profissional nas grandes organizações (empresas de construção, de engenharia, grandes escritórios de arquitetura, de advocacia, cooperativas de médicos, empresas de informática etc.) onde os proprietários são, via de regra, os próprios profissionais.

Outra tendência que se vislumbra na sociedade atual é um reconhecimento de novos limites à autoridade dos profissionais e um reordenamento das relações interprofissionais no contexto de uma nova divisão do trabalho. Nesse sentido, tudo indica que os grupos profissionais continuarão sobrevivendo, apesar das mudanças.

Tudo leva a crer que o desenvolvimento da sociedade dependerá cada vez mais dos conhecimentos especializados e da aplicação deles na solução de problemas por pessoas especialmente treinadas para tal, indicando, dessa forma, crescente dependência dos *experts* ou profissionais.

Para concluir, tomamos emprestadas as palavras de Abbott (1988) que, no nosso entender, resumem as tendências atuais:

O que quer que ocorra às profissões como estruturas sociais reais, elas certamente sobreviverão como nomes e imagens, visto que a mobilidade social que elas facilitam e representam é central nas sociedades e culturas modernas.

Referências

ABBOTT. *The system of professions: an essay on the division of expert labour*. Chicago: The University of Chicago Press, 1988.

BARBOSA, M. L. A sociologia das profissões. *Boletim Informativo Bibliográfico de Ciências Sociais*, n. 36, p. 3-30, jul./dez. 1993.

BELL, D. *The coming of post-industrial society*. New York: Basic Books, 1976.

BENNETT Jr.; W. S.; HOKENSTAD Jr., M. C. Full-time people workers and conceptions of the "professional". *The Society Review Monograph*, n. 20, p. 21-43, dec. 1973.

CRONIN, B. Information professionals in the digital age. *The International Information and Library Review*, London, v. 30, n. 1, p. 37-50, mar. 1998.

CRONIN, B. Post-professionalism. In: CRONIN, B. *Post-professionalism: transforming the information hearland*. London: Taylor Graham, 1988. p. 277-285.

CRONIN, B. STIFFLER, M, DAY, D. The emergent market for information professionals: eduactional opportunities and implications. *Library Trends*, v. 42, n. 2, p. 257-276, Fall 1993.

CURRY, L., WERGIN, J. F. Setting priorities for change in professional education. In: *Educating professionals*. San Francisco: Jossey-Bass, 1993, p. 316-327.

DINIZ, M. *Os donos do saber: profissões e monopólios profissionais.* Rio de Janeiro: Revan, 2001.

DUBAR, C. *A socialização: construção das identidades sociais e profissionais.* São Paulo: Martins Fontes, 2005.

FREIDSON, E. *Renascimento do profissionalismo: teoria, profecia e política.* São Paulo: Edusp, 1998.

HAUG, M. R. Deprofessionalization: an alternate hypothesis for the future. *The Society* Review *Monograph* n. 20, p. 195-211, Dec.1973.

HUGHES, E. The Professions in Society. *Canadian Journal of Economics and Political Science / Revue canadienne d'Economique et de Science politique*, v. 26, n. 1, p. 54-61, Feb., 1960.

MCGUIRE, C. Socio-cultural changes affecting professions and professionals. In: CURRY, L. WERGIN, J. F. *Educating professional*s. San Francisco: Jossey-Bas, 1993. p. 3-16.

MOORE, N. Partners in the information society. *Library Record*, v. 101, n. 12, Dec. 1999.

MOORE, W. E. *The professions: roles and rules.* New York: Russel Sage Foundation, 1970.

SILVA, E. L.; CUNHA, M. V. A formação profissional no século XXI: desafios e dilemas. *Ciência da Informação*, Brasília, v. 31, n. 3, p. 77-82, set./dez.2002.

O discurso sobre a educação em Biblioteconomia e Ciência da Informação no Brasil: caminhos teórico-metodológicos para a compreensão[1]

Francisco das Chagas de Souza

O discurso sobre o ensino de Biblioteconomia e Ciência da Informação construído no Brasil ainda é curto e assistemático. Isso significa que, possivelmente, poucos pesquisadores ou profissionais se interessam e tratam do tema, o qual se insere na problemática mais ampla da educação bibliotecária. Há razões para que procedam assim. Entre essas razões ainda tem peso muito importante o fato de que os principais conteúdos de interesse para o estudo e a pesquisa são os relativos às questões técnicas e operacionais uma vez que é para elas que tem se dirigido a maior carga de investigação, embora alguns esforços que duraram breve período tenham sido tentados.[2] Provavelmente essa concentração de estudos e pesquisas em questões técnicas e operacionais decorra da própria complexidade do campo no qual a educação e suas questões sejam apenas um dos tópicos. Contudo, qual a importância e o impacto possível desse tópico? O fato é que se percebe claramente – seja pelo número de títulos de dissertações, teses, artigos e comunicações

---

[1] Oriundo de pesquisa realizada com o apoio do CNPq (Processo nº 401507/04-1).

[2] O Programa de Pós-Graduação em Biblioteconomia da PUCCAMP, criado em 1977, como curso de Mestrado em Biblioteconomia, teve inicialmente a educação como foco e a área de concentração designava-se como Metodologia do Ensino em Biblioteconomia. (Disponível em: http://www.puc-campinas.edu.br/centros/ccsa/ mestrado_ci.asp. Acesso em: 17 maio 2006). Por essa razão, vários estudos produziram dissertações com a proposição de metodologias para as práticas de ensino das disciplinas ofertadas nos cursos de graduação em Biblioteconomia. Entre os títulos produzidos nos anos iniciais do curso, encontram-se: *Automação: estratégias e práticas de ensino em Biblioteconomia* - Elizabeth M. Martucci; *Biblioteconomia comparada: estratégias e práticas de ensino em Biblioteconomia* - Kátia Maria Montalli; *Publicações periódicas e seriadas: estratégias e práticas de ensino em Biblioteconomia* - Liene Campos; *Seleção e aquisição de materiais: estratégias e práticas de ensino em Biblioteconomia* - Ruth M. Arruda; *Estágio em Biblioteconomia: estratégias e práticas de ensino em Biblioteconomia* - Ângela M. C. Gomes; *Bibliotecas públicas: estratégias e práticas de ensino em Biblioteconomia* - Neusa C. Bonetto; *Introdução à Ciência da Informação: uma proposta de curso para Biblioteconomia* - Hilva M. Pessoa; *Bibliotecas universitárias: uma proposta de ensino* - Ana M. Ferracin; *História do livro e das bibliotecas: modelos de instrução* - Carminda N. C. Ferreira; *Bibliotecas infanto-juvenis: estratégia instrucional* - Maria T. N. Freitas.

apresentadas em eventos técnico-científicos, seja pelos seus conteúdos – a força das questões profissionais de caráter técnico-executivo, como produtora de objetos de estudo desse campo nas pesquisas dos Programas de Pós-Graduação em Ciência da Informação.[3] Isso, possivelmente, poderia justificar a implantação em Programas de Pós-Graduação em Ciência da Informação de uma vertente que efetivasse a modalidade mestrado profissional.

Ainda que a escolha desses objetos para a pesquisa se imponha porque esses surgem a partir dos problemas que se estão constituindo no âmbito da atuação e ação profissionais, fazem sentido como priorização, sob uma postura utilitarista e imediata, que se dirige para a busca de respostas visando à resolução mais bem apoiada, teoricamente, dos problemas técnicos e práticos que o dia a dia apresenta para os executores das atividades bibliotecárias e de outras que se dão no universo mais amplo dos fluxos da informação.

Vista desse ângulo, a educação universitária, ao extrapolar a dimensão "ensino", não pareceria ser parte das atividades inerentes aos profissionais de biblioteconomia. Mas, se forem tomadas as perspectivas da Sociologia do Conhecimento e da Sociologia das Profissões, ela é parte das atividades de uma profissão que requer o ambiente universitário como meio indispensável para a preparação das novas gerações de profissionais, educadores e pesquisadores; tanto é assim que os conteúdos de fundo profissional e, portanto, específicos do campo, requerem um discurso ou discursos, uma fundamentação ou fundamentações e uma articulação cognitiva apropriada a um determinado tipo de assimilação, de prática e de desenvolvimento de conhecimento que as toma como ponto de partida.

Com base nessa formulação, a educação bibliotecária lida com os processos de assimilação e com o desenvolvimento do conhecimento que torna possível: a) comunicar pedagogicamente o conhecimento atual, em dado momento histórico-social, e as experiências próprias da profissão de bibliotecário em dado contexto de ação, e b) produzir conhecimento novo através da construção de questões que, submetidas aos critérios de elaboração científica, possam levar ao processo de compreensão e explicação da realidade existente e possam atribuir novos

---

[3] Smit, Dias e Souza (2002), ao analisarem o resultado da avaliação continuada dos Programas de Pós-Graduação em Ciência da Informação da CAPES, de 2001, para a área de Ciência da Informação, mencionam que "a análise das áreas de concentração e respectivas linhas de pesquisa é reveladora de uma visão pragmática da área, freqüentemente voltada à solução de problemas da atividade profissional e menos voltada para a consolidação conceitual e epistemológica da própria área". Nesse mesmo sentido, pode-se ver também a conclusão de artigo de Pinheiro que afirma, em 2005: "No Brasil, [...] raros são os estudos teóricos e históricos, mais concentrados [em] Epistemologia e Interdisciplinaridade da Ciência da Informação [...]. A exigência de conhecimentos e de fundamentos filosóficos para estudos nesse enfoque podem explicar o panorama atual. A pós-graduação brasileira da área deve investir em disciplinas, principalmente a Epistemologia, para possibilitar o desenvolvimento dessa linha de pesquisa, fundamental para a compreensão do domínio epistemológico da Ciência da Informação e sua interdisciplinaridade e, portanto, de sua história como campo científico" (PINHEIRO, 2005).

significados e, portanto, outras possibilidades de progresso futuro para o conjunto das atividades profissionais. Essa segunda frente envolve a produção de questões e o treinamento em meios apropriados para resolvê-las e, simultaneamente, requer a preparação do ambiente para a formação científica ou aquisição de domínio científico pelos futuros pesquisadores que examinarão continuamente o campo, identificarão problemas, construirão objetos de estudos e proporão novas formas de explicação ou compreensão. Se na primeira frente ocorre a capacitação de pessoas quanto ao conhecimento já dominado, isto é, pela assimilação de conteúdo consolidado para uso no ambiente empírico da prática, na segunda frente ocorrerá a capacitação de pessoas, no mínimo, para: a) interrogar sobre o que já está dominado como conhecimento; b) interrogar sobre a eficácia desse conhecimento no ambiente onde se dá sua aplicação ou emprego; c) buscar a percepção das interações desse conhecimento com outros. Por tudo isso, nesse âmbito, a preparação para a atuação em pesquisa dar-se-á pela aquisição de domínio das metodologias que possam levar à produção de um conhecimento novo que promova a ampliação do entendimento no respectivo campo.

Contudo, se há certa percepção de que a educação bibliotecária, na sua amplitude, não é tarefa significativa dos bibliotecários, é possível que possam ocorrer algumas circunstâncias que levarão a um distanciamento sobre quais sejam os papéis a ser cumpridos por uma educação bibliotecária que responda às duas frentes, distintamente, ou seja, agindo numa via de atuação que se volte para o ensino e em outra que se volte para a pesquisa. Nesse aspecto, em termos práticos, percebe-se que ainda hoje a realidade exibe uma escola de biblioteconomia de ensino, representada pela maior parte dos estabelecimentos de ensino de graduação em Biblioteconomia no Brasil, com forte acento para um treinamento voltado às práticas, aos estágios em ambientes técnicos e práticos, quase em condição de adestramento ou de instrucionismo. Do outro lado dessa realidade, pode-se ver que já há escolas de Biblioteconomia que ministram o ensino associado com alguma preparação para a pesquisa. Esse grupo é constituído por um número pequeno de estabelecimentos de ensino de graduação em Biblioteconomia no país, nos quais se dosa a preparação de futuros profissionais bibliotecários que recebem preparação básica capaz de conduzi-los para o ambiente da pesquisa e da produção de conhecimento.

São duas situações que, no âmbito concreto, se apresentam no ambiente onde se faz parte significativa das atividades ligadas à educação bibliotecária, isto é, nas escolas ou cursos de Biblioteconomia. Essa dualidade leva à construção de discursos ambíguos, sobretudo a partir da introdução no Brasil, na década de 1990, de uma perspectiva internacionalista, originada a partir da hoje extinta Federação Internacional de Documentação e Informação (FID), condensada na expressão "Moderno Profissional da Informação".

Esses discursos, em seu conjunto, ainda que poucos em quantidade, contribuíram como cenário na formação do discurso sobre a Educação Bibliotecária no Brasil, em especial, a partir da constituição da Associação Brasileira de Escolas de Biblioteconomia e Documentação (ABEBD), que seria o ambiente locucional apropriado para produzir alguma convergência dos vários entendimentos sobre a atividade educacional em Biblioteconomia no Brasil.

O presente texto é parte dos resultados de pesquisa mais ampla sobre o discurso em torno da Educação Bibliotecária no país e que tomou como fonte de coleta de dados a coleção intitulada "documentos da ABEBD". Pretende-se com ele expor o quadro teórico-metodológico empregado no entendimento de que esse é capaz de dar fundamentação adequada para estudos que se proponham a examinar a educação que se faz no Brasil em Biblioteconomia e em Ciência da Informação.

Estudo da educação em Biblioteconomia e Ciência da Informação no Brasil

Os tópicos a seguir visam apresentar com mais detalhes parte da discussão conceitual e teórico-metodológica sobre a Educação Bibliotecária, que vem sendo realizada em estudos desenvolvidos no âmbito de uma das linhas de investigação do Programa de Pós-Graduação em Ciência da Informação da UFSC.

Fundamentos conceituais

Aqui se designa como fundamentos conceituais ao conjunto de saberes que constituem o ensino de Biblioteconomia e seu desenvolvimento institucional na sociedade brasileira ao longo do século XX, bem como ao conjunto de saberes que o ensino de Ciência da Informação requer. Isso não inclui a discussão sobre os vários desenhos curriculares adotados nem mesmo sobre os métodos, técnicas e práticas de ensino da Biblioteconomia e da Ciência da Informação.

Evidentemente, esses dois conjuntos de saberes desdobram-se em três momentos históricos e temáticos diversos. Num primeiro momento, há a instalação do ensino de Biblioteconomia, seguida do ensino de Biblioteconomia e Documentação, e, mais tarde, estabelece-se o ensino de Biblioteconomia e Ciência da Informação. Esses três momentos se inseriram no ambiente social brasileiro a partir do instante em que se constituíram como compatíveis com os interesses dos profissionais já formados e em formação educacional profissional e foram adotados por especialistas brasileiros e estrangeiros que atuaram no Brasil no decorrer dos anos finais da década de vinte do século XX até o momento atual, e, portanto, torna-se importante, nesta discussão, poder-se vê-los do ponto de vista dos conteúdos que tratavam. Assim, torna-se relevante trazer para este estudo a explicitação dos saberes que constituíram os ensinos de Biblioteconomia e de Ciência da Informação no Brasil, bem como sua etapa de transição: a Documentação.[4]

Num primeiro momento, em torno da primeira década do século XX, encontra-se nas fontes documentárias que os saberes necessários às práticas bibliotecárias não leigas, tomando como referência o conhecimento exigido nos concursos realizados para a Biblioteca Nacional do Brasil, sediada na capital federal, então a cidade do Rio de Janeiro, eram: a História Universal, Geografia, Literatura e Filosofia, Línguas, Iconografia e Classificação de manuscritos.

Num segundo momento, em torno de 1911 a 1922, quando se deu a criação, em 1911, e a implantação, em 1915, do Curso de Biblioteconomia da Biblioteca Nacional, e tomando-se como saberes necessários às práticas bibliotecárias não leigas aqueles que eram ministrados em um curso de formação de bibliotecários, tem-se como conteúdo de formação ofertado no ensino de Biblioteconomia o seguinte: Bibliografia, Paleografia e Diplomática e Iconografia e Numismática. Num período que decorre de 1923 a 1930, não foi realizada a formação de bibliotecários no Brasil, de acordo com César Castro (p. 57-59), em função do conflito de delegação dessa atribuição tanto à Biblioteca Nacional quanto ao Museu Nacional.

Num terceiro momento, a partir de 1931, quando a Biblioteca Nacional reativou a oferta de seu Curso de Biblioteconomia e a Biblioteca do Município de São Paulo, a partir de 1937, implantou um curso de Biblioteconomia, passaram a ser conteúdos mais evidentes na formação do bibliotecário a História Literária, a Bibliografia, a Iconografia e a Cartografia, como saberes dominantes, no currículo ofertado pelo curso da Biblioteca Nacional, até 1944; e Catalogação, Classificação, História do Livro, Organização de Bibliotecas, Referência e Bibliografia, como os conteúdos curriculares que tinham presença no curso da Biblioteca do Município de São Paulo e em seu sucessor o curso da Escola Livre de Sociologia e Política de São Paulo. A partir de 1944, o curso da Biblioteca Nacional e o curso da Escola Livre de Sociologia e Política de São Paulo convergem, com significativa aproximação dos conteúdos ofertados em seus currículos, tendo a reforma curricular do Curso da Biblioteca Nacional, implementada a partir de 1944, apresentado o seguinte conteúdo para a formação de bibliotecários: Classificação e Catalogação, Bibliografia e Referência, História da Literatura, História dos Livros e das Bibliotecas e Organização e Administração de Bibliotecas.

Acerca do ensino de Ciência da Informação, verifica-se que há uma certa transição, ambígua ainda em 2006. Essa transição responde pelo nome de Documentação.[5] Há ainda hoje departamentos acadêmicos nas universidades brasileiras

---

[4] Parte da discussão que vem a seguir, tomará como fonte o livro de Castro (2000), pelo caráter do material nele apresentado, obtido em fontes documentárias originais.

[5] Souza (2000) aponta os indícios dessa transição, no final de 1950 e anos iniciais da década de 1960, pelas sugestões ou recomendações finais aprovadas no encerramento das respectivas reuniões.

que adotam o nome Biblioteconomia, Documentação e Ciência ou Ciências da Informação, juntos ou em diferentes combinações, como mostra o *site* da Associação Brasileira de Educação em Ciência da Informação (ABECIN). Contudo, é a partir do final da década de 1950 que se vê repetir no Brasil o movimento de avanço e retraimento sobre o que, de fato, deveria ser o conteúdo ensinado num curso que objetivava formar bibliotecários. Isso se dá, claramente, a partir do momento em que a Ciência da Informação, com seus saberes, que tomou forma sobretudo na década de 1940, nos EUA,[6] começa a produzir reflexos no ambiente brasileiro e ingressa no espaço socioeconômico em que atuam as instituições nacionais. Nessas instituições, em suas relações internas e internacionais, e no dia a dia de suas ações, manifestam-se necessidades que passam a exigir capacitação de pessoal não suficientemente preparado pelos cursos de Biblioteconomia de então para atender a tais especificidades.

Desse ponto de vista, pode-se encontrar esses reflexos em discursos consolidados no Congresso Brasileiro de Biblioteconomia, nome oficial do primeiro desses eventos realizado em 1954, e Congresso Brasileiro de Biblioteconomia e Documentação, nome oficial que o evento tomou a partir do segundo, realizado em 1959. Por esse período histórico, são construídos – a partir da prática profissional bibliotecária realizada num ambiente mais próximo das instituições governamentais, universitárias e de pesquisa – os discursos no sentido de que saberes atinentes a um conjunto de técnicas então predominantemente chamadas de Documentação fossem inseridas no currículo dos cursos de Biblioteconomia.[7] Havia por esse momento argumentos de defesa não só para inserção desses conteúdos, quanto da mudança de designação dos cursos de Biblioteconomia para cursos de Biblioteconomia e Documentação, o que foi adotado por vários deles, sobretudo entre os que, a partir de então, estavam sendo criados.

Marco dessa época foi a instituição do curso de Documentação Científica, como ensino de pós-graduação *lato sensu*, no Instituto Brasileiro de Bibliografia e Documentação (IBBD).[8] Na década de 1960 estabelece-se, oficialmente, o currículo mínimo de Biblioteconomia para os cursos de graduação, na modalidade bacharelado, conjuntamente com o estabelecimento da lei instituidora do exercício legal da profissão de bibliotecário no Brasil, em 1962, cuja eficácia exigia a formação escolar em nível superior dos futuros candidatos ao exercício dessa profissão. Esse currículo mínimo, salvo pequenas modificações, não diferiu daquele que havia resultado da convergência obtida pela aproximação das grades curriculares dos cursos da Biblioteca Nacional e da Escola Livre de Sociologia e Política de São Paulo, já a partir da metade da década de 1940. Na década de 1960, consolida-se,

---

[6] Acerca da história da CI, ver: DIAS, 2002.

[7] Ver: SOUZA, 2000.

[8] Ver: SOUZA, 1993.

com suas ambiguidades, um ensino de graduação de Biblioteconomia mesclado com Documentação, uma legislação que prevê a formação em graduação do bibliotecário, na modalidade bacharelado, e um ensino em pós-graduação *lato sensu* de Documentação Científica, aberto a profissionais oriundos de formação universitária obtida em quaisquer áreas acadêmico-profissionais. A condução desse conjunto de respostas para a sociedade de então culmina com a transformação do curso de pós-graduação em Documentação Científica do IBBD em curso de Mestrado em Ciência da Informação, a partir de 1970, igualmente de livre acesso a profissionais oriundos de formação universitária obtida em quaisquer áreas acadêmico-profissionais.

Os anos 1970 continuam a apresentar, no Brasil, o ensino de graduação em Biblioteconomia mesclado com Documentação, agora com uma reafirmação diuturna da legislação que prevê a formação de graduação no bacharelado em Biblioteconomia para aqueles que desejassem exercer a profissão de bibliotecário; há também uma oferta irregular, mas constante, de cursos na modalidade de pós-graduação *lato sensu* relacionados à Biblioteconomia e à Documentação, abertos com mais direcionamento a profissionais oriundos de formação universitária em Biblioteconomia, e a oferta do curso de Mestrado em Ciência da Informação pelo IBBD, e nos anos finais da década com a criação, entre 1976 e 1978, de quatro novos cursos de Mestrado: da PUCCAMP, desde 1977 da UnB, desde 1977 da UFMG e da UFPB, desde 1978, em Biblioteconomia, todos abertos a profissionais oriundos de formação universitária obtida em quaisquer áreas acadêmico-profissionais, embora os três últimos estimulassem mais claramente o ingresso de bacharéis em Biblioteconomia.

Os anos 1980 tinham, então, no Brasil, o ensino de graduação em Biblioteconomia mesclado com Documentação e também com a Ciência da Informação, apresentando como novidade a aprovação em 1982 e a implantação progressiva

---

[9] Os registros das Reuniões do Conselho Diretor da ABEBD contêm as várias decisões e encaminhamentos realizados para contribuir com essa construção. Na reunião de 21/7/1975, foi aprovado que fosse sugerido para a nova Diretoria o desenvolvimento de estudos de reformulação do currículo mínimo, através de grupos de trabalho em nível estadual, regional e nacional. Em 11/4/1976, foi decidida a constituição de uma Comissão composta pelas Escolas de Pernambuco, Minas Gerais e Paraná, visando realizar estudos a respeito. Em 14/9/1976, foi discutido o estudo elaborado pela comissão, decidindo-se que os presentes à reunião o levassem às suas escolas para manifestação até 30/11/1976. Em 06/7/1977 foi apreciado o assunto e designada uma comissão composta pelas escolas do Paraná, da Bahia e de Brasília, para apresentar um novo estudo sobre o currículo mínimo. Em 21/7/1979, a coordenadora da Comissão de Estudos do Currículo Mínimo, Prof³. Relinda Koller, apresentou o relatório sobre estudos do currículo mínimo, ficando decidido que esse deveria ser datilografado e, posteriormente, distribuído para todas as escolas de Biblioteconomia. Também se decidiu que a Comissão de Estudos do Currículo Mínimo seria conservada com os representantes das escolas que já a compunham, passando a colaborar também na referida comissão representantes das escolas da UFMG, da UFSC e um representante pelas nove escolas do Estado de São Paulo. Em 17/1/1982, o Conselho Diretor ouve uma explanação e esclarecimentos sobre o andamento do processo de reformulação curricular em tramitação no Conselho Federal de Educação. Em 28/11/1982, a presidente da ABEBD falou sobre

de um novo currículo mínimo de bacharelado em Biblioteconomia,[9] um não muito forte conflito em relação à jurisdição profissional do bibliotecário, uma oferta mais constante de cursos na modalidade de pós-graduação *lato sensu* relacionados à Gestão da Informação, com várias denominações, abertos a profissionais oriundos de formação universitária em quaisquer áreas acadêmico-profissionais e a oferta do curso de Mestrado em Ciência da Informação pelo Instituto Brasileiro de Informação Científica e Tecnológica (IBICT), designação nova do IBBD, desde 1976; dos Cursos de Mestrado em Biblioteconomia da PUCCAMP, UFMG, UnB e UFPB, todos abertos a profissionais oriundos de formação universitária obtida em quaisquer áreas acadêmico-profissionais.

A partir de 1990, veem-se algumas poucas mudanças em comparação com os quadros apresentados das duas décadas anteriores. Continuava-se a ter no Brasil o ensino de graduação de Biblioteconomia mesclado com Documentação e Ciência da Informação, acrescido de um esforço da ABEBD em promover mais discussão[10] sobre as questões curriculares, articulação com os países da área do Mercosul, em busca de uma harmonização curricular, um não muito forte conflito em relação à jurisdição profissional do bibliotecário, incluída uma tentativa de modificação atualizadora da lei que institui o exercício profissional de bibliotecário[11] com a reafirmação acentuada da legislação que prevê a formação de graduação no bacharelado em Biblioteconomia e maior esforço do Conselho Federal (e Regionais) de Biblioteconomia em fiscalizar o exercício profissional de bibliotecário; uma oferta mais constante de cursos na modalidade de pós-graduação *lato sensu* relacionados à Gestão da Informação, com várias denominações, abertos a profissionais oriundos de formação universitária em quaisquer áreas acadêmico-profissionais e a oferta do curso de Mestrado em Ciência da Informação pelo IBICT; dos cursos de Mestrado em Biblioteconomia da PUCCAMP, UFMG, UnB, UFPB, UNESP (Marília, SP, desde 1998) e UFBA (desde 1998) em Biblioteconomia e Ciência da Informação, predominando o esforço de criação dos

---

o novo currículo mínimo para o Curso de Biblioteconomia aprovado pelo CFE em setembro de 1982, homologado em 30/9/1982, publicado no DOU em 8/11/1982. Na oportunidade, a presidente da ABEBD lamentou as alterações feitas pelo CFE no anteprojeto apresentado, justificando um não, pedido por parte da entidade do adiamento da apreciação final dele ou sua rejeição pelos prejuízos que isso poderia trazer, decorrentes do retardamento de prováveis dois anos para a aprovação, com base em proposta diferente da ora aprovada.

[10] Por exemplo, na mesma reunião do Conselho Diretor da ABEBD, de 8/11/1982, em que se lamentou as alterações feitas no anteprojeto mencionado, foi discutido o documento preparado pela entidade, após estudos das conclusões finais dos Seminários de Otimização do Ensino de Biblioteconomia realizados por várias escolas, incluindo aspectos didáticos e pedagógicos para a implantação do novo currículo e que foram enviados até 11/11/1982 para a ABEBD pelas UFPE, UFRGS, UEL, UFPR, FATEA-Lorena, UFES e USP.

[11] Esse esforço foi relatado por Santos (1998). O resultado deste texto ficou conhecido como "Lei dos Vetos", dada a quantidade de artigos vetados por ocasião da sanção presidencial.

novos Cursos com a designação Ciência da Informação e a mudança da designação dos cursos então existentes,[12] e a criação e implantação dos cursos de Doutorado em Ciência da Informação no IBICT e na UnB (desde 1992) e na UFMG (desde 1997), todos, mestrados e doutorados, abertos a profissionais oriundos de formação universitária obtida em quaisquer áreas acadêmico-profissionais.

É ainda na década de 1990 que começam a surgir esforços para incorporar no ensino de graduação em Biblioteconomia um ideário de ciência da informação, com a inserção de disciplinas que se apresentam como "introdução a CI", ou equivalentes, bem como conteúdos derivados de outros até então ministrados nos cursos de Mestrado em CI como a Bibliometria.

De outro lado, muitos docentes atuantes nos cursos de Biblioteconomia foram egressos do curso de Mestrado do IBICT, quanto feitos no Brasil, ou dos outros cursos de Mestrado brasileiros em Biblioteconomia, que, de forma mais objetiva ou não, inseriam a discussão e os temas de investigação da Ciência da Informação. Nesse aspecto, acentuou-se uma ambiguidade do discurso sobre a Educação Bibliotecária, uma vez que se juntava ao ensino das técnicas bibliotecárias um esforço de preparação para a pesquisa, tentativa buscada com base na reforma curricular implantada na década anterior.

Naturalmente, para que se possa entender essa construção histórica e os saberes que em vários momentos mais se evidenciavam como conteúdos curriculares dos cursos e/ou escolas de ensino de bacharelado em Biblioteconomia e sua interação com a Documentação e com a Ciência da Informação, precisa-se, para além do quadro conceitual, ter a noção de quais contextos socioeconômico-políticos, eram, em cada oportunidade, correspondidos. Esses contextos foram criados e transformados, como sempre e permanentemente, num processo de evolução não linear, na medida em que respondem a uma ordem social e também a demandas que vêm de fontes culturais, artísticas, econômicas, políticas, técnico-tecnológica, científicas, etc. A interpretação da relação que se dá entre a Educação Bibliotecária, seus contextos e a exploração empírico-documental desses contextos vai exigir a escolha de fundamentação teórico-metodológica apropriada, bem como a elaboração e o emprego de instrumentos que a pesquisa nas Ciências Humanas e Sociais dispõe, e que, entre outros, a Ciência da Informação pode também utilizar.

Fundamentos teóricos

Toma-se como fundamentação teoricamente adequada ao estudo dos fenômenos da Educação Bibliotecária duas vertentes que, em seus modos de abordagem do ambiente social, se complementam no estudo do desenvolvimento das instituições e do pensamento que as consolida e lhes dá sustentação. Essas vertentes, produzidas como teorias da sociedade, são o construcionismo social e o configuracionismo.

---

[12] Ver: ALMEIDA, 2005.

Em suas formulações gerais, o construcionismo, conquanto explicação do processo socializador primário (no âmbito próximo ao indivíduo ou no estágio inicial de sua existência) e secundário (no âmbito das instituições, isto é, iniciando-se com a inserção do indivíduo na instituição escolar, ou religiosa etc.), se complementa com a explicação configuracionista, porque é pela ocorrência das características postuladas por esta última num dado espaço social que se pode distinguir, com comparação histórica, o estado presentificado de determinado fenômeno em certa sociedade ou do conjunto dos fenômenos sociais que predominam em dada sociedade, ao longo de um percurso de tempo.

a) Construção social da realidade

O construcionismo social, nos termos em que foi elaborado e exposto por Berger e Luckmann (1985), tem relação muito estreita com as noções de cotidianidade e senso comum como a base para a definição da ação social e da atuação dos sujeitos sociais. Como explicação da realidade social, filia-se à fenomenologia (SCHUTZ), isto é, busca explicar o conjunto das múltiplas facetas que compõem a existência do dia a dia dos indivíduos e de suas ações que se manifestam e fazem-se nas instituições por eles criadas para constituir e vitalizar a sociedade.

Um aspecto fundamental para a compreensão do que os autores querem dizer valendo-se da noção de senso comum é a afirmação de Luckmann (2006) de que o senso comum orienta todas as nossas decisões, das mais simples às mais complexas. Dizendo de outra maneira, pensamentos, representações e imaginações humanos são expressos primeiro através de uma abordagem geral que estabelece e se manifesta como um continente exposto por linguagens sensoriais, no qual se inserem todos os conteúdos, inclusos tanto os conteúdos reificados, como os produzidos pelas ciências. Ora, nesse aspecto, uma primeira consideração é de que, no nível de cada individualidade pessoal, também existe o seu discurso de senso comum, que é expressão de seu todo vivenciado, de sua existência material e mental, e, dentro desse continente discursivo, são construídas colônias discursivas para várias particularizações, por exemplo, os que expressam as noções de profissão,[13] de conteúdo teórico e de expressão da prática profissional. Esses, ao constituírem conteúdos necessários para transmissão a outrem, serão agregados a todas as noções e formulações componentes dos conteúdos que constituem a colônia do ensino (métodos e técnicas de ensino, prática de ensino, estrutura educacional, etc.) e transformados na subcolônia que forma o currículo moldado para capacitação ao exercício de uma atividade profissional, cujo acesso requeira uma preparação por via escolar. Isso quer dizer que essas colônias e subcolônias só poderão constituir-se no âmbito dos conteúdos e para gerar soluções para lacunas que os indivíduos expressam nas suas relações sociais e que estabelecem como demandas de informação e conhecimento.

---

[13] Não desconheço aqui o pensamento de Berger e Luckmann (1985) sobre alguns traços da origem das profissões: a ideia de hábito e a ideia de excedente econômico, por exemplo.

Nesse particular, o ensino de Biblioteconomia e de Ciência da Informação no Brasil, como quaisquer outros, de quaisquer outros campos de conhecimento, só existe em resposta a necessidades dos indivíduos que coparticipam desse espaço nacional.[14]

Mas também é preciso ter em vista que essas necessidades não se estabelecem homogeneamente em todo o país. Elas têm relação de ordem direta com a dinâmica dessa realidade. Soluções criadas para responder a lacunas identificadas em certos ambientes sociais podem não ser requeridas em ambientes sociais diferentes, na medida em que as necessidades materiais de conhecimento e de serviços fornecidos por certas profissões ainda não foram sentidas com a mesma intensidade em lugares alheios ao seu ambiente de origem. Assim, a construção da realidade tem dois aspectos importantes: a) dá-se como construção de explicações ou soluções para uma demanda que ainda não encontra em seu acervo de respostas, as soluções que a ela se ajustem e b) dá-se como uma potencial antecipação de necessidades que virão a se manifestar numa sociedade que, por fundamentos históricos, políticos, econômicos e sociais, apresenta alguma semelhança com o ambiente para o qual a solução foi inicialmente criada.[15]

Desse ponto de vista, observa-se que, no primeiro aspecto, é construída uma solução original para um problema novo e, no segundo aspecto, ocorre a "conscientização" de uma sociedade em processo de desenvolvimento para antecipar necessidades futuras e assimilar as soluções já criadas para manifestações ocorridas em outros ambientes sociais. No primeiro caso, há uma base local para se construir uma subcolônia do discurso do ensino pró-capacitação de novos executores (dos mais variados matizes) de um dado campo de ação profissional. No segundo caso, virá a ocorrer a transposição para ambiente distinto daquele de origem do conhecimento concebido e, portanto, de representações vindas como produto de outro ambiente social. Em qualquer dos dois casos, considerando o dinamismo das sociedades, ocorrerão transformações permanentes, mais rápidas ou mais lentas, conforme as exigências de ambos os ambientes, suas atividades econômicas, etc.

Essas ideias aplicadas ao entendimento da construção da realidade[16] denominada ensino de Biblioteconomia e Ciência da Informação no Brasil permitem compreender seu relativo distanciamento como conhecimento teórico, prático e como concepção e execução de ensino do que se faz na Europa e nos EUA, de um lado, e a visível distinção no âmbito interno entre as regiões e Estados brasileiros, de

---

[14] Partilho da noção apresentada por Geertz (2001) sobre a polissemia do conceito de nação.

[15] Embora isso possa ser tomado como expressão ou afirmação das noções de Imperialismo ou Hegemonismo. Sobre essas noções e sua origem contextual, ver Nye (2002); opressão: Freire (1983); invasão cultural: Alves (1991).

[16] A noção do que é real ou realidade materializada como ensino de biblioteconomia, por exemplo, é apresentada por Berger e Luckmann (1985), no âmbito do que está objetivado, isto é, quando assume o caráter institucional. No caso da Educação Bibliotecária, essa institucionalização tem início com a constituição de uma associação profissional que dá origem ao ensino, o qual leva à criação da Escola

outro lado. É que, em ambos os casos, um dos fatores decisivos para a distinção tem relação com o movimento econômico que se diferencia externamente entre o Brasil e os países economicamente centrais e internamente entre as regiões geoeconômicas do país. Mas há outros fatores de distinção e que passam pelo movimento cultural, pela diferenciação da qualidade da escola de ensino fundamental e de ensino médio, pelas prioridades políticas voltadas ao padrão de serviço público ofertado como complementar aos investimentos em educação e cultura, etc.

Muitas vezes no território de um mesmo Estado se veem essas distinções. Exemplificativamente, no caso brasileiro, percebe-se claramente como, em geral, é muito distinta a oferta de serviços e de infraestrutura de biblioteca pública feita nas capitais quando comparada àquelas realizadas nas pequenas cidades do interior, seja por motivação econômica ou política; seja entre o que se oferta nos Estados das regiões Norte, Centro-Oeste e Nordeste e Sul e Sudeste. Isso vai apontar, então, diferentes expectativas de demandas e diferentes graus de exigência social quanto aos serviços que se espera ou que se deseja obter. De outro lado, à ideia de distinção de resposta e atendimento às demandas sociais se associa à noção de legitimação, também constituinte da teoria da construção social, e querendo demonstrar que há distintas respostas porque há também distintas formas de atribuição de valor e de aceitação para elas em ambientes sociais diferentes.

Particularizando, um monumento bibliotecário público instalado em um pequeno município, com baixa qualidade educacional, com pequena e pouco complexa atividade cultural e com baixa atividade econômica, caso viesse a ocorrer, exigiria um imediato investimento na requalificação educacional do município, sustentação de um incremento na produção e difusão das atividades culturais e um redesenho da economia local, de modo a que esse monumento bibliotecário público socialmente fizesse sentido e não fosse tomado como invasão e colonialismo.

Para fazer sentido socialmente, também seria adequado que, junto a esse monumento bibliotecário público, se associasse não um ensino bibliotecário mas, sobretudo, uma educação bibliotecária.[17] Quer dizer, que se torne possível ao público ter noção e possa apropriar-se dos efeitos positivos que tal monumento bibliotecário público poderia lhe render. Essa educação bibliotecária iria formar uma ideia em torno de como melhor aproveitar esse recurso levando à necessidade de instrumentalização social adequada para promover as dinâmicas pertinentes.

---

de Biblioteconomia, que gerará suas próprias associações de interesse e a interagir com várias outras instituições que lhe asseguram reconhecimento e permanência. A partir disso, são criadas tradições e, no conjunto, situam-se no tempo e espaço, formando, submetendo-se e consolidando tipificações. Segundo os autores: "As instituições têm sempre uma história, da qual são produtos. É impossível compreender adequadamente uma instituição, sem entender o processo histórico em que foi produzida" (p. 79-80).

[17] Ensino Bibliotecário e Educação Bibliotecária, neste momento da discussão, refere-se ao que se pode oferecer como apreensível por um público interessado.

A consequência imediata poderia ter duas vias: a importação ou a formação de pessoal. A importação trará um conhecimento a ser adaptado para esse ambiente. A formação será desenhada com base em um processo exploratório de escolha dos melhores meios para a obtenção do máximo proveito. Em qualquer dos casos, a realidade estará sendo forjada pela sociedade local, seja diretamente definindo, delegando e executando as ideias que lhes parecem apropriadas, seja indiretamente, por suas demandas e apresentação de seus interesses, desejos ou necessidades aos profissionais importados.

Essa concepção extraída da análise da sociedade, pelas interações entre os indivíduos, também é apontada pela Antropologia, ao estudar as manifestações de saber produzidas pelas comunidades valendo-se da expressão de seus membros. É na demonstração dessa vertente que Geertz (1998) exibe, no livro *O saber local*, a concepção do Direito em comunidades asiáticas, mas que poderia perfeitamente ser tomado como um estudo sobre a produção local e uso da informação constituída como um saber social com função normativa ou jurídica.

b) As configurações da realidade social

O configuracionismo social, nos termos em que foi elaborado por Norbert Elias,[18] descreve a sociedade como um ambiente humano em mutação global. Esse ambiente e essa mutação representam um processo com etapas de consolidação de modos de ação e pensamento individual e coletivo-social, cujo caráter é dominante por certo período de tempo, curto ou longo, e em lugares diferentes ou mesmo numa ampla zona de influência humana, que pode atingir um grande conjunto de países ou regiões.

A pesquisa de Elias, que lhe dá elementos para a construção dessa teoria, trata, entre outros aspectos, sobre o processo de civilização/descivilização ocidental, tanto relativo aos costumes humanos que então se manifestavam quanto sobre a formação que o estado vinha consolidando. Seu material de estudo foi constituído por uma vasta documentação e impressões escritas de intelectuais e eruditos, e seu interesse levou em conta um período histórico de mais de oitocentos anos, tendo como ponto de partida fatos históricos ocorridos no século XI, o que lhe permitiu apreender, de forma significativa, o movimento de longo prazo, sobretudo o que deu constituição à sociedade e estado franceses.

É essa visão histórico-social – abordando uma vasta gama de manifestações culturais, envolvendo hábitos alimentares, modos de vestir e etiqueta, organização política, organização e atuação econômica, exercício do poder em

---

[18] Esta concepção se estende por quase toda a sua obra, da qual se destacam os títulos: ELIAS, Norbert. *O processo civilizador*, 1993. *A sociedade de corte;* investigação sobre a sociologia da realeza e da aristocracia de corte, 2001. *A sociedade dos indivíduos*, 1994. *Os alemães; A luta pelo poder e a evolução do habitus nos séculos XIX e XX*, 1996. *Escritos e ensaios: estado, processo, opinião pública*, 2006.

níveis distintos – que permitirá a percepção de mudanças que se consolidam, desde suas primeiras manifestações, ao longo de um período que ultrapassa séculos, embora não necessariamente em sentido linear de curto prazo, mas como aperfeiçoamento de uma conduta, ação ou percepção humanas em longo prazo. É nesse sentido que Elias estabelece a concepção da configuração, isto é, em novos momentos, os costumes, os hábitos e as manifestações de poder, entre outros fatores, constroem-se e se expressam de maneiras que representam o mais propriamente presente naquela circunstância, indicando um novo jeito de ser e existir sociocoletivamente.

Caso se olhe para o universo biblioteconômico, pode-se ver que ambientes culturais, sociais e políticos distintos produzem diferentes apropriações e usos do conhecimento existente nesse campo de conhecimento, remodelando-o, adaptando-se, ressignificando suas instituições e criando instituições novas, a fim de corresponder ao ambiente em que se realizam suas tarefas. Desse ponto de vista, olhando-se para o ensino de Biblioteconomia no Brasil, dá para se perceber que, nos anos iniciais de sua oferta, os lugares (Rio de Janeiro e São Paulo) e os valores atribuídos para esse conhecimento (organização da Biblioteca Nacional e organização da biblioteca municipal de São Paulo) foram determinantes de configurações distintas para ambas as bibliotecas, tanto em termos do conteúdo, quanto em termos do público e, ainda em particular, dos fundamentos tomados para justificar as características de ambos os cursos.

O curso de Biblioteconomia da Biblioteca Nacional estava vinculado a uma instituição interessada em rastrear e depositar a memória de conhecimento produzido no país, em todo e qualquer suporte material para a escrita, estruturalmente ligada ao Estado central brasileiro e comprometida com estratégias que davam forte expressão ao eruditismo bacharelesco, além de estar sediada na capital político-administrativa do país. Para dar coerência a uma expressão dessa configuração, de forma a representar um jeito de ser dessa instituição, o modelo de ensino a ser empregado, naquele momento, a partir de seu ambiente, tomou como parâmetro o padrão francês de uma escola de estado (Chartes), para preparar funcionários vinculados ao Estado brasileiro de então. Nesse caso, há relação direta entre o ambiente e o modelo de ensino empregado, posto que a configuração da Biblioteca Nacional era a de uma agência do governo federal brasileiro.

O curso de Biblioteconomia criado, inicialmente, na Biblioteca Municipal de São Paulo tinha outra base sócio-real. Não se pode afirmar que estivesse vinculado a uma instituição interessada em rastrear e depositar a memória de conhecimento produzido no seu município. Seus objetivos respondiam muito mais à dinamização do ambiente de uma capital que começava a polarizar a industrialização com capitais financeiros de origem privada no país, e, por isso, seu comprometimento tinha como base atender às necessidades de fortalecer a capacitação de novas classes trabalhadoras e, nesse caso, as estratégias previsíveis davam forte expressão ao pragmatismo industrialista.[19]

A configuração predominante naquele ambiente, ainda eivado das razões que lançaram a Semana de Arte Moderna, o movimento da Escola Nova, a implantação da primeira universidade do país (USP), pensada como um conjunto ou universo acadêmico, não poderia ser atendida com o parâmetro francês, na medida em que naquele ambiente social não era o Estado o organismo dominante, mas, sim, o conjunto da classe industrial, coincidindo esse período com a criação do Centro das Indústrias de São Paulo (CIESP), ainda hoje existente, compondo uma espécie de sindicato das indústrias, então presentes em alguns setores produtivos. Nesse caso, há também relação direta entre o ambiente e o modelo de ensino empregado, sendo a configuração da Biblioteca Municipal de São Paulo, sob a perspectiva funcional, menos a de uma agência do governo e mais a de um órgão vinculado ao setor público para fomentar a capacitação de trabalhadores para dar base ao desenvolvimento paulistano.

Está claro, portanto, que os objetivos sociais com que as duas bibliotecas lidavam, antecedendo e contextualizando o momento de formulação dos projetos de ensino que então foram implantados, não apenas podem ser explicados pelo configuracionismo social, como teoria, mas também se pode explicar como parte de uma configuração manifestada pelo forte crescimento econômico industrial e comercial de São Paulo, que, por sua vez, levaria o país a uma nova configuração política e econômica, a partir da década de trinta, sobretudo com o chamado Estado Novo implantado por Getúlio Vargas, em 1937.

Todas essas configurações contribuem para a produção de uma síntese dos projetos de ensino e de grade curricular que, a seguir, gerariam uma terceira configuração do ensino de Biblioteconomia no Brasil. Essa terceira configuração, de certo modo, agrega e faz a síntese do conteúdo do curso da Biblioteca Nacional e do curso pertencente à Escola Livre de Sociologia e Política de São Paulo. Ademais, insere parte das ideias que, então, estavam sendo importadas do conhecimento em Documentação, que veio a dar forma ao primeiro currículo mínimo oficial de ensino de Biblioteconomia no Brasil.

É uma configuração que vai refletir todos os movimentos sociais que se produziram ao longo dos primeiros sessenta anos do século XX no país, que foram de fortes mudanças políticas e econômicas, com desníveis sociais e políticos regionais, com avanço industrial em São Paulo e atraso agrícola no interior mais longínquo da nação, nas relações internacionais de caráter econômico, industrial e político,[20]

---

[19] Sobre isso, para um entendimento do contexto da época, em São Paulo, é indispensável a leitura de Sevcenko (1992).

[20] Para caracterizar o último século, em âmbito internacional, Geertz (2001, p. 152), diz que ocorreram "duas guerras mundiais, o genocídio, a descolonização, a disseminação do populismo e a integração tecnológica do mundo". Outro autor que contribui para que se construa essa reflexão é Hobsbawm

nas relações internas com predomínio de um modo coronelista de administração de fábricas e negócios internos, etc. O curso de Biblioteconomia, como síntese desse estado de fato, deveria oferecer um ensino que levaria tudo isso em conta. Nesse caso, seria formado um bibliotecário a partir do ensino de um conhecimento, que, por seu currículo mínimo, adotaria um conteúdo padronizado, levando a uma formação generalista, justificada pelo fato de que o egresso deveria estar preparado para obter colocação ou emprego num espaço profissional de qualquer segmento: público ou privado; em qualquer campo de interesse: educação, indústria, serviços ou em organismos estatais, etc.

De outro lado, esse ensino guardava relação com uma dada configuração que a economia do país tinha que era a de ser, por um lado, pouco diversificada em tipo de produto e complexidade tecnológica e, por outro, por contar com organizações empresariais, em sua maioria de micro porte e pequeno porte, sendo boa parte de caráter familiar, dirigida pelos proprietários com o auxílio de familiares. Na maioria dessas organizações ainda era estranha a ideia da informação como um componente do processo produtivo.

Sob outro ângulo, se é possível afirmar que há diferentes configurações de ensino de Biblioteconomia no Brasil, no século XX, dá também para se dizer que essas configurações respondem a distintas configurações da sociedade. Isso quer dizer que o modo de ensinar e praticar o conhecimento biblioteconômico não deixa de ter uma relação direta com a realidade que dele se apropria e que poderia contribuir para sua recriação e transformação permanente.

Voltando à discussão geral, é nesse aspecto que as teorias sociais, ao tecerem uma explicação para as relações dos indivíduos no âmbito de uma sociedade, portanto, identificando relações entre os membros que a compõem, são em si formas de representação ou descrição que servem para caracterizar, conforme a percepção de quem as formula e interpreta, o que é o real. Dito de outro modo, essas teorias são maneiras de dizer, de espelhar através do discurso, o que do movimento do real foi encontrado no fluxo das relações, como indivíduo e sociedade interagem e transformam-se continuamente, dando, de um lado, a ideia de uma sociedade recobrindo o indivíduo e, de outro, do indivíduo transgredindo a sociedade, gerando transformações ou ressignificando fenômenos, objetos e práticas existentes.

Mas como essa representação tende a se firmar de modo mais duradouro que uma existência individual, ela parecer produzir uma força que expressa o peso do coletivo maior que a força do individuo. É essa percepção que deu a Durkheim (2003) a ideia de que o coletivo impõe certa imobilidade ao conhecimento que constrói e que ele chama de "representação coletiva", noção essa posteriormente enriquecida pela explicação de Moscovici (2003) de que esse conhecimento

---

(2002). Para auxiliar na compreensão do ambiente brasileiro naquele momento, é fundamental a leitura de Fausto (2006).

formulado se faz como representação que ele chama de "representação social", isto é, deriva da sociedade em que as relações estão em movimento. Essa contradição de um conhecimento que dura, mas que, na sua duração, se transforma vem a ser explorada mais adiante, no corpo da teoria das representações sociais por Abric (2001) e Nelson Sá (1996), dentre outros, quando tratam do que chamam de Núcleo Central das representações Sociais.

Novamente, ao se pensar nessas noções no âmbito da Biblioteconomia, há uma representação coletiva no conjunto de seus profissionais muito associada com os procedimentos de organização da informação, assentada em saberes mais estáveis, as técnicas, e há, também, no mesmo meio, uma representação social muito associada com os processos de gestão da informação, que, sem romper com as grandes estratégias de organização informacional, incorporam metodologias novas possibilitadas pela criação de outros recursos tecnológicos, e, como síntese, pode-se dizer que o Núcleo Central disso, o que parece pouco mudar, pois muda não na sua racionalidade, mas em seus formatos finais, é a descrição dos suportes da informação e de seu conteúdo. E tudo isso se reflete também na modelagem dos currículos e nas grades de ensino dos cursos para formação de bibliotecários.

Fundamentos metodológicos

Ao longo da execução da pesquisa que deu origem a este texto, o raciocínio empregado caminhou pela vertente indutiva. Isso vem do fato de que o propósito desejado foi o de aceitar o entendimento de que o conjunto de circunstâncias em exame estava contido em dado acervo de documentos gerados por uma entidade "corporativa", a ABEBD, e sustentava o esforço de extrair desses documentos o que eles continham como afirmação dessa entidade sobre o que, através do discurso construído, representa o ensino de Biblioteconomia e Ciência da Informação no Brasil.

Nesse sentido, o que se tomou como sustentável é que, no discurso formulado, estão os marcos de qualquer fenômeno, uma vez que a realidade pode ser considerada aquela que está representada nos discursos que a constituem. Pode-se dizer que não há profissão nem ensino para dada profissão sem que haja um conhecimento dessa e para essa profissão. Aqui, no caso, esse conhecimento constitui o cenário para o estudo da profissão de bibliotecário e das várias atividades profissionais dos egressos de cursos de Ciência da Informação. Foi isso que motivou o exame do discurso sobre o ensino de biblioteconomia e Ciência da Informação no Brasil, o que, por sua vez, levou ao exame dos conhecimentos estabelecidos e em desenvolvimento para servir à preparação de pessoal.

Nesse caso, estudar o discurso construído sobre o ensino de Biblioteconomia e Ciência da Informação pôs como real pelo critério da factualidade também a existência tanto da Biblioteconomia quanto da Ciência da Informação, no ambiente social brasileiro. E o que elas são? Qual seu status ontológico? Qual sua epistemologia? O que elas são decorre daquilo que sobre elas se fala: sua ontologia, sua epistemologia, suas práticas, sua ciência, sua história, sua ética, sua economia, suas instituições, etc. são das coisas que sobre elas se fala e são as coisas que as estruturam e as retiram de um mundo do intelecto, sem destruí-lo, para um mundo material e vice-versa. Seu eixo como ontologia não tem uma realidade senão aquilo que se diz que elas são. Seu eixo epistemológico não é outro senão aquilo que se diz por que, para que e como surgiram. Os demais aspectos, exceto a manipulação física dos suportes de informação, são todos expressos verbalmente e só existem no discurso.

Por essa razão, está no discurso a gênese social da Biblioteconomia e da Ciência da Informação, bem como a sua transformação em saber constituído e em saber ensinável. Da mesma maneira, está no discurso a representação do andamento dos processos de trabalho para atender a vários objetivos. No âmbito da pesquisa realizada, o objeto enfocado diz respeito ao ensino, mas não ao ensino como ele é praticado, e sim ao ensino como concepção, sua gênese, a necessidade da criação de políticas pedagógicas para sua execução, busca dos meios e a implantação das condições para fazê-lo. Para isso, é importante mapear os desdobramentos que o discurso apresenta como ocorrência correlacionada ao fazer o ensino de Biblioteconomia e Ciência da Informação no Brasil.

Para compreender o sentido desse mapeamento é importante que se conheça a origem ou o ponto de partida das ideias que lhe dão forma. Assim, tanto em Berger e Luckmann quanto em Moscovici, se encontra a noção de Ancoragem como a expressão desse ponto de partida.[21] Mas, para fazer tudo isso não basta tomar a noção de metodologia como um simples conjunto de técnicas e dos respectivos instrumentos de coleta e tratamento de dados, mas como uma diretriz que precisa oferecer alguma antecipação de abordagem, alguma linha de raciocínio, para, a partir disso, e associado ao universo a ser explorado, ao objeto a ser estudado, aos objetivos a serem alcançados, apontar as técnicas e instrumentos a utilizar. Nesse caso, é isso que vem a seguir.

a) Análise de discurso

Para tratar-se o discurso, há mais de um caminho. O discurso, para falar mais amplamente, é objeto que, como tal, está inserido, principalmente, no âmbito da linguística e no âmbito das Ciências Sociais e, portanto, sujeito a abordagens diversas com objetivos e alcances também distintos. A propósito, Maingueneau (1993) afirma que de uma perspectiva mais abrangente, se pode admitir que há uma

> multiplicidade de análises do discurso [e que] uma delas mantém uma relação privilegiada com a história, os textos de arquivos, as instituições restritivas,

---

[21] Em Berger e Luckmann (1985) e em Moscovici (2003), pode-se encontrar discussões sobre o conceito de ancoragem como o fundamento, ponto de partida teórico ou ideológico, etc. que dá base a uma realidade ou a uma representação social.

enquanto uma outra, diretamente relacionada à sociologia, recorre com maior freqüência às pesquisas de campo e se interessa por enunciados cujas estruturas são reguladas com flexibilidade por fatores heterogêneos (p. 15).

No âmbito do estudo do qual provém este texto, convém destacar que discurso não representa o tema, mas o meio através do qual se buscou apreender o objeto ou o tema que foi analisado. Assim, a análise do que está contido no discurso apresentado na coleção "documentos da ABEBD" foi o caminho ou o método empregado para se compreender qual é o discurso sobre o ensino de Biblioteconomia e Ciência da Informação construído no Brasil e, em particular, como isso está representado nos documentos daquela entidade.

Desse modo, uma perspectiva que se tomou na condução do estudo, foi a de fazer a análise do teor de documentos. É preciso, porém, entender que documentos tanto têm relação com a história e a instituição que constrói parte dos textos que fixam parte alcançável dessa história – como processo e produto – como têm relação com o movimento permanente da sociedade que se transforma por várias intervenções socioindividuais, as quais produzem, mantém e transformam estruturas discursivas, que podem constituir movimentos como de *núcleo e periferia* ou de *permanência e superação*. Nesse caso, fez-se o esforço de tomar as duas vias para contextualizar os conteúdos na sua relação histórico-institucional e no que eles refletem do movimento permanente da sociedade.

b) Discursos das representações coletivas e sociais

A sociedade é dinamizada tomando-se por base relações entre os indivíduos, pela constituição de vínculos institucionais. Esses vínculos manifestam-se na organização e no controle da existência no ambiente socioconstituído e, em paralelo, produzem e são produzidos pelos discursos que, perpassando essas relações, geram e desenvolvem os meios humanos para a realização do pensamento e da ação. Tais meios se explicitam mediante os discursos que auxiliam a pensar e a expressar o conteúdo e são suportados pelos métodos necessários à difusão do pensamento supostamente pensado, proporcionando a consolidação, nem sempre imperecível, de certas ideias ou imagens, úteis para um estado de reconhecimento identitário entre os indivíduos.

Num determinado momento histórico, ainda nas primeiras décadas do desenvolvimento das teorias sociais, Durkheim (2003) chamou a isso de "representações coletivas", querendo dar por entendido que o pensamento dominante na sociedade constrange os indivíduos a um tipo de ação decorrente da aceitação e adoção desse pensamento, sendo os casos distintos tendentes a serem tomados como desvios. Em período mais recente, pela década de 1950, Moscovici (2003) vê que a explicação de Durkheim não constitui toda a explicação possível para essa relação sociedade e indivíduos. Ele diz então, a partir de suas pesquisas, que os indivíduos reconstroem as representações, transformando-as, sobretudo transportando para o universo do senso comum os discursos reificados como aqueles produzidos pelo conhecimento científico.

Desse modo, não é tanto o coletivo que constrange o âmbito do individual, mas é o indivíduo que, permanentemente, institui e reinstitui o social em diálogo com o coletivo e no coletivo. A partir disso, a noção das representações produzidas no ambiente da sociedade parece mais consistentemente designada como representação social, na medida em que toma na sua base um processo de diálogo e comunicação como *locus* instituidor da sociedade e que se realiza pela atuação dos membros individuais dessa mesma sociedade.

No âmbito do estudo que deu origem a este texto, tomou-se as duas noções nos sentidos: a) de considerar as representações coletivas quando se falava do grupo instituído formalmente como Associação, com seu estatuto determinando direitos e deveres e b) de considerar as representações sociais quando se falou do discurso produzido por e pelos membros da associação, como o debate acadêmico e político, partindo do entendimento de que nem todos os textos da coleção "documentos ABEBD" representavam o pensamento oficial da entidade como pessoa jurídica.

Para finalizar, pode-se perceber que, desde o seu título, o estudo original, ao assinalar que o objeto seria visto a partir dos textos da coleção "documentos ABEBD", deixava em estado latente que sua construção também seria orientada pela perspectiva representacional. Desse modo, o estudo se inseriu na categoria de representação social, por seu caráter exploratório e sua natureza interpretativa.

Referências

ABRIC, J-C. O estudo experimental das representações sociais. In: JODELET, D. *As representações sociais*. Rio de Janeiro: Ed. UERJ, 2001. p. 155-172.

ALMEIDA, Carlos Cândido de. *O campo da Ciência da Informação: suas representações no discurso coletivo dos pesquisadores do campo no Brasil*. Florianópolis, 2005. 395 p. Dissertação (Mestrado em Ciência da Informação) – Universidade Federal de Santa Catarina – Florianópolis, 2005.

ALVES, Júlia F. *A invasão cultural norte americana*. 13. ed. São Paulo: Moderna, 1991

BERGER, P.; LUCKMANN, T. *A construção social da realidade*; tratado de Sociologia do Conhecimento. 6. ed. Petrópolis: Vozes, 1985.

CASTRO, César A. *História da Biblioteconomia brasileira;* perspectiva histórica. Brasília: Thesaurus, 2000.

DIAS, Eduardo Wense. O específico da Ciência da Informação. In: AQUINO, Miriam de Albuquerque (Org.). *O campo da Ciência da Informação: gênese, conexões e especificidades*. João Pessoa: Ed. Universitária, 2002. p. 87-99.

DURKHEIM, Émile. *As regras do método sociológico*. São Paulo: Martin Claret, 2003. 155 p.

ELIAS, Norbert. *O processo civilizador*. Rio de Janeiro: Jorge Zahar Ed., 1993. 2 v.

ELIAS, Norbert. *A sociedade de corte: investigação sobre a sociologia da realeza e da aristocracia de corte*. Rio de Janeiro: Jorge Zahar Ed., 2001

ELIAS, Norbert. *A sociedade dos indivíduos*. Rio de Janeiro: Jorge Zahar Ed., 1994.

ELIAS, Norbert. *Os alemães; A luta pelo poder e a evolução do habitus nos séculos XIX e XX*. Rio de Janeiro: Jorge Zahar Ed., 1996.

ELIAS, Norbert. *Escritos e ensaios: estado, processo, opinião pública*. Rio de Janeiro: Jorge Zahar Ed., 2006.

FAUSTO, Boris. *Getúlio Vargas*. São Paulo: Companhia das Letras, 2006.

FREIRE, Paulo. *Pedagogia do oprimido*. 12. ed. Rio de Janeiro: Paz e Terra, 1983.

GEERTZ, Clifford. O beliscão do destino. In: GEERTZ, Clifford. *Nova luz sobre a Antropologia*. Rio de Janeiro: Jorge Zahar Ed., 2001, p. 149-165

GEERTZ, Clifford. O saber local: fatos e leis em uma perspectiva comparativa. In: GEERTZ, Clifford. *O saber local; novos ensaios em antropologia interpretativa*. Petrópolis: Vozes, 1998. p. 249-356.

GEERTZ, Clifford. O mundo em pedaços: cultura e política no fim do século. In: GEERTZ, Clifford. *Nova luz sobre a Antropologia*. Rio de Janeiro: Jorge Zahar, 2001. p. 191-228.

HOBSBAWM, Eric. *Tempos interessantes: uma vida no século XX*. São Paulo: Companhia das Letras, 2002.

LUCKMANN, Thomas. La crisis como estado natural. Entrevista a Cecília Fumagali. *Clarin*, Revista Ñ, 23/04/2005. Disponível em: <http://www.clarin.com/suplementos/cultura/2005/04/23/u-962729.htm>. Acesso em: 17 maio 2006.

MAINGUENEAU, Dominique. *Novas tendências em análise do discurso*. 2. ed. Campinas: Pontes; Ed. Unicamp, 1993.

MOSCOVICI, S. *Representações sociais; investigações em Psicologia Social*. Petrópolis: Vozes, 2003.

NYE Jr., Joseph. *O paradoxo do poder americano*. São Paulo: UNESP, 2002.

PINHEIRO, Lena Vânia Ribeiro. Processo evolutivo e tendências contemporâneas da Ciência da Informação. *Informação & Sociedade*: estudos, João Pessoa, v. 15, n. 1, jan./jun. 2005. Disponível em: <http://www.informacaoesociedade.ufpb.br/IS1510501.htm>. Acesso em: 17 maio 2006.

SÁ, Celso. P. de. *Núcleo central das representações sociais*. Petrópolis: Vozes, 1996.

SANTOS, Jussara. Reflexões sobre currículo e legislação na área da Biblioteconomia. *Encontros Bibli: revista eletrônica de biblioteconomia e Ciência da Informação*, Florianópolis, n. 6, set. 1998. Disponível em: <http://www.encontros-bibli.ufsc.br/eb6art4.doc>.

SEVCENKO, Nicolau. *Orfeu extático na metrópole:* São Paulo, sociedade e cultura nos frementes anos 20. São Paulo: Companhia das Letras, 1992.

SMIT, Johanna W.; DIAS, Eduardo Wense; SOUZA, Rosali F. de. Contribuição da Pós-Graduação para a Ciência da Informação no Brasil: uma visão. *DataGramaZero - Revista de Ciência da Informação,* Rio de Janeiro, v. 3 n. 6,dez. 2002.

SOUZA, F. C. "O ensino de Biblioteconomia no Brasil no discurso do bibliotecário participante nos CBBDs entre 1954 e 1982: apontamentos disciplinares para a construção do currículo do Curso de Biblioteconomia". In: XIX Congresso Brasileiro de Biblioteconomia e Documentação, 2000, Porto Alegre. *Anais do XIX Congresso Brasileiro de Biblioteconomia e Documentação.* Porto Alegre: ABRS, 2000.

SOUZA, F. C. de. Formação de recursos humanos para a informação industrial. In: SOUZA, F. C. de. *Biblioteconomia, educação e sociedade.* Florianópolis: Ed. UFSC, 1993. p. 49-62.

Os autores

ANNA ELIZABETH GALVÃO COUTINHO CORREIA

Possui graduação em Biblioteconomia pela Universidade Federal de Pernambuco (1988), especialização em Informação Tecnológica na Universidade Federal de Pernambuco (1994), mestrado em Ciência da Informação na Universidade Federal de Santa Catarina (2006). Atualmente é professora do Departamento de Ciência da Informação da Universidade Federal de Pernambuco. Tem experiência na área de Ciência da Informação, com ênfase em Biblioteconomia. Atuando principalmente nos seguintes temas: busca de informação, internet, recursos eletrônicos, comunicação científica, fluxo da informação.

EDNA LÚCIA DA SILVA

Possui graduação (1976) e especialização (1981) em Biblioteconomia pela Universidade Federal de Santa Catarina, mestrado (1987) e doutorado (1998) em Ciência da Informação pela Universidade Federal do Rio de Janeiro/IBICT. Atualmente é professora do Departamento de Ciência da Informação da Universidade Federal de Santa Catarina. Tem experiência na área de Ciência da Informação, trabalhando em ensino de graduação na área de Fundamentos da Ciência da Informação, com ênfase em Biblioteconomia. Na pós-graduação atua na Linha Fluxos de Informação, abordando temas nas suas pesquisas relacionados à comunicação científica, construção do conhecimento, fatos científicos, redes científicas, fazer científico e produção científica. É membro do Grupo de Pesquisa registrado no CNPq, Núcleo de Estudos em Informação e Mediações Comunicacionais Contemporâneas.

FRANCISCA RASCHE

Possui graduação em Biblioteconomia pela Universidade Federal de Santa Catarina (1999) e mestrado em Ciência da Informação pela Universidade Federal de Santa Catarina (2005). Atualmente é professora na Faculdade de Tecnologia do SENAI-Florianópolis. Apresenta experiência profissional na área de Biblioteconomia atuando em bibliotecas públicas, universitárias e prestação de serviços. Atua no ensino superior ministrando disciplinas como, metodologia científica, pesquisa bibliográfica, usuário da informação, fontes de informação especializadas, dentre outras. Possuí pesquisas e publicações nos seguintes temas: formação profissional, ética bibliotecária, serviços de informação, biblioteca pública e usuários da informação. Correio Eletrônico: fran_rasche@yahoo.com

FRANCISCO DAS CHAGAS DE SOUZA

Doutor em Educação pela Universidade Metodista de Piracicaba, em 1994; mestre em Biblioteconomia pela Universidade Federal de Minas Gerais, em 1982, e bacharel em Biblioteconomia pela Universidade Federal do Ceará, em 1978. Atuou como bibliotecário na Fundação Instituto de Planejamento do Ceará, em Fortaleza, de 1980 a 1983. Desde 1983, é professor na Universidade Federal de Santa Catarina, em Florianópolis, atuando no Departamento de Ciência da Informação, para os seguintes cursos e programas: Programa de Pós-Graduação em Educação, Programa de Pós-Graduação em Ciência da Informação e curso de Graduação em Biblioteconomia da UFSC. Em 1986, atuou no Curso de Graduação em Biblioteconomia da Universidade Federal de Goiás. É autor dos seguintes livros: *O ensino de Biblioteconomia no contexto brasileiro.* Florianópolis: Ed. UFSC, 1990; *Biblioteconomia, educação e sociedade.* Florianópolis: Ed. UFSC, 1993; *Biblioteconomia no Brasil: profissão e educação.* Florianópolis: Associação Catarinense de Bibliotecários, 1997; *Escrevendo e normalizando trabalhos acadêmicos.* Florianópolis: Ed. UFSC, 1997; *Organização do conhecimento na sociedade.* Florianópolis: UFSC-CED-Núcleo de Publicações, 1998; *Escrevendo e normalizando trabalhos acadêmicos.* 2a. edição. Florianópolis: Ed. UFSC, 2001; *Ética e deontologia; textos para profissionais atuantes em bibliotecas.* Florianópolis: Ed. UFSC; Itajaí: Ed. Univali, 2002 e *Modernização e biblioteconomia nova no Brasil.* Florianópolis: Núcleo de Publicações/UFSC/CED, 2003. Atualmente, responde pela Coordenação do Núcleo de Informação, Pesquisas e Estudos em Educação Bibliotecária; é líder do Grupo de Investigação: Informação, Tecnologia e Sociedade; é editor do periódico Encontros Bibli: Revista Eletrônica de Biblioteconomia e Ciência da Informação – http://www.encontros-bibli.ufsc.br; chagas@cin.ufsc.br; http://lattes.cnpq.br/2666405965154647.

GREGÓRIO VARVAKIS

Doutor pela Universidade de Loughborough, Inglaterra. Professor no Instituto Tecnológico de Aeronáutica de 1983 a 1992. Consultor associado da McKinsey Inc. de 1992 a 1995. Atualmente é professor do Departamento de Ciência de Informação da Universidade Federal de Santa Catarina. Ministra aulas nos cursos de graduação de Biblioteconomia e nos cursos de mestrado de Ciência de Informação e Engenharia e Gestão do Conhecimento.

LÍGIA CAFÉ

Possui graduação em Biblioteconomia e Documentação pela Universidade de Brasília (1984) , mestrado em Biblioteconomia e Documentação pela Universidade de Brasília (1988) e doutorado em Linguística pela Université Laval (Canadá)(1999). De 1986 até 2004, atuou no Instituto Brasileiro de Informação em Ciência e Tecnologia (IBICT). Desde 2004, é professora no Departamento de Ciência da Informação da Universidade Federal de Santa Catarina. Principais áreas de atuação: modelos de representação do conhecimento, terminologia e línguas de especialidade.

MAGDA CHAGAS

Tem doutorado em Linguística pela Universidade Federal de Santa Catarina (2001). Atualmente é professora adjunta do Departamento de Ciência da Informação da Universidade Federal de Santa Catarina, coordenadora do Curso de Biblioteconomia e professora no mestrado de Ciência da Informação dessa Universidade. Tem experiência na área de Linguística e em Bibliotecas escolares. Áreas de pesquisa: leitura, hipertexto e bibliotecas escolares.

MIRIAM VIEIRA DA CUNHA

Doutora em Informação Científica e Técnica pelo Conservatoire National des Arts et Métiers, Paris, França, 1998. Atualmente é professora do Departamento de Ciência da Informação da Universidade Federal de Santa Catarina e coordenadora do Programa de Pós-Graduação em Ciência da Informação da UFSC. Trabalhou na Unesco, em Paris, e no Centro Nacional de Informação e Documentação de Moçambique. Principais áreas de atuação: profissionais da informação e formação profissional. Possui vários capítulos de livros e artigos publicados em revistas nacionais e internacionais. É membro do Grupo de Pesquisa registrado no CNPq, Núcleo de Estudos em Informação e Mediações Comunicacionais Contemporâneas.

RENATA GONÇALVES CURTY

Graduada em Biblioteconomia na habilitação: Informação e Gerência pela Universidade Estadual de Londrina (2003) e mestre em Ciência da Informação pela Universidade Federal de Santa Catarina (2005) como bolsista CAPES. Atuou em projetos financiados pelo CNPq nas seguintes linhas de pesquisa: Inteligência Competitiva, Inovação Tecnológica, Gestão do Conhecimento, Informação, Conhecimento e Gerência e Fontes Eletrônicas de Informação. Exerceu docência em cursos de Tecnologia nas áreas de Pesquisa de Marketing, Comportamento Consumidor e Fundamentos de Marketing. Professora Assistente do Departamento de Ciências da Informação da Universidade Estadual de Londrina.

ROSÂNGELA SCHWARZ RODRIGUES

Doutora em Engenharia de Produção pela Universidade Federal de Santa Catarina (2004), mestre em Engenharia de Produção na área de Mídia e Conhecimentos pela UFSC (1998) e graduação em Comunicação Social pela Universidade Federal do Rio Grande do Sul (1983). Desde 2005, é professora no Departamento de Ciência da Informação da Universidade Federal de Santa Catarina, na pós-graduação atua no programa de Pós-Graduação em Ciência da Informação e no Programa de Pós-Graduação em Engenharia e Gestão do Conhecimento. Avaliadora do MEC/SESu e INEP para credenciamento de cursos a distância. Principais áreas de atuação: Tecnologias de Informação e Comunicação na Educação Superior e Planejamento e Pesquisa Científica em Educação a Distância.